正倉院宝物

正倉院 正倉

瑠璃坏

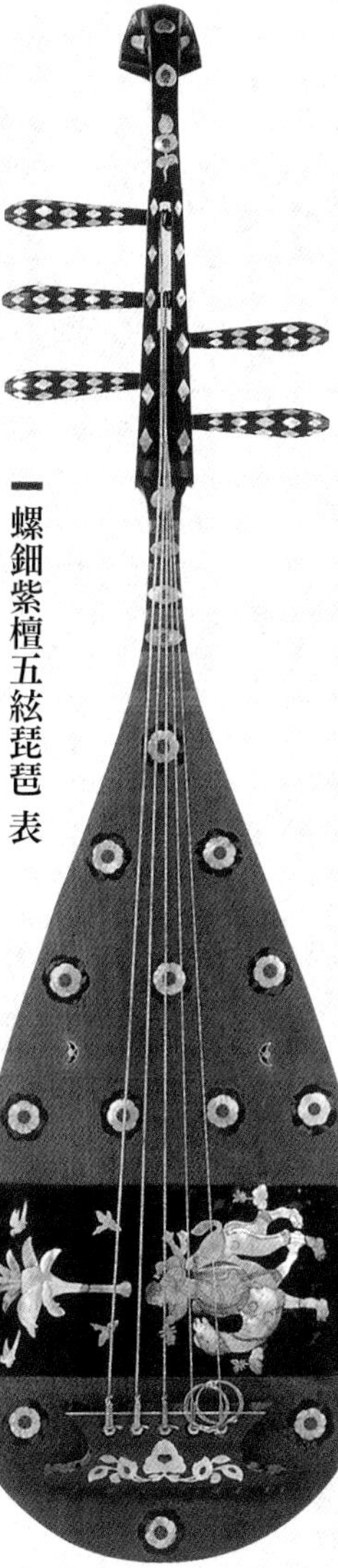

螺鈿紫檀五絃琵琶 表

瑇瑁《たいまい》螺鈿八角箱

写真提供：宮内庁正倉院事務所　写真協力：東京美術

飛鳥京の遺跡

飛鳥京跡のエビノコ郭（復元模型）
写真提供：奈良県立橿原考古学研究所附属博物館

古代の巨大工房遺跡

飛鳥池工房遺跡のガラス製造　写真提供：奈良文化財研究所

日本最古の貨幣 富本銭

飛鳥池工房遺跡出土　富本銭と鋳棹

写真提供：奈良文化財研究所

長屋王邸跡出土木簡

写真提供：奈良文化財研究所

キトラ古墳壁画四神「朱雀」（南壁）

国（文部科学省所管）

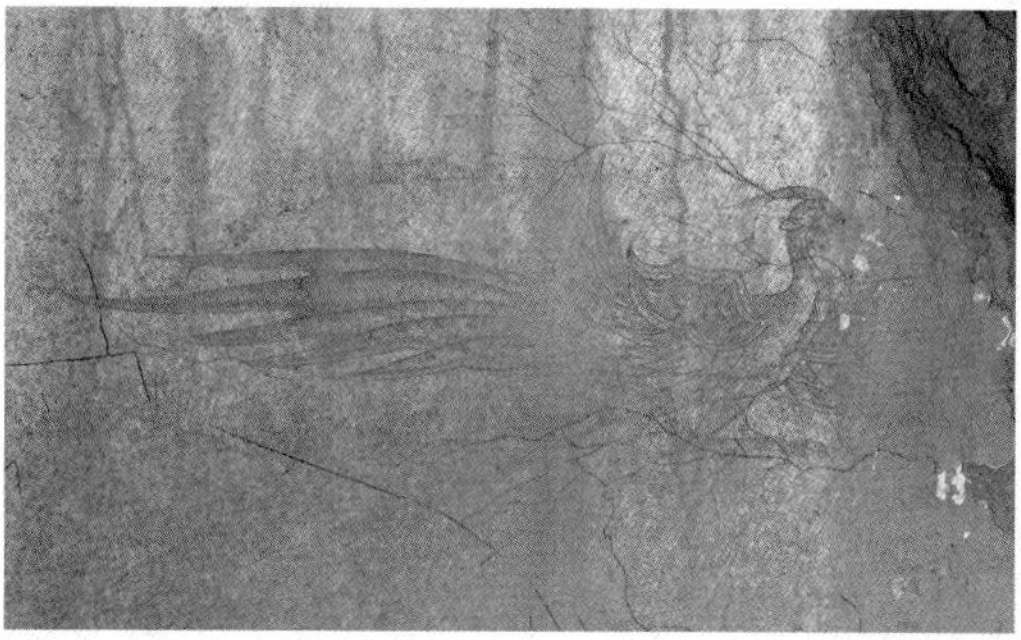

写真提供：奈良文化財研究所

卓越する大和の古墳

黒塚古墳の竪穴式石室全景（北から）
写真提供：奈良県立橿原考古学研究所

牽牛子塚古墳《けんごしづか》（復元）　写真提供：明日香村教育委員会

畿内と近国

シリーズ ※ 地域の古代日本

吉村武彦
川尻秋生
松木武彦
編

角川選書
658

刊行にあたって

古代で倭国《わこく》・日本とされた列島地域は、『日本書紀』の国生み神話では「大八洲国《おおやしまぐに》」と呼ばれていた。本州・九州・四国島という主要な三島《さんとう》と隠岐《おき》・佐渡《さど》などの島々である。この大八洲国に、蝦夷《えみし》が居住する「渡島《わたりのしま》」がある北海道と、「南島」の南西諸島が加わって現在の日本国が構成されている。

律令制《りつりょうせい》国家の時代は、行政的区分として五畿七道（天平宝字元年〈七五七〉の和泉国《いずみのくに》の建国までは四畿七道）に分かれていた。畿内は大和《やまと》・河内《かわち》・和泉・摂津《せっつ》・山背国《やましろのくに》からなり、七道は東海・東山・北陸・山陰・山陽・西海・南海道である（東海道から時計の逆回りに呼ぶ）。各国には国府《こくふ》と国分寺《こくぶんじ》があり、複数の郡から構成され、在地の有力者が郡司として地域の支配に加わっていた。

さて、人の一生をみるに、物心がついた居住地から郷土意識が芽生える。それが誕生地であれ、移住地であれ、マチやムラという馴染《なじ》みの地域となる。やがて成長するにつれ、村・町や市、そして都道府県へと行動範囲が拡がっていき、やがて日本を意識するようになる。

近年では、教育・メディアの影響で標準語が一般化している。しかし、たとえば「×」記号の読みは、関東では「ばつ」、関西では「ぺけ」、九州では「ばってん」などと読まれ、それぞれの地方に根づく言葉として使われている。地域に根ざした文化は、ひとつの言葉でさえ、特色のある呼び方として今日まで続いている。これが生活習慣となると、方言以上に地域独自の特徴を持っている。おそらく古代を含め、歴史的に形成されてきたものと思われる。このように、一人ひとりが個性を持つように地域にも独自の文化があり、それらが歴史的・複合的に形成されて、今日の日本文化を成り立たせている。

これまでＫＡＤＯＫＡＷＡでは、地域の歴史に焦点をあてた書籍を多く刊行してきた。『角川日本地名大辞典』（全五一巻、一九七八～九〇年）は、都道府県別の地名研究に大きな足跡を残してきた。

そして、本企画の前身となるシリーズ『古代の日本』（全九巻、一九七〇～七一年）、『新版 古代の日本』（全一〇巻、一九九一～九三年）を出版し、地域に根ざした歴史の解明に寄与してきた。その後、三〇年近く経ち、都城や地域の国府・郡家《ぐうけ》の官衙《かんが》遺跡などの発掘による新発見や、数多くの木簡・墨書土器などの文字史料が出土し、地域の歴史研究もめざましく発展した。新聞を飾る考古学上の新発見もあいつぎ、研究者ばかりか一般の歴史愛好者の関心を集めている。

選書版『地域の古代日本』は、これまでの『古代の日本』シリーズの学術的意義を受け継いでいくとともに、新版刊行後における考古学・歴史学の研究成果を反映して、一般の読者に地域の歴史をわかりやすく解き明かすシリーズとして企画した。

シリーズの構成はコンパクトにまとめて全六巻とし、『東アジアと日本』を総論として、『陸奥と渡島』、『東国と信越』、『畿内と近国』、『出雲・吉備・伊予』、『筑紫と南島』と展開する。

ただし、地域編についても、各地域の具体的特徴がわかるようなテーマを設定するとともに、日本の全体像が理解できるように構成して、列島全域を再現することを試みた。

なお、巻末には地域を詳しく知るための文献案内のほか、博物館・埋蔵文化財センター展示室など地域の歴史遺産を実見できるように、ガイドを掲載した。ぜひ地域の歴史の面白さを実感してほしい。

吉村武彦
川尻秋生
松木武彦

執筆者一覧　270

本文中の「＊」は、巻末の「キーワード解説」の用語の初出に付けたものである。

本巻への招待

本巻のテーマは「畿内と近国」である。わかりやすく言えば、「近畿地方」ということになろう。古代には都があったので、現代の首都・東京と比較することが多い。まずは話しぶり・イントネーションが違う。なかでも大阪弁が顕著であろう。たとえば、大阪の「アホ」と東京の「バカ」。大阪のアホは親しみやすい掛け声であったが、バカといわれると緊張が走ったものである。東京では逆になろうか。

また、食文化もかなり違っている。関西の「うどん」と関東の「そば」、極端にいえば、関西の素うどんと関東の掛けそば、おつゆの色の濃さも違う。もちろん「薄い」関西と「濃い」関東である。そもそも醤油《しょうゆ》の味も異なっている。西ではうどんに油揚げを入れて「きつね」うどん、そばにすると「たぬき」。東では「たぬき」は天かす。ウナギの食べ方も、関西では「まむし」と言って、料理の仕方まで違う。といっても、大阪・京都・神戸など、地域によっても相違がある。十把一絡げにはできない。歴史的に形づくられた、各地域の食文化である。

さて、「畿内」の範囲と、京都・大阪府、兵庫・奈良・和歌山・滋賀・三重県からなる近畿地方とは、異なっている。こんにち「畿内」の語は、日常的にはほとんど使われない。第一章で詳述するが、簡単に説明しておきたい。

畿内の制度ができたのは、孝徳《こうとく》天皇の時期にあたる大化二年（六四六）の大化の改新詔である。その第二項に「初めて京師《みさと》を修め、畿内国の司・郡司・関塞・斥候・防人《さきもり》・駅馬・伝馬を置き、鈴契を造り、山河を定めよ」と規定されている。「京師」は、「天子の住むみやこ（都＝宮処）」の意味であり、ついで「畿内国司」の規定が続く。畿内が天子と密接な関係にあることを示している。

そして、副文（凡条とも）といわれる第二条に、「凡《およ》そ畿内は、東は名墾《なばり》の横河《よこかわ》より以来、南は紀伊《きい》の兄山《せのやま》より以来、西は赤石《あかし》の櫛淵《くしふち》より以来、北は近江《おうみ》の狭狭波《ささなみ》の合坂山《おうさかやま》より以来を、畿内国とす」とあり、畿内国（ウチツクニ）の範囲が定められている（四至畿内）。

律令制では、大和《やまと》・河内《かわち》・摂津《せっつ》・山背国《やましろ》（後に山城と表記）の四畿内制である。八世紀半ばに河内から和泉《いずみ》国が分立して、五畿内制になる。副文にみえる「紀伊・近江」の国名は、律令制時代の名称（令制国という）なので、畿内の規定は後の知識によって修飾されている。つまり、元の詔文のままではない。天智《てんじ》天皇の時代に令制国が成立し、四畿内が存在したといわれる。「名墾」は後の伊賀《いが》国名張郡、「赤石」は播磨《はりま》国明石郡の地名なので、改新詔の畿内国は、四畿内に接する隣国の河川・山岳・淵《ふち》（狭隘《きょうあい》な場所か）を境界として成り立っている。

畿内の制度は、『礼記』など中国の古典思想に基づいている。歴史的には隋唐時代の「畿内」を参照し、天皇と関連する特別な地域として設定された。天皇が居住して統治する王宮があり、宮がある京と畿内に住む百姓を賦役などの面で優遇することになっている。

古代の宮都は、ヤマト王権以来、天智の近江大津《おおつ》宮の例外はあるが、四畿内に存在した。しかも基本的には大和地域であり、四世紀末の応神《おうじん》天皇（一五代）以降では、仁徳《にんとく》（一六代、難波高津《たかつ》宮）、反正《はんぜい》（一八代、河内の丹比柴籬《たじひのしばかき》宮）、顕宗《けんそう》（二三代、近飛鳥《ちかつあすか》宮。河内説と大和説）、継体《けいたい》（二六代、河内樟葉《くすは》宮、山背筒城《つつき》宮・弟国《おとくに》宮を経て、大和磐余玉穂《いわれのたまほ》宮）、敏達《びたつ》（三〇代、百済大井《くだらのおおい》宮は大和説と河内説。後に他田《おさだ》宮）、天智（三八代、近江大津宮）となる。四畿内のなかでも大和地域が多いことがわかる。

『古事記』の各天皇段の冒頭に、「御真木入日子印恵命《みまきいりひこいにえのみこと》（崇神《すじん》天皇）、師木水垣《しきのみずかき》宮に坐《いま》して、天下治《しらしめ》しき」とあるように、天皇が統治した王宮が記されている。ところが、『古事記』には「畿内」の言葉はみえないが、王宮のほとんどは畿内の地域に設けられた。畿内（ないし畿内地域）にはどのような特徴があるのか、本巻で説いていきたいと思う。

次に、本書の内容について紹介しておこう。

1章の吉村武彦「王宮・都と京・畿内制」は、「畿内」と呼ばれる理由になった王宮の変遷と京・畿内制について概観する。ヤマト王権の時代の王宮から、なぜ歴代遷都が起こるのかに注目し、同時代史料を利用しながら説いていく。ついで律令制における京と畿内制の意味、そして複都制と離宮について、その実態に基づいて考える。

さて、ヤマト王権は地域に国造制を整え、主要な社会的分業を伴造制として整備した。なかでも後の大和や河内地域には重要な産業拠点を配置した。

2章の中久保辰夫「王権と手工業生産」は、窯業生産、鍛冶、製塩、玉作り、木製品、紡織など手工業研究の現状を点描する。生産の方法として、特定の専業的生産拠点のほか、複合工房群を存在させる産業構造がある。その一つでもある大和の布留《ふる》遺跡を対象に、物部《もののべ》氏が関与する複合工房群が、渡来系移住民の技術支援を得て、歴史的にどのように発展していったのかを活写する。

畿内の地域には、王宮ばかりか、巨大な前方後円墳が集中している。しかも単独ではなく古墳群として存在していた。

3章の下垣仁志「大和・河内の前方後円墳群」は、前方後円墳群の歴史的意義を問いただす。古墳の規模は、多様な政治・社会関係に応じて、汎《はん》列島的に階層構成が認められる。その現象を一定の時期（小期）と地域ごとに再現し、古墳時代の動態と推移を解き明かしていく。さらに大和のオオヤマト（大和）古墳群から、佐紀《さき》古墳群と馬見《うまみ》古墳群、さらに河内の古市《ふるいち》古墳群・百舌鳥《もず》古墳群の四大古墳群の分析を通じ、列島における階層構成が産業の実態とともに復元される。

律令制国家の建設は、中央の政府と地域の国府・郡家との意思疎通、具体的には文書の伝達が必要となる。その交通制度を担うのが、駅伝制である。

4章の市大樹「畿内の駅家と駅路」は、進展が著しい交通研究に基づきながら、新たな展開をめざしている。都から地方へは、九州の西海道《さいかいどう》を除き（六道になる）、放射線状に駅路が延びている。藤原《ふじわら》宮から平城《へいじょう》に遷都して駅家は変更されるが、奈良時代の駅家が六道以外の駅路を含めて描写されている。また、長岡遷都と平安遷都にともない、駅路を含む駅伝制の再編が行なわれた。時代と地域事情に対応した、瀬戸内海航路の利用や河川ルートの整備が進められたのである。

ところで、都は「仏都」ともいわれるように、多くの寺院が建立され、仏教の中心地であった。なかでも盧舎那仏《るしゃなぶつ》が造られた東大寺《とうだいじ》は、また大和国の国分寺《こくぶんじ》でもあった。

5章の吉川真司「東大寺と国分寺」は、東大寺・国分寺以前の仏教政策から説きおこし、「仏都圏」という概念の設定とともに、諸国均等の仏教政策の意味を説く。そのうえで天平七年・九年に天然痘パンデミックが襲ったのを契機に、国分寺建立に至る施策と、造営の財源を検討していく。さらに華厳学と知識結集という時代の背景を踏まえ、聖武《しょうむ》天皇が平城京郊外に東大寺伽藍《がらん》を整備する歩みを始める。東大寺は中央の国分寺であるとともに、盧舎那仏が鎮座する官大寺である。

ところで、こうした宮都の文化で特徴となるのは、文字文化であろう。なかでも木簡は、全体として五〇万点に近いといわれる。

6章の寺崎保広「文字文化の拡がり」は、平城京でも量が多い長屋王《ながやおう》家木簡と二条大路《にじょうおおじ》木簡の木簡群を取りあげて、文字文化の実相に迫る。長屋王邸では、家政機関である長屋王家令所の使用済み木簡が一括して廃棄された。長屋王は、妃の吉備《きさきび》内親王とともに居住していたので、家政機関の動向がリアルに再現できる。二条大路木簡は、藤原麻呂《まろ》邸から棄てられた木簡群とみられるが、その習書木簡をとりあげ、国司が記す予定の「文例集」の練習ではないかという。

官人の生活文化の一端がうかがえる木簡として、興味深い。

最後のＥＳＳＡＹは、古代文学研究者の上野誠「宮滝で笠金村の歌に思いを馳せる」である。金村は『万葉集』にはたびたび登場しており、巻六「雑歌」の冒頭を飾る歌人である。歌は、聖武天皇に付きしたがって行った吉野離宮《よしの》での歌。吉野行幸は、『続日本紀』にも記載されているが、金村の名前はない。歴史研究者と違い、文学研究者は吉野讃歌《さんか》の新解釈をたずさえ、エッセイに仕上げている。なお、史書にも歌集にも、名を留《とど》めない人々の声の再現は、両者の共通課題のように思われる。

本巻では、考古学・歴史学における各世代にわたる研究者が執筆した。「畿内と近国」で取りあげるべきテーマは多いが、必ずしも網羅できなかった。なお、政治・経済の中心に位置したという意味では、『東アジアと日本』の巻とも関係しているので、参照してほしい。ただし、取りあげた対象や視角は、自《おの》ずと異なっている。むしろ本シリーズは、全巻で列島各地の歴史を語ることになっている。ぜひ各巻を手に取っていただきたい。

吉村武彦

主な古代の行政区分

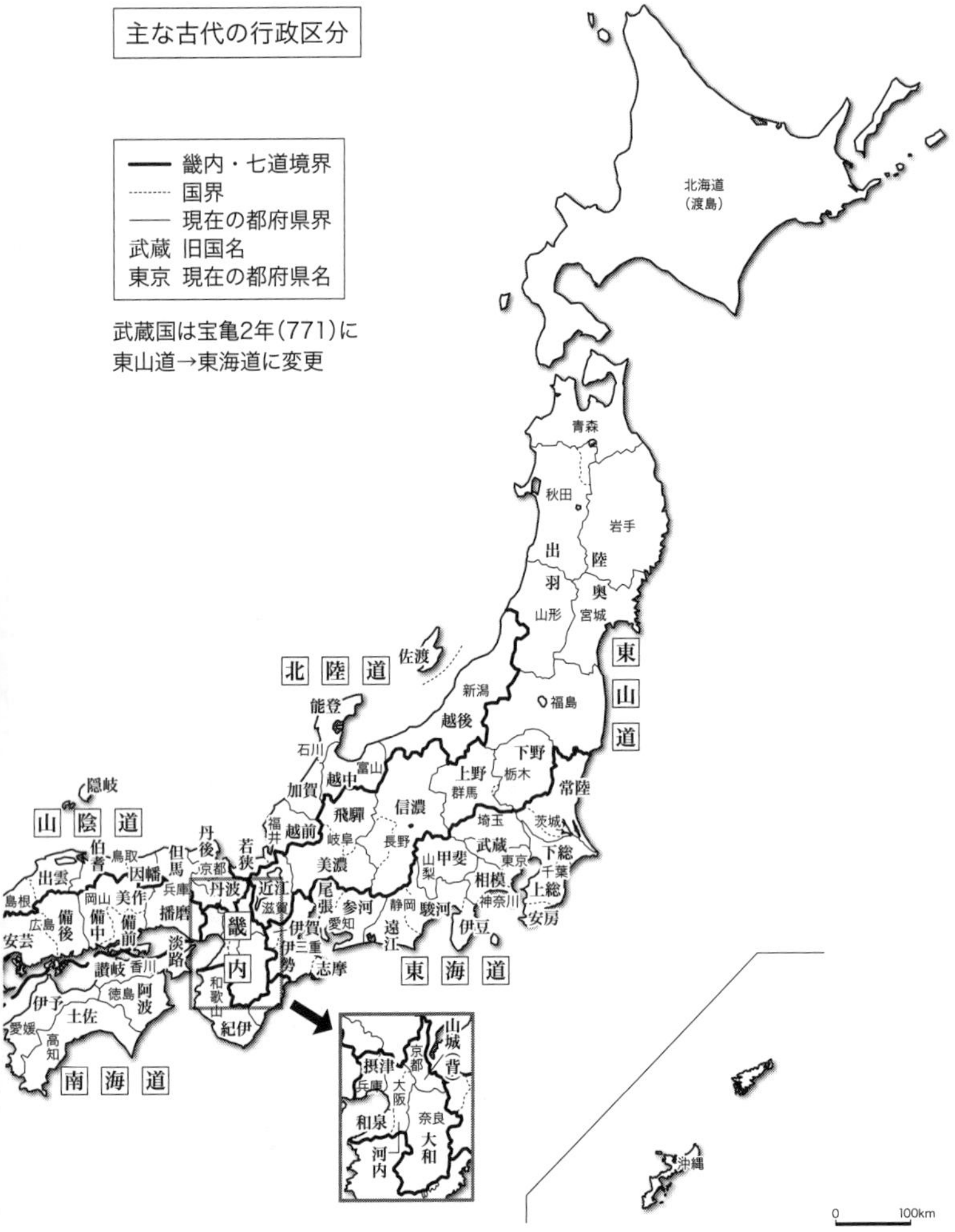

『図説　日本史通覧』(帝国書院)を元に作成

国名	よみ	都府県名	五畿七道
陸奥	むつ	青森・秋田・岩手・宮城・福島	東山道
出羽	でわ	秋田・山形	東山道
下野	しもつけ	栃木	東山道
上野	こうずけ	群馬	東山道
美濃	みの	岐阜	東山道
飛驒	ひだ	岐阜	東山道
信濃	しなの	長野	東山道
近江	おうみ	滋賀	東山道
佐渡	さど	新潟	北陸道
越後	えちご	新潟	北陸道
越中	えっちゅう	富山	北陸道
能登	のと	石川	北陸道
加賀	かが	石川	北陸道
越前	えちぜん	福井	北陸道
若狭	わかさ	福井	北陸道
安房	あわ	千葉	東海道
上総	かずさ	千葉	東海道
下総	しもうさ	千葉・茨城・埼玉・東京	東海道
常陸	ひたち	茨城	東海道
武蔵	むさし	埼玉・東京・神奈川	東海道
相模	さがみ	神奈川	東海道
伊豆	いず	静岡・東京	東海道
駿河	するが	静岡	東海道
遠江	とおとうみ	静岡	東海道
三河	みかわ	愛知	東海道
尾張	おわり	愛知	東海道
甲斐	かい	山梨	東海道
伊勢	いせ	三重	東海道
伊賀	いが	三重	東海道
志摩	しま	三重	東海道
山城	やましろ	京都	畿　内
摂津	せっつ	兵庫・大阪	畿　内
和泉	いずみ	大阪	畿　内
河内	かわち	大阪	畿　内
大和	やまと	奈良	畿　内
丹波	たんば	兵庫・京都	山陰道
丹後	たんご	京都	山陰道
但馬	たじま	兵庫	山陰道
石見	いわみ	島根	山陰道
出雲	いずも	島根	山陰道
隠岐	おき	島根	山陰道
伯耆	ほうき	鳥取	山陰道
因幡	いなば	鳥取	山陰道

国名	よみ	都府県名	五畿七道
播磨	はりま	兵庫	山陽道
備前	びぜん	岡山	山陽道
美作	みまさか	岡山	山陽道
備中	びっちゅう	岡山・広島	山陽道
備後	びんご	広島	山陽道
安芸	あき	広島	山陽道
周防	すおう	山口	山陽道
長門	ながと	山口	山陽道
紀伊	きい	和歌山・三重	南海道
淡路	あわじ	兵庫	南海道
阿波	あわ	徳島	南海道
土佐	とさ	高知	南海道
伊予	いよ	愛媛	南海道
讃岐	さぬき	香川	南海道
筑前	ちくぜん	福岡	西海道
筑後	ちくご	福岡	西海道
豊前	ぶぜん	福岡・大分	西海道
豊後	ぶんご	大分	西海道
日向	ひゅうが	宮崎・鹿児島	西海道
大隅	おおすみ	鹿児島	西海道
薩摩	さつま	鹿児島	西海道
肥後	ひご	熊本	西海道
肥前	ひぜん	佐賀・長崎	西海道
壱岐	いき	長崎	西海道
対馬	つしま	長崎	西海道

1章　王宮・都と京・畿内制

吉村武彦

はじめに

「畿内《きない》*」という言葉は、今は使われない語であろう。今日では、「近畿」の名称が用いられており、京都・大阪府、兵庫・奈良・和歌山・滋賀・三重県を呼んでいる。この「近畿」という語は、古代の「畿内」からでている言葉である。

近畿の語が、いちばん早く使われたのは延喜二年（九〇二）三月一二日の太政官符《だいじようかんぷ》で、「畿内幷《ならびに》近畿諸国」とある（『類聚三代格《るいじゆうさんだいきやく》』）。つまり、平安時代から「近畿」の語は使用されていたことになるが、五畿内に近隣する国を指していたようである。

中国においては、「畿内」と同じように「近畿」の言葉が使われており、近畿は畿内とは同じ意味であった。ところが、日本では畿内と近畿は違う言葉として用いられた。しかも中国とは違い、畿内と同一の意味合いで使われなかった。古代の法制用語のなかにも近畿の言葉はみられない。九世紀半ばに編集された『令集解《りようのしゆうげ》』（惟宗直本撰《これむねのなおもとぜん》）は、公定注釈書の『令義解《りようのぎげ》』を含め、明法家の諸説を集成している。近畿の言葉がなく、中国のような混用もない。古代では「畿内」の語は、厳密に使われていた。

中世になると、近畿の語は使用されなくなった。近世の一七世紀になると、ロドリーゲス『日本教会史』（大航海時代叢書）のなかに、日本の地方区分として「畿内」が書かれており、「京畿」とも「近畿」とも呼ばれたとする。そして、中国の用法をまねたと記されている。おそらくその可能性は高い。ロドリーゲスの著作から、近畿の語がそれなりに普及していたことがわかる。ただし、『日本大文典』『日本語小文典』などには、目的を異にするのか、「日本六十余州」などに「五畿内」がみえるだけである。

※史料の検索には、東京大学史料編纂所の各種データベース、および台湾中央研究院の漢籍電子文献資料庫を利用した。

なお、近畿地方は「関西」とも呼ばれるが、時代によって指す地域範囲が異なっている。「関東」との対比で用いられることが多いが、現在では近畿とほぼ同義である。ただし、三重県は東海地方に含まれる場合もある。

本章では、基本的には王・天皇が居住する「宮」、そのほか官人・百姓が居住する「京」、そして天皇が統治する首都の「都」、近隣の地域ないし国を含む「畿内」について、その歴史的意味を説いていきたい。これら「宮・京・都・畿内」については、当時の歴史用語として厳密に考えたい。なお、「地域の古代日本」シリーズ『東アジアと日本』所収の「中国・朝鮮・日本の古代都城」と密接な関係がある。

1　ヤマト王権と王宮

卑弥呼の王宮

『古事記』『日本書紀』（『記・紀』とも略す）は、奈良時代初めに撰上された編纂《へんさん》書なので、古い時代は信憑《しんぴょう》性に乏しい。そのため中国正史から考察することになる。『魏志《ぎし》』倭人伝《わじんでん》（正式には、『三国志　魏書《ぎしょ》』烏丸鮮卑東夷伝《うがんせんぴとういでん》倭人条）に、邪馬台国《やまとこく》に居住した倭国の女王卑弥呼《ひみこ》や王宮のありさまが記されている。

王となりしより以来、見る有る者少なく、婢千人を以て自ら侍せしむ。ただ男子一人有り、飲食を給し、辞を伝え居処に出入す。宮室・楼観・城柵、厳かに設け、常に人有り、兵を持して守衛す。

この文の読み方でよければ、王宮を構成する建造物は、居処・宮室・楼観・城柵《じょうさく》となる。建物として居処・宮室・楼観があり、その周囲に城柵と呼ぶ建造物がめぐっていたのであろう。「宮室」は宮殿であり、日常生活を送る「居処」と区別されている。「楼観」は「楼閣」のことで高殿であろうが、物見櫓《ものみやぐら》説もある。

「婢千人」は誇大であるにせよ、卑弥呼の居処および宮室に婢《ひ》がかしずいていた。そして居処に飲食を運び、言葉を伝えるのは男子一人の役目であった。兵士が城柵全体を防御していたのである。「見る有る者少なく」とあるので、卑弥呼は「見えない王」として振る舞っていたことになる。

『魏志』倭人伝のイメージに合う弥生時代の遺跡が、吉野ヶ里《よしのがり》遺跡をはじめとする環濠《かんごう》集落である。ただし、吉野ヶ里遺跡には、集落跡や墓地も含まれていた。卑弥呼の王宮にはこうした記載がないので、地域の環濠集落とは異なっていた可能性が高いだろう。

ヤマト王権の「初代の天皇」と王宮・畿内

さて、ヤマト王権とは、『記・紀』にその由来と正統性を示す王権である。ヤマト王権の「初代の天皇」といえば、当然のこと、第一代の神武天皇を想定するだろう。ところが、『記・紀』において、「この国を初めて統治する天皇」を表わす「はつくにしらすスメラミコト（天皇）」と記載されたのは、実は第一〇代の崇神《すじん》天皇である。この問題から始めたい。

第一代の神武に対し、『書紀』は「始馭天下之天皇」と記すが、第一〇代の崇神にも「御肇国天皇」と記載する。「初代の天皇」は一人しかいないはずであるが、第一〇代の崇神についても「御肇国天皇」とする。これに呼応するように、『古事記』では、崇神にのみ「初国知らしし御真木《みまき》天皇」と記述する。このように、『記・紀』ともに「初代の天皇」とするのは、崇神天皇なのである。

『記・紀』によるかぎり、ヤマト王権の歴史は「初代の天皇」である崇神から始まると思われる。しかも、崇神は実在した可能性がある最初の天皇であるが、同時代史料で確認できるわけではない。なお、神武から崇神の間の天皇は「闕史《けっし》八代《はちだい》」と呼ばれ、「歴史を闕《か》く」天皇であり、実在した可能性はない［吉村、二〇一〇］。

崇神については、『古事記』冒頭の記述として「御真木入日子印恵命《みまきいりひこいにえのみこと》、師木の水垣宮に坐《いま》して、天下治《しらしめ》しき」と記され、師木《しき》（磯城）の水垣宮《みずかきのみや》が王宮である。そもそも『古事記』においては、統治する場所である王宮が各天皇段の冒頭に記されている。つまり、各天皇ごとに王宮（師木水垣宮）の所在地が明確に書かれている。

また、「はつくにしらすスメラミコト」とされた崇神紀には、初代の天皇にふさわしい天皇の記述がある。その一つに、「畿内」（2節で詳述）の記載がある。

今反《そむ》けりし者ふつくに誅《つみ》に伏す。畿内《うちつくに》には事無し。ただし海外《わたのほか》の荒ぶる俗《ひとども》のみ、騒動《とよ》くこといまだ止まず。それ四道将軍等、今急《たちまち》に発《まか》れ。（『書紀』崇神一〇年一〇月条）

この記事は「畿内」の語の初見記事であり、「畿内」と「海外」とが対比されている。記事の趣旨は四道将軍を派遣する理由であり、「畿内」の外に本来の意味である海外は存在しない。そのため「海外」の語は、「畿内」に対する「畿外（外国）」の意味と解釈されている。

つまり王宮が存在し、天皇支配が行き届く地域を「畿内」、天皇の教化に従わず四道将軍の派遣が必要な地域を「海外」としたものである。「畿内」の語は、後の知識に基づいた潤色であろう。『古事記』には、これに対応する記述はない。もっとも興味深いことに、『古事記』には「畿内」自体の語が使われていない。推古朝以前には、畿内が想定できないからであろうか。崇神の王宮は師木水垣宮であるが、『書紀』では初代天皇との関係で、後の「畿内」の言葉が使われたのであろう。

※「天皇」という君主号は、持統三年（六八九）の浄御原令《きよみはらりょう》で法制化された。天武朝の木簡に「天皇」の語があるが、大阪府羽曳野《はびきの》市の野中寺《やちゅうじ》弥勒《みろく》菩薩《ぼさつ》半跏《はんか》像台座銘の「中宮天皇」が当時のものであれば、天智《てんじ》朝で天皇号が使用されたことになる［藤岡、二〇一四］。本章では、それ以前も便宜的に使用する。

ヤマト王権における王宮の展開

最初に、邪馬台国とヤマト王権との関係を問題にしよう。『書紀』編者は『魏志』倭人伝を見ており、神功摂政三九年条に「倭女王」の注記があり、卑弥呼を神功皇后にあてている。ただし、この記載には矛盾がある。卑弥呼は独身であるにもかかわらず、神功皇后は皇后で、子どもがいる。初期のヤマト王権には女性の王がいないため、『書紀』編者は女性で執政した神功皇后に無理やり比定したのだろう。本来のヤマト王権の伝承には、卑弥呼は含まれていなかったとみるほうがいい。

さて、日本の神話は、アジアの北方系神話の影響で、天上から神が降《くだ》る「天孫降臨」のかたちをとっている。九州・日向《ひゅうが》の高千穂に降臨したのは、アマツヒコホノニニギ（天津日子番能邇邇芸命）の孫のカムヤマトイハレビコ（神倭伊波礼毘古）、つまり神武天皇である。神武は、「何地《いずこ》に坐《ま》さば、天下の政《まつりごと》平けく聞し看《め》さむ」（『古事記』）と問いかけ、「なほ東に行かむ」と述べ、政治を執るにふさわしい場所を探す。最終的に神武は、大和・畝火《うねび》の白檮原宮《かしはらのみや》を統治する場所にする。

『古事記』においては、各天皇段の冒頭に王宮所在地を明確に記している。天皇の居住する場所が宮（王宮）であり、天皇が統治するからである。「宮（みや）」の意味は、建造物の「や」（屋・家）に、尊称を表わす「み（御）」が形容されたもので、王・天皇の居住施設が「宮」となる。政事・統治の中心地であり、先述したように「＊＊命、＊＊宮に坐して、天下治しき」と記される。このほか宮はキサキ（后妃）や皇子女の建物の場合にも使われるが、『記・紀』にすべて記されているわけではない。さらに斎宮や伊勢《いせ》大神宮などにも使用される。

さて、王宮が所在する地は、宮の語に場所を意味する「処（こ＝ところ）」をつけて、「みやこ」と呼ぶ。「宮処」の意味である。「みやこ」の訓《よ》みをもつのは、「都、京、京師、京都、皇都、京城」などの語句がある。このうち「都」は、『書紀』などでは厳密に使われている。『令集解』喪葬令皇都条にある「皇都」には、「天子、居する所なり」（公定注釈書の「義解」の説）、「京師・離宮、准じて入れるのみ」（明法家の令釈説）と解釈する。皇都が天子の居住地であれば、一カ所しか存在しない。ただし、大宰府《だざいふ》を「天下の一都会なり」（『続日本紀《しょくにほんぎ》』神護景雲三年一〇月甲辰条）という用法もある。「遠の朝廷」と同じ意味であろう。

『古事記』各天皇段の王宮を表示すれば、表1-1のようになる。

五世紀の同時代史料から見た王宮

これまでは、編纂書である中国史料や『記・紀』から考察してきた。いずれも後世の編纂物になるが、王宮については同時代史料がある。埼玉県行田《ぎょうだ》市にある稲荷山《いなりやま》古墳出土の金錯銘鉄《きんさくめいてつ》剣《けん》である。とりあえず、仮名交じりの書き下し文を記しておこう。

表1-1　『古事記』の王宮一覧

代数	天皇	冒頭記事
02	綏靖	神沼河耳命、坐葛城高岡宮、治天下也。
03	安寧	師木津日子玉手見命、坐片塩浮穴宮、治天下也。
04	懿徳	大倭日子鉏友命、坐軽之境崗宮、治天下也。
05	孝昭	御真津日子訶恵志泥命、坐葛城掖上宮、治天下也。
06	孝安	大倭帯日子国押人命、坐葛城室之秋津島宮、治天下也。
07	孝霊	大倭根子日子賦斗邇命、坐黒田廬戸宮、治天下也。
08	孝元	大倭根子日子国玖琉命、坐軽之堺原宮、治天下也。
09	開化	若倭根子日子大毘々命、坐春日之伊耶河宮、治天下也。
10	崇神	御真木入日子印恵命、坐師木水垣宮、治天下也。
11	垂仁	伊久米伊理毘古伊佐知命、坐師木玉垣宮、治天下也。
12	景行	大帯日子游斯呂和気天皇、坐纏向之日代宮、治天下也。
13	成務	若帯日子天皇、坐近淡海之志賀高穴穂宮、治天下也。
14	仲哀	帯中日子天皇、坐穴門之豊浦宮、及筑紫訶志比宮、治天下也。
15	応神	品陀和気命、坐軽島之明宮、治天下也。
16	仁徳	大雀命、坐難波之高津宮、治天下也。
17	履中	子、伊耶本和気王、坐伊波礼之若桜宮、治天下也。
18	反正	弟、水歯別命、坐多治比之柴垣宮、治天下也。
19	允恭	弟、男浅津間若子宿禰王、坐遠飛鳥宮、治天下也。
20	安康	御子、穴穂御子、坐石上之穴穂宮、治天下也。
21	雄略	大長谷若建命、坐長谷朝倉宮、治天下也。
22	清寧	御子、白髪大倭根子命、坐伊波礼之甕栗宮、治天下也。
23	顕宗	伊弉本別王御子、市辺忍歯王御子、袁祁之石巣別命、坐近飛鳥宮、治天下捌歳也。
24	仁賢	袁祁王兄、意祁王、坐石上広高宮、治天下也。
25	武烈	小長谷若雀命、坐長谷之列木宮、治天下捌歳也。
26	継体	品太王五世孫、袁本杼命、坐伊波礼之玉穂宮、治天下也。
27	安閑	御子、広国押建金日王、坐勾之金箸宮、治天下也。
28	宣化	弟、建小広国押楯命、坐檜坰之廬入野宮、治天下也。
29	欽明	弟、天国押波流岐広庭天皇、坐師木島大宮、治天下也。
30	敏達	御子、沼名倉太玉敷命、坐他田宮、治天下十四歳也。
31	用明	弟、橘豊日王、坐池辺宮、治天下三歳。
32	崇峻	弟、長谷部若雀天皇、坐倉椅柴垣宮、治天下四歳。
33	推古	妹、豊御食炊屋比売命、坐小治田宮、治天下三十七歳。

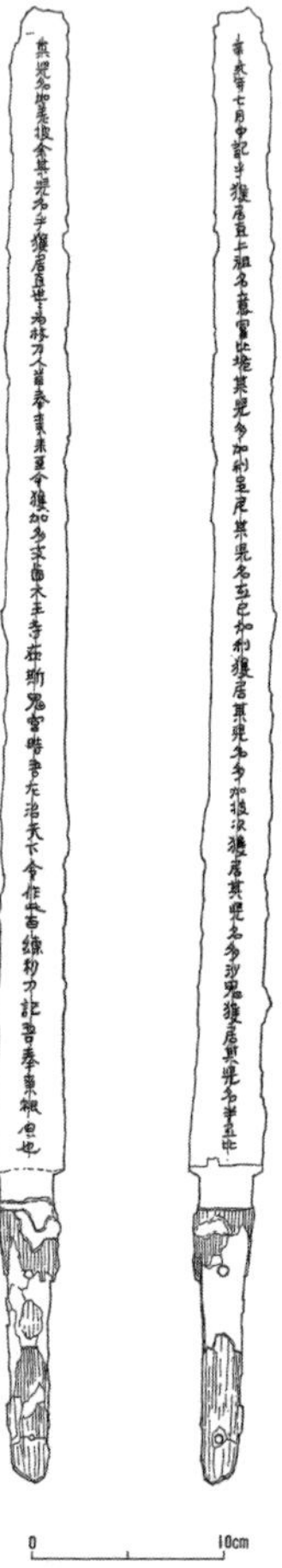

図1-1 稲荷山鉄剣実測図
（埼玉県教育委員会1980
『埼玉稲荷山古墳』）

（表）辛亥の年七月中、記す。ヲワケの臣。上祖、名はオホヒコ。其の児、（名は）タカリのスクネ。其の児、名はテヨカリワケ。其の児、名はタカハシワケ。其の児、名はタサキワケ。其の児、名はハテヒ。

（裏）其の児、名はカサハヨ。其の児、名はヲワケの臣。世々、杖刀人《じょうとうにん》の首《しゅ》と為り、奉事し来り今に至る。ワカタケルの大王の寺、シキの宮に在る時、吾、天下を左治し、此の百練の利刀を作らしめ、吾が奉事の根原を記す也。

鉄剣銘には「辛亥《しんがい》年」とあり、西暦四七一年になる。この銘文には、ヲワケ（乎獲居）が杖刀人首の時、「ワカタケル（獲加多支鹵）の大王の寺（政府施設）、シキ（斯鬼）の宮に在る時、吾、天下を左治（佐治）し」と記されている。ワカタケル（雄略《ゆうりやく》天皇）の宮が「斯鬼宮」（磯城宮）にあった時、ヲワケが杖刀人首として「治天下」を補佐していたのである。施設である大王の「寺」が、斯鬼宮に在る時という文言から、ヲワケが杖刀人首として勤めた曹司《ぞうし》（役所）のような建物が王宮内に存在したことがわかる。

天皇が宮に居住したことは書かれていないが、『日本霊異記《にほんりょういき》』には雄略が磐余宮《いわれのみや》に住んだ時に大安殿で后と婚合《くなかい》（性的営み）したとみえ（上巻第一縁）、居住していたことはまちがいなかろう。このように斯鬼宮をはじめ五世紀代の王宮は、王の居住建物や支配するための施設（寺）を含めた総称である。

雄略の王宮は鉄剣銘には「斯鬼宮」とあるが、『古事記』では「長谷朝倉宮」、『書紀』でも「泊瀬朝倉宮《はつせのあさくらのみや》」である。『日本霊異記』には、「泊瀬朝倉宮」と「磐余宮」という二つの宮が書かれてあり、王宮は複数存在していただろう。斯鬼（磯城）のなかに朝倉があることは、『古事記』垂仁段にみえる人物「倭者師《やまとのし》木登《きのと》美豊朝倉《みのとよあさくら》・曙立王《あけたつのみこ》」を修飾する言葉「師木・登美・豊朝倉」からわかる。師木（シキ）という広い地域名称の下位に朝倉があり、斯鬼宮と朝倉宮とは同じと考えられる［岸・田中・狩野、一九七九］。

このように王宮には「寺」が存在しており、王権を維持するための諸施設が存在したとみて差しつかえない。なお、ワカタケルの名が記されている熊本県和水町《なごみまち》所在の江田船山《えたふなやま》古墳出土の銀錯銘大刀《ぎんさくめいたち》には、王宮に関係する記述はない。

ヤマト王権の王宮の特徴—歴代遷都—

ここで、あらためて表1-1「『古事記』の王宮一覧」を見ていただこう。「＊＊宮に坐して、天下治しき」と書かれている。繰り返しになるが、この宮で天皇の統治が行なわれていたので、王宮がヤマト王権の政治的中枢であることはいうまでもない。

王宮とは、一般的には「王の居住空間。王国の社会・政治的中心として、宇宙論上の基軸として、あるいは国家儀礼のパフォーマンスが展開する舞台としての性格を併せ持つこともある」［富沢、一九八七］とされる。ところが日本の王宮は、本質的には「アジアの古代都市は、社会がそれによって代表される専制君主の居城を中心に展開された都市」という性格をもつ［狩野、一九九〇］。

表1-1を見れば明らかなように、天皇が即位する一代ごとに新しく王宮が造られる。この現象を学術用語として「歴代遷宮」と呼んでいる。厳密にいえば、王宮は新しく造られるので、「宮を遷《うつ》す」という意味の「遷宮」ではない。天皇が居住する都が遷されるので、「遷都」というのが正しい［栄原、二〇一九］。『日本書紀』の用法も、そのようになっている。したがって、正しくは「歴代遷都」というべきであろう。ただし「遷宮」の言葉もある。『延喜式』に伊勢神宮の「式年遷宮」の規定があり、神社では遷宮である。

※これまではあまり意識されずに遷宮の語が使われてきた。王宮の移動を学術用語として「遷宮」の語を使用するのはいいが、歴史用語としては「遷都」である。

舘野和己氏は、これまでの遷宮研究の理由をまとめ、(1)夫婦別居に基づく父子別居の慣習により、皇子宮を新たな宮にする、(2)天皇の崩御で宮室が穢《けが》れたため、(3)各時点における政治課題の解決のため、(4)地理的・経済的に、よりすぐれた地域に遷都する、(5)宮殿建築の耐用年限による、(6)新天皇の即位時に、適地を卜定《ぼくじょう》して壇場を設け、即位式を行なって宮地と定める慣行、という諸説をあげ、その多くは成立しがたいと述べている［舘野、二〇一九］。

そして、新しい天皇は群臣の推挙によって決められるとする説［吉村、一九九六］を参照しながら、天皇の代替わりごとに、朝廷に関わるすべてがリセットされて、新たな宮で新たな君臣関係が誕生すると指摘する［舘野、二〇一九］。

こうした歴代遷宮は、大化元年（六四五）の大化改新によって変化を迎える。改新によって、王権の自律的意志で天皇が即位するようになるからである。群臣の推挙による新天皇の選出がなくなり、都造りにおける王権の政治的意志が強くなる。場所としては孝徳の難波長柄豊碕宮《なにわのながらのとよさきのみや》、天智の近江《おうみ》大津宮という大和地域以外の王宮もあるが、基本的には飛鳥《あすか》*の地に王宮が営まれる。

ところで、歴代遷宮が行なわれた前提として、どうして適地を選ぶことが可能であったのかという問題がある。その理由として、ヤマト王権が特定地域を政治的・経済的基盤とするような支配システムから超越していたことがある。ヤマト王権がたとえ各地の在地首長の連合体を王権の基盤にしているとしても、ヤマト王権は特定地域の利害から離れ、新たな王宮を営むことが可能な支配システムを築いていたからである。

五世紀のヤマト王権と近畿中央部

『宋書《そうじよ》』倭国伝には、武（雄略）が宋皇帝にあてた上表文が記載されている。東夷の国の上表文としては格調高い文章だったので、記録されたものである。そのなかに、

昔より祖禰《そでい》躬《みずか》ら甲冑《かっちゅう》を擐《つらぬ》き、山川を跋渉《ばっしょう》し、寧処《ねいしょ》に遑《いとま》あらず。東は毛人《もうにん》を征すること五十五国、西は衆夷《しゅうい》を服すること六十六国、渡りて海の北を平ぐること九十五国。

と記されている。東方の諸国は「毛人」、西方諸国は「衆夷」と呼ばれており、近畿地方が中央ということになる。このような「毛人」「衆夷」という夷狄《いてき》観をもっているので、すでに「畿内」意識があるという説も存在する。

しかし、2節で述べるように、列島で「畿内」が明確に語られるのは大化の改新詔である。歴代遷宮においても、基本的には大和・摂津（難波）・河内に営まれている。したがって、大和・河内（難波を含めて）が中心地域であったことはまちがいない。しかし、改新以前に畿内を設定しても、かまわないのだろうか。

「畿内」の言葉が早く使われるのは、「邪馬台国畿内説」である。邪馬台国時代に「畿内」があれば、当然のこととして邪馬台国は畿内に存在する。この用法の畿内は、近畿地方を意味するしかないように思われるが、近畿地方とは別に「畿内圏」を設定する考古学研究者の説もある［岸本、二〇二〇］。また、古墳時代のヤマト王権に対し、「畿内政権」の用語を使用する考古学研究者もいる［福永、二〇一一］。

古代史学でいう「畿内」および「畿内政権論」とは意味が異なっているので、一言述べてお

きたい。今日、古代史研究は歴史学と考古学との共同研究を抜きにしてはできないので、「畿内」という歴史用語から離れて、別の「畿内」を設定するのは学問的に問題が生じることになる。

こうした考古学の風潮に対し、考古学研究者の白石太一郎氏は、「厳密には「畿内」の概念が成立するのは七世紀の後半のこと」「六世紀やそれ以前の問題を論じるのに「畿内」の語を用いるのは不適当であることは明白である」と指摘している〔白石、二〇一二〕。考古学においても、畿内の成立は古代史学とは変わらないはずである。『書紀』において「畿内」が歴史用語として存在する以上、これらは学術用語として不適切であろう。歴史学の用法のように、歴史的・制度的に定まった「畿内」の用法を用いるべきであろう。

※『隋書《ずいしょ》』には、百済《くだら》伝に「畿内」の記載がある。しかし、倭国伝に記載がないことは、まだ畿内が存在しないことと関係しているかもしれない。

2　律令制の形成と京・畿内

「京」の意味

「京」の語義は、「宮処」である。『日本書紀』でも「天皇、遂に筑紫に幸して、豊前国の長峡《ながお》県に到りて、行宮《あんぐう》*を興《た》てて居《ま》します。故、其の処を号《なず》けて京と曰ふ」（景行一二年九月条）とあるように、行宮の設置との関係で京（豊前国京都《みやこ》郡）の地名を説明している。これは京都郡の「京都」の起源譚《たん》であるが、この場合は「みやこ」の呼び方のほうが実際には早いのであろう（日本古典文学大系・頭注）。

律令法に「京」と関連する条文が多いこともあり、『書紀』には「京」の字が多い。ちなみに『古事記』には「京」の文字はない。推古朝までの歴史には、無関係であるからだろうか。大化二年（六四六）の改新詔では、「京師」（元は天子の住むみやこ）の言葉があり、京に対する規定である。

改新詔の京師について問題となるのは、難波遷都における難波長柄豊碕宮の所在地が、「京」と意識されていたかどうかである。『書紀』には、「難波京」の語はみえない。難波長柄豊碕宮は、大阪市中央区の前期難波宮の遺跡である。それと重なる後期難波宮の遺構が、八世紀前半の聖武朝の遺跡となる。『続日本紀』には「難波京」とみえるが（天平一六年閏《うるう》正月条）、これは後期難波宮である。ところが、七世紀後半には南北に直道の難波大道があり、周辺に部分的な方格地割がみられるという［積山、二〇一三］。

問題は、「京」をどのように考えるかである。平城遷都の詔によれば、「京師は、百官の府にして、四海の帰《おもむ》く所なり」とある（『続日本紀』和銅元年二月戊寅条）。都における「百官」という官人機構の所在地であること、「四海の帰く所」とあるように周辺の蕃国《ばんこく》が日本に朝貢する都であることが強調されている。まさに蕃国を従える天下を支配する、「御宇《ぎょう》天皇」にふさわしい首都である［吉村、二〇〇五］。

それでは、官人が居住する「京」は、『書紀』などではどのように意味づけられているのだろうか。持統朝に「新益京《しんやく》」の言葉がみえるが（持統五年一〇月条）、これは学術用語としての「藤原京」のこと。藤原京には、方格地割をもつ条坊制がある。古代史学界では、こうした条坊制をともなう「みやこ」を京とする考え方が強い。しかし、方格地割がなければ、「京」と呼べないのであろうか。

白雉《はくち》四年是歳条に「倭京」の記載があり、「ミヤコ（京）」の古訓点がある。このほか「京」（継体二四年九月条）、「京師」（敏達《びたつ》元年五月条）でも「ミヤコ」と訓《よ》ませている。ただし、「ミサト」の訓もある（改新の詔）。天皇の「サト（郷）」に、尊称の「ミ」を付けた「ミサト」である。そのため「京職《きょうしき》（京兆《けいちょう》）」を「みさとづかさ」とも読む。

このように「京」は「みやこ」と読むが、原義としては天皇が居住する場所である。したがって「京」自体には、方格地割などの人工的建造物の有無は本来関係しないだろう。しかし、歴史的には条坊制が設置された意味は大きく、「京」に条坊制が設けられた時期の前後で、「京」の歴史的意義が異なってくる。それはまた、律令制の施行と密接な関係にある。

方格地割をもつ「京」

孝徳朝の難波宮に京があるかどうかについては、議論が分かれている。難波宮遺跡研究者の積山洋氏は、(1)初期難波京（孝徳朝～天武朝前半）、(2)前期難波京（天武朝後半～元正朝）、(3)後期難波京（聖武朝～奈良末）という考え方を提示している［積山、二〇一三］。(1)には「方格地割の片鱗《へんりん》」しか見られないので、前期難波宮とは区別する。そして、「未完」と評して「初期難波京」と命名する。確かに難波宮南方には、正方位地割の宅地が見つかっており、工房や園林も設置されているので、今日の有力な学説である［積山、二〇一四］。

また、天武朝には大和国で「倭京」を想定できるが、条坊制と京職（大宝令施行から左・右京職）をともなう都城ではない。藤原京（新益京）は、浄御原令に基づく都と考えられる。一〇条一〇坊制であり、中央に藤原宮がある。儒教の経典『周礼《しゅらい》』考工記の思想に基づくと思われ、中国の礼制《れいせい》思想の影響を受けた都である。

京内の住人は、基本的に官人・百姓であるが、日本の京は中国と異なり、（左・右）京職によって支配・管理されている。唐の長安城《ちょうあんじょう》では、州県制（長安城が含まれる長安県と万年県）による支配が、城内の住民にも適用された。しかし、日本では地域行政の国―郡（評）―里の支配系統のほか、京における京―条―坊による支配方式が存在したのであった［岸、一九八八］。

京内に住む官人・百姓は、「京戸《きょうこ》」（大宝令の用語）として存在し、左・右京職に管理された。霊亀元年（七一五）には「諸国の人廿戸を京職に移し附《つ》く。殖貨に由《よ》りてなり」（『続日本紀』同年六月丁卯条）とある。各国から二〇戸の住民を平城京に移住させ、京職の支配下にしたのである。

諸国の百姓を移住させた意味は、その目的がたとえ殖貨（蓄銭や財産の蓄積）にあったにせよ、列島諸国に住む百姓を平城京に集住させることである。百姓は「天下公民」として存在していたのであり、「京」という時空で天皇が天下公民を統治する小世界の実現をはかったのである〔吉村、二〇〇五〕。したがって、「天皇を唯一の首長とする、皇族・貴族・官人から百姓にいたる擬制的な首長制的共同体」として京を捉《とら》えることも無理ではないが〔浅野、二〇〇七〕、官人・百姓と仕奉関係を結んだ天皇統治の小世界が京であろう。なお、京には、皇親（天皇から四世王までの親族）も居住していたが、皇親名籍によって管理されていた。

「畿内」の特徴

次に、『日本書紀』における「畿内・四畿内」の記事を掲げて、その特徴を考えてみたい。図表化すれば、表1-2のようになる。

第一の特徴は、既述したように「初代の天皇」とされる(1)崇神紀に掲載され、天皇との関係意識が強いことである。ただし、この時期に畿内が存在したという明証はない。その次は、(2)欽明《きんめい》紀の仏教公伝の記事であるが、この「畿内」は日本全体を意味する（日本古典文学大系・頭注）。そして、確かな畿内の用語は、(3)大化の改新詔の「畿内」となる。改新詔については、後述する。なお、「邦畿之内《うちつくに》」（仁徳四年二月甲子条）など、畿内と類似の語も散見するが、ここでは畿内の語に限定した。

特徴の第二は、畿内と対比される地域は「京」と「諸国（四方国《よものくに》）」であり、「京―畿内―諸国」という国土の地域区分である。そして第三の特徴として、畿内に限定した施策の問題である。「田税」(6)や「役」(15)(22)などの租税（公租公課）関係のほか、武器関係(9)(14)の記述が注目される。また、「班田大夫」(25)は後の「畿内班田司」と関係するが、畿内特有の官人の存在がある。

⒀の記述に「浄広肆広瀬王《じょうこうし》・小錦中大伴連安麻呂、及び判官《ほうがん》・録事・陰陽師・工匠等を畿内に遣して、都つくるべき地を視占《み》しめたまふ」とある。畿内の地域は固定化しているが、畿内と「都」は密接な関係にある。『令集解』田令置官田条では、公定の注釈書「義解」が畿内について「畿は、なお疆のごとく也。言うこころは王畿の内なり」と記す。このように『周礼』の思想で説明されている。畿内の語は、中国の礼制との関係が強い。

ただし、中国の経典などの書物を持ち帰った時代によっては、畿内に関する説明が違っており、内容や名称も異なっている。礼制との関係では、『礼記《らいき》』王制に王が居住する千里の内を「甸《でん》」、外を「采」ないし「流」というように、二区分する世界観であった。ところが『周礼』になると、「甸」は「邦畿」「王畿」「国畿」といった説明語句となり、天子の直轄領の意味が付与されている。多様な言葉が用いられるようになったが、「畿」が天子の直轄領を指すことはまちがいない。こうして天子を中心とする世界秩序が、提示されるようになったと思われる［吉田、二〇一八］。

日本においては、おそらく隋唐時代の「畿内」を参照して、日本独自の天皇の特別地域として畿内制が設定された。礼制思想の一環として、導入されたのだろう。

大化の改新詔と畿内

大化二年（六四六）発布の大化の改新詔で、畿内が初めて制度的に定まったと思われる。改

表1-2 『日本書紀』における「畿内・四畿内」

	書　紀	畿内・四畿内の語と用法	備　考
1	崇神10－10	畿内	「初代の天皇」
2	欽明13－10	畿内	仏教伝来
3	大化2－1	畿内国司・畿内・畿内国	大化改新詔
4	大化2－3	畿内(自畿内、及諸国等)	大化薄葬令
5	2－3	畿内(始畿内、及四方国)	愚俗の改廃
		畿内(告於畿内。其四方諸國々造等)	愚俗の改廃
6	天智8.是冬	畿内(畿内之田税)	高安城
7	天武5－1	畿内(除畿内及陸奥・長門国)	国宰の任命
8	天武5－5	畿内(山野、元所畿内禁之限)	禁野
9	天武5－9	畿内(王卿遣京及畿内、校人別兵)	畿内武装策
10	天武6－5	畿内(京及畿内)	雨乞い
11	天武10－1	畿内(畿内及諸国)	神社修理
12	天武12－12	畿内(文武官人及畿内有位人等)	朝参
13	天武13－2	畿内(於畿内、令視占応都之地)	都造り
14	天武14－9	畿内(於京及畿内、各令校人夫之兵)	畿内武装策
15	天武14－10	畿内(畿内之役)	力役
16	持統4－1	畿内(班幣於畿内天神地祇)	神社への班幣
17	持統4－3	畿内(京与畿内人)	賜物
18	持統4－4	畿内(京与畿内)	賜物
19	持統4－4	畿内(百官人及畿内人)	考課
20	持統5－6	畿内(京及畿内諸寺)	寺院
21	持統5－10	畿内(畿内及諸国)	放生
22	持統6－4	四畿内(除四畿内百姓為荷丁者今年調役)	租税
23	持統6－閏5	四畿内(京師及四畿内)	講経
24	持統6－6	四畿内(詣四畿内、請雨)	雨乞い
25	持統6－9	四畿内(遣班田大夫等於四畿内)	班田
26	持統7－1	畿内(京師及畿内)	賜物
27	持統9－6	四畿内(詣京師及四畿内諸社請雨)	雨乞い
28	持統11－6	(京畿諸寺。京畿の唯一記事)	読経

新詔は、四項の主文（本文）と一三の副文（凡条）とから構成されている。その第二項の主文に「初めて京師《みさと》を修め、畿内国の司・郡司・関塞・斥候・防人《さきもり》・駅馬・伝馬を置き、鈴契を造り、山河を定めよ」とあり、「京師」と「畿内国」の語句が同時にみえる。

上記の主文を「畿内・国司・郡司」と読む研究者もいるが、副文（第二条）に「凡そ畿内は、東は名墾《なばり》の横河より以来、南は紀伊の兄山《せのやま》より以来〈兄、此をば制と云ふ〉、西は赤石《あかし》の櫛淵《くしふち》より以来、北は近江の狭狭波の合坂山《おうさかやま》より以来を、畿内国とす」とあり、畿内国の規定がある。したがって、「畿内国の司」が妥当だろう。畿内は東南西北による四至《しいし》の地点で範囲が決まっており、「四至畿内」と呼ばれる。後の令制四国から構成される「四畿内」や、和泉国を含めた「五畿内」とは原理が異なっている。

『書紀』に記された四至の各境界は、

東　名墾の横河
南　紀伊の兄山
西　赤石の櫛淵
北　近江の狭狭波の合坂山

である。四至の地名表記は、南の紀伊《きい》と北の近江は国名であるが、東の名墾と西の赤石は国名ではなく、後の郡名である。東の名墾は、後の伊賀《いが》国（天武九年〈六八〇〉に建国）名張郡、西の赤石は播磨《はりま》国明石郡にあたる。あるいは当時の地名表記を示している可能性もある。なお、改新期には令制国はまだ存在していない。このように東西と南北の四至の地名表記が、なぜか異なっている。四至畿内は、ほぼ令制の四畿内と一致するが、境界の地名は四畿内に含まれていない。

四至畿内の設定は、前述したように、孝徳朝における礼制思想の受容と認めていいだろう。改新詔は「畿内国」の設定であり、「畿内国の司」は、後には「畿内班田司」などが存在する。ただし、改新詔自体には税制などで畿内国を優遇するような規定はなく、令制畿内とは異なっていた。

四畿内の成立と令制国

ところで、四至畿内から律令制的な「四畿内」に替わるのは、いつ頃なのだろうか。四畿内とは、大和・河内・摂津・山背国《やましろ》（後に山城）で、和泉国の建国（天平宝字元年〈七五七〉）によって「五畿内」となる。『書紀』によれば、「四畿内」の初見は(22)持統六年である。しかし、それ以前から四畿内は成立していたと思われる。

天武四年（六七五）に、「大倭・河内・摂津・山背・播磨・淡路・丹波・但馬《たじま》・近江・若狭《わかさ》・伊勢・美濃《みの》・尾張《おわり》等国」に、歌人・歌女に関する勅が発せられている。これらは令制国であるが、その配列が、「大倭・河内・摂津・山背」が大宝令制の四畿内と同じである。しかし、「播磨」から「尾張」までは四畿七道制の配列順ではなく、京から地方に延びる東・西等の幹線道路によっている。つまり、七道制は成立していないが、四畿内は成立していたとみられる。この天武四年が、四畿内が成立した下限の年になる［早川、二〇二〇］。

成立年は不明であり、四至畿内から四畿内への移行時期は明確にできない。仮に四畿内が令制国から構成されているという事実からいえば、令制国が成立してくる天智朝には四畿内は成立していた可能性が高いだろう。

律令法における畿内の規定と賦役

大宝元年（七〇一）に大宝令が完成した。現存する令は、養老令（『令義解』『令集解』として残存）である。律令法において「畿内」の規定をもつ条文は、

a　僧尼令外国寺条（僧尼の犯罪と畿内の配入）
b　田令置官田条（畿内設置の官田）
c　賦役《ぶやく》令調絹絁《けんし》条（京・畿内の調免）、歳役《さいえき》条（京・畿内の歳役）、藁藍《わらあい》条（京への藁藍の畿内賦課）
d　考課令内外官条（考課の手続き）
e　公式《くしき》令諸王五位条（致仕した官人の安否等）、外官赴任条（畿内任官の随伴）
f　獄令犯徒応配居役者条（犯罪者の役務）
g　仮寧《けにょう》令定省仮条（官人の休暇）、請仮《せいか》条（官人の休暇）

である。なお、畿内ではなく、「畿外」の用語としては、がある。畿外と同じ意味である「外国」については、畿内などの語と一緒に用いられていて重複するので省略する。

これらのうち(c)賦役令調絹絁条では、「京及び畿内は、皆正丁一人に、調の布一丈三尺」というように、一般の布「二丈六尺」の半分となっている。二分の一の免除である。また、(c)歳役条では「中男《ちゆうなん》、及び京、畿内は、庸収る例に在らず」とされ、歳役の庸を徴収していない。天平宝字五年（七六一）一〇月、平城宮の改造のため、近江国保良宮《ほらのみや》を「北京《ほくきよう》」にした際、保良宮に近い滋賀郡と栗太《くりた》郡を「畿県《きけん》」（畿内に準ずる郡の意味）とし、庸を停止して調の数を京に準じさせている。このように賦役の負担は、京・畿内で特別に扱われていた。

その京・畿内の違いとして、『令集解』戸令居狭条の明法家説（穴記）は、外国の人が京戸になることを禁止することを述べ、その理由として京・畿内に入ることが「重役」から「軽役」になることをあげている。つまり、京・畿内では力役は軽役なので、人口が増えることを拒絶している。こうした軽役の理由として、「畿内」に居する天皇との関係を優遇したのであろう。

畿内への優遇策

次に、賦役とは意識されていない律令法の規定について考えてみたい。その一つに、采女《うねめ》と氏女《うじめ》の問題がある。采女は、律令法に「郡の少領以上の姉妹及び女《むすめ》の、形容端正なる者」とあり、氏女は各氏族から一三～三〇歳の女性を貢上とされている（後宮職員令氏女采女条）。また、采女は軍防令では一国を三分して、二分を兵衛《ひようえ》、一分を采女とされている（兵衛条）。さらに天平一四年（七四二）五月には、各郡から一名の采女を貢進することになる。

貢上する地域は法的に規定されていないが、氏女について明法家は「京・畿内を謂《い》うなり」（大宝令の注釈書「古記」）と記す。京・畿内の氏族から氏女が献上されたのであろう。ただし畿外でも、氏族の意志で貢進は可能であった。采女は、どうであろうか。

大化前代においては小墾田采女《おはりだ》（允恭《いんぎょう》五年七月己丑条）、大倭国造《やまと》（倭直吾子籠《やまとのあたいあごこ》）の妹である倭采女日媛《やまとのうねめひのひめ》（雄略二年一〇月癸酉条等）、山背の栗隈采女黒女《くるくまくろめ》（舒明《じょめい》即位前紀）など、『書紀』には畿内の采女が散見する。大倭国造が貢上した采女の場合、贖罪《しょくざい》のため献上されているが、「其れ倭直等（大倭国造）、采女貢《たてまつ》ること、けだし此の時に始るか」（履中即位前紀）と記されており、采女の貢上が単発でなかったことを示唆している。

しかし、改新以降には畿内の采女の記述がなく、改新詔により畿内四至が設定されると、畿外（外国）に限定された可能性もある。律令制下では、采女は畿外から、氏女は京・畿内から献上されるようになったようだ。

天智の皇子である大友皇子の母は、伊賀采女宅子《やかこ》の娘であった。これはいささか特殊な例であるかもしれないが、大化前代においては采女と后妃の差がそれほど判然としなかったからであろう。しかし、律令制下では后妃と采女の違いは、はっきりしてくる。采女は、後宮十二司に勤める宮人の職位に固定されていく。采女の貢進は、かつて国造などの在地首長がヤマト王権に服属した証《あか》しとして、郡司に継承されたのであろう［磯貝、一九七八］。

さらに、律令法には規定されていないが、代替わりの即位で行なわれる践祚大嘗祭《せんそだいじょうさい》における悠紀《ゆき》（斎忌）・主基《すき》（次）国の問題がある。大嘗祭で使用される米・酒などが提供される悠紀・

主基国は、畿外から卜定《ぼくじょう》されている。大嘗祭における食事は、天皇が統治する国土の生産物を食する行為（食国《おすくに》）といわれる。問題となるのは、卜定とはいえ悠紀・主基両国が畿外に設定されていることであり、やはり注目せざるをえない。ヤマト王権・律令制国家が、畿外諸国を服属させる意味合いと考えられているが、そのとおりであろう。このように、賦役以外にも畿内と畿外が区別されていた事例がある。

3　律令制下の諸宮――複都制と仮宮・離宮

律令法と王宮

律令法では、「都」の語句は喪葬令皇都条にしかなく、都と道路近辺に遺体の埋葬を禁ずる法令である。「皇都」が天皇居住地を意味することは前述した。「宮」のほうは、宮内省、東宮（春宮）、後宮の官司関係を除くと、令に宮衛《くえい》令、律に衛禁《えごん》律が存在する。

宮衛令とは、宮（王宮）衛（警衛の法）の規定である。諸門に関係する事項、王宮の警衛、武器の管理・儀仗《ぎじょう》、宿営、天皇の行幸・隊列の諸規定からなる。これに対し、衛禁律は、中国において元は「宮衛律」であったが、関所に関係する規定（元は関市律《げんしりつ》）の「関禁」が加わって衛禁律の名称になったという（『唐律疏議《とうりつそぎ》』）。

律令法では、王宮の維持を前提にしているので、宮内省の木工《もく》寮が土木建築、主殿《とのもり》寮が行幸時の施設、土工司が土工事、園池司が庭園等を管理することになっていた。しかし、宮の造営やその官司の規定は存在しない。歴史的には、浄御原令時代の藤原宮では造宮官と造京司が存在した。

大宝令以降では、造宮省が和銅元年（七〇八）から延暦《えんりやく》元年（七八二）まで設置された。和銅元年に造平城京司が設けられており、宮・京一体で造営が始まっていた。いずれも令外官《りょうげのかん》であるが、造宮省は基本的に平城宮の存続期間には存在していた。律令官司の地位は、造宮省のほうが造平城京司より上位であるが、造平城京司は長官が二名など大規模な構成であり、平城京の造営時には造平城京司のほうが重視されていた［今泉、一九九三］。

この間、難波宮の建設には神亀三年（七二六）に知造難波宮事の名がみえ（『続日本紀』同年一〇月庚午条）、臨時の令外官が設置されていた。

複都制

これまで述べてきた王宮は、「単都」の都である。一代の天皇が複数の王宮を営んだことは、すでに雄略の例があった。ここで問題にする「複都」は、単なる複数の王宮ではない。天武朝に、「凡そ都城・宮室、一処に非ず、必ず両参造らむ。故、先づ難波に都せむと欲《おも》ふ」（『書紀』天武一二年一二月条）とされる複数の都城（複都）である。ここでは「都城」（都）と「宮室」（王宮）が別々に扱われている。

さて、複都制は、中国の制度にならったものである。隋・唐時代における、長安城と洛陽《らくよう》城が有名である。ただし、中国の複都制は、各時代・各王朝の政治的事由によって、そのあり方は必ずしも単純ではなく、歴史的変遷がある。単都制のほか複都制（西都の長安、東都の洛陽）・三京制（長安は西京、洛陽は東京、太原が北京）などがあり、地政学的にも広域な領土を統治するという役割があった［妹尾、二〇二〇］。

唐代では、長安城が国都、洛陽城が副都である。興味深いのは北魏《ほくぎ》の洛陽城と隋・唐の長安城とは、中国の都城史では正統ではなく異端の位置に評価されていることである。日本は、この両城を受け継いだことになる［礪波、二〇一六］。言葉をかえれば、遣唐使などが見聞した最新の都城の有り様を、モデルにしたのであろう。

日本の複都制は、こうした中国の複都制を参考にしているが、複数の都があっても、同じ役割をになっていたわけではない。天武朝の場合、浄御原宮《きよみはらのみや》が主都（首都）であり、難波宮は陪《ばい》都《と》（副都）となる。つまり複都制においては、複数の宮に主都と陪都の分担があった［岸、一九八八］。

天武朝に陪都とされた難波宮は、瀬戸内海の港として難波津*があり、交通上の要衝地であった。小笠原好彦氏はその理由として、難波津が果たした経済的機能と、孝徳朝に造営された難波長柄豊碕宮の存在をあげている［小笠原、二〇一五］。難波津がある摂津国に摂津職《せっつしき》が設置されたことからみれば、難波津の存在は大きいだろう。ただし、朱鳥元年（六八六）正月の火災により、副都としては機能しなくなった［積山、二〇一三］。

次に問題とされるのは、聖武朝における難波宮の扱いである。聖武は、神亀三年（七二六）

から難波宮の造営を開始し、天平四年（七三二）にはいちおうの完成をみた。ところが、天平一六年閏正月に恭仁宮《くにのみや》の朝堂に官人を呼び集め、「恭仁・難波の二京、何をか定めて都とせむ」と問い、ほぼ同数の回答を得た。この諮問によれば、「京」は恭仁京と難波京が存在するが、「都」は一つしかないことになる。

その後、難波宮に行幸し、ついで二月になると恭仁宮に保管していた駅鈴（駅馬の利用に必要）と内印（天皇御璽《ぎょじ》）・外印（太政官印）を難波宮に取り寄せた。そして左大臣の橘諸兄《たちばなのもろえ》に、「今、難波宮以て定めて皇都とす」と宣布させたのである。このように「都」と表現される場所は一つしかない。天平一六年の場合、難波宮を都としたわけである。

『書紀』と『続日本紀』の「都」の用法が同じだとすれば、聖武朝には都は一つしかなく、天武朝にみられたような「都」ではない。つまり複都は存在しなかった。聖武朝の難波宮を複都と評価する学説が多いなかにあって、聖武朝に複都制はなかったという栄原永遠男氏の指摘は妥当であろう［栄原、二〇一九］。

御在所・行在所と離宮・行宮

天皇の居場所は、「御在所」と呼ばれる。『続日本紀』では、臨時的に南苑《なんえん》（神亀三年三月条）、松林苑《しょうりんえん》（天平元年三月癸巳条）、紫香楽宮《しがらきのみや》（天平一七年正月己未条）、中宮院（同五月戊辰条）、薬師寺宮（天平勝宝元年閏五月丙辰条）、藤原仲麻呂田村第《だい》（天平勝宝四年四月乙酉条）、武部《むぶ》（兵部省）曹司（天平宝字五年正月丁酉条）などが御在所となる。日常的に居住する平城宮などとは、異なった場所を指すことが多い。

　一方、律令法では行幸の関係条文に、「凡そ車駕《きよが》の所に赴かむをば、行在所《ぎょうざいしょ》に詣《もう》づと曰《い》へ」（儀制令赴車駕所条）とあり、行幸先を「行在所」と呼んでいる。実際にも『続日本紀』には、近江国・美濃国（養老元年九月甲寅条）、播磨国（神亀三年一〇月辛亥条）、交野《かたの》（延暦二年一〇月庚申条）への行幸の際には、行在所の記述がある。

　ただし、行在所ではなく施設の宮名としては、「行宮《あんぐう》」「頓宮《とんぐう》」や「離宮」の用語が、圧倒的に多い。これまでの研究では、一時的な仮の宮を「行宮」ないし「頓宮」とし、天皇や皇族の別荘が「離宮」とされている［仁藤、二〇〇〇］。『続日本紀』には、確かにこうした傾向がみられる。ただし、河内国竹原井離宮《たけはらい》（天平一六年一〇月庚子条）の場合は、竹原井頓宮（養老元年二月庚寅条）や竹原井行宮（宝亀二年二月戊申条）とも記されていて、必ずしも厳密に使用されているわけではない。

　離宮では吉野離宮（後述）が多くみられ、それ以外に大和国では二槻《ふたつき》離宮（大宝二年三月甲申条）、倉橋離宮（慶雲《けいうん》二年三月癸未条）、春日《かすが》離宮（和銅元年九月乙酉条）、山背国では岡田離宮（和銅元年九月庚辰条）、甕原《みかのはら》離宮（和銅六年六月乙卯条）などがみえる。また、和泉離宮（和泉宮、養老元年一一月丁巳条）があるが、智努《ちぬ》（茅渟）離宮（天平一六年七月癸亥条）とも称された。しかし必ずしも厳密に呼ばれず、「是の月に、天皇、蝦蟇《かわず》行宮〈或本に云はく、離宮といふ〉に御《おわしま》す」（大化二年九月是月条）とあるように、行宮が離宮と呼ばれることもある。

　行宮の建設には、造行宮司（養老元年二月辛卯条）が設置されるが、特定の郡司に任務を割り当てる造行宮郡司（和銅元年九月庚辰条）も存在した。当初は離宮であった紫香楽宮の造営には、「造離宮司」が設けられている（天平一四年八月癸未条）。

ただし、行幸の際に新造されるとは限らない。既設の建物を行宮として利用することもある。河内の智識寺の行幸の際は、茨田宿禰弓束女《まんたのすくねゆつかめ》の宅（天平勝宝元年一〇月庚午条）、河内の交野行幸の時は、右大臣藤原継縄《つぐただ》の別業《べつごう》を行宮としている（延暦一〇年一〇月丁酉条）。行幸の準備期間や、既設の宅・別業などの良好な施設の有無や親疎関係が影響しているのであろう。

ところが、こうした行宮・頓宮がどのような施設なのか、必ずしも明らかではない。近年では、近江の禾津《あわづ》頓宮とされる遺跡の遺構が判明している。頓宮は大津市膳所《ぜぜ》二丁目にある膳所城下町遺跡で、東西七間（二〇・八メートル）、南北四間（一一・九メートル）の規模で、南北に廂《ひさし》がつく二面廂の建物。柱の太さは直径が約四〇センチメートルで、屋根は板葺《いたぶ》きないし檜皮《ひわだ》葺きであるという。

時期は八世紀前半で、第2四半期の可能性が高く、短期間に建物として機能し、後に解体されたという。このような特徴から天平一二年（七四〇）における聖武天皇の東国行幸に関係する禾津頓宮に推定されている［大崎・中村、二〇〇三］。おそらく行幸と同時に計画され、建設が開始されたのであろう。

和泉監と芳野監

離宮のなかでは、吉野（芳野）離宮と和泉離宮が特別な離宮とされている。後に芳野監《げん》と和

図1-2　大津市膳所城下町遺跡　掘立柱建物SB1全景（写真提供：滋賀県）

泉監が設置されたからである。芳野離宮は奈良県吉野町の宮滝遺跡で、一部が発掘されている。一方の和泉離宮の遺構は、みつかっていない。ただし、成立等の時期が明白なのは和泉監であり、年表にすれば、表1-3となる。

芳野監の場合、直接史料にみえるのは天平五年正月条であるが、天平四年七月に「両京（左・右京）・四畿内及二監」とあり、和泉監・芳野監の二監の事実上の初見記事である。これまで指摘されているように、芳野監は和泉監とほぼ同じ経緯をたどったのであろう。おそらく七一六年前後に設置され、七四〇年頃に廃止されたかと思われる。二監は天平一〇年一〇月丁卯条に「京・畿内と芳野・和泉監とに今年の田租を免す」とあるように、京畿内なみの待遇を受けたことがわ

表1-3　和泉監と和泉国

年　月		記　事
霊亀2−3	716	河内国和泉・日根両郡を割いて、珍努宮（和泉宮）を供せしむ
2−4		河内国大鳥・和泉・日根三郡を割いて、和泉監を置く
天平12−8	740	和泉監を河内国に幷す
天平宝字1−5	757	和泉国が河内国より分立する

かる。

和泉監は、年表にあるように離宮である和泉宮（珍努《ちぬ》〈茅渟〉宮）との関係で設けられた。霊亀二年三月に、河内国和泉・日根郡の百姓課役が和泉宮維持のため割り当てられ、翌四月には大鳥郡を加えて和泉監が置かれた。大化前代には茅渟県があり、陶邑《すえむら》や茅渟山屯倉《みやけ》が存在していた。したがって、屯倉・御田《みた》・薗・網曳御厨《あびこのみくりや》・野（日根野）などヤマト王権との関係が強い地域に、宮が設置されたという指摘は妥当である［遠藤、二〇〇四］。

また和泉監が接する茅渟海は、北の大鳥郡高脚《たかし》海が禁漁区であり（『書紀』持統三年八月条）、天皇への食物（供御《くぎょ》）献上の海で王権とも密接な関係にあった。こうした地域に離宮が存在したのは、ヤマト王権と特別な関係があったからだと思われる。

これまでの発掘調査によって、難波宮・飛鳥諸宮・藤原宮・平城宮などでは、それなりの復元が可能である。ただし、離宮については吉野宮の宮滝遺跡など一部である。全貌《ぜんぼう》が明らかになるには、まだ多くの時間を要すると思われる。

参考文献

浅野　充　二〇〇七年「律令国家における京戸支配の特質」『日本古代の国家形成と都市』校倉書房
磯貝正義　一九七八年『郡司及び采女制度の研究』吉川弘文館
今泉隆雄　一九九三年「八世紀造宮官司考」『古代宮都の研究』吉川弘文館
遠藤慶太　二〇〇四年「和泉のミヤコ―和泉監の構成要素―」『都市文化研究』四
大崎哲人・中村智孝　二〇〇三年「推定禾津頓宮の発掘調査」『条里制・古代都市研究』一九
小笠原好彦　二〇一五年『日本の古代宮都と文物』吉川弘文館
狩野　久　一九九〇年「律令国家と都市」『日本古代の国家と都城』東京大学出版会
岸　俊男　一九八八年「日本における「京」の成立」『日本古代宮都の研究』岩波書店
岸俊男・田中稔・狩野久　一九七九年「銘文の釈読と解説」『稲荷山古墳出土鉄剣金象嵌銘概報』埼玉県教育委員会
岸本直文　二〇二〇年『倭王権と前方後円墳』塙書房
栄原永遠男　二〇一九年「「複都制」再考」『大阪歴史博物館研究紀要』一七
白石太一郎　二〇一一年『古墳と古墳時代の文化』塙書房
妹尾達彦　二〇二〇年「東アジアの複都制」『アフロ・ユーラシア大陸の都市と社会』中央大学出版部
積山　洋　二〇一三年『古代の都城と東アジア　大極殿と難波京』清文堂
積山　洋　二〇一四年『東アジアに開かれた古代王宮　難波宮』新泉社
舘野和己　二〇一九年「歴代遷宮考」『ヤマト王権とその拠点』大阪府立近つ飛鳥博物館
礪波　護　二〇一六年『隋唐都城財政史論考』法藏館
富沢寿勇　一九八七年「王宮」『文化人類学事典』弘文堂
西本昌弘　二〇一八年「畿内制とウチツクニ」『講座　畿内の古代学』Ⅰ「畿内制」雄山閣
仁藤智子　二〇〇〇年「古代における行幸の史的意義」『平安初期の王権と官僚制』吉川弘文館
早川庄八　二〇二〇年「律令制の形成」『天皇と古代国家』講談社学術文庫
福永伸哉　二〇一一年「古墳時代政権交替論の考古学的再検討」『古墳時代政権交替論の考古学的再検討』大阪

大学大学院文学研究科
藤岡　穣　二〇一四年「野中寺弥勒菩薩像について」『MUSEUM』六四九
吉田　歓　二〇一八年「古代中国の畿内制」『講座 畿内の古代学』Ⅰ「畿内制」雄山閣
吉村武彦　一九九六年「古代の王位継承と群臣」『日本古代の社会と国家』岩波書店
吉村武彦　二〇〇五年「古代の政事と藤原京・平城京」『律令制国家と古代社会』塙書房
吉村武彦　二〇一〇年『ヤマト王権』岩波新書

2章　王権と手工業生産

中久保辰夫

はじめに

政治権力が産業を統制し、技術革新を主導するという意志をもつことは歴史上よくみられる。近年では二〇一六年一月に、日本国第五期科学技術基本計画が閣議決定された。ここで「Society 5.0」が提唱され、超スマート社会への移行を日本国が世界に先駆けて実現することがうたわれている。ここでいう「Society 5.0」とは、狩猟社会（Society 1.0）、農耕社会（Society 2.0）、工業社会（Society 3.0）、情報社会（Society 4.0）に続く、新しい社会像といわれている。そして、この社会への移行を、政府が科学技術の革新によって先導していくという［日立東大ラボ、二〇一八］。

歴史学と人類学、そして考古学は、さまざまな基準をもって社会を分類し、歴史を編んできた。一九世紀後半、歴史学にも大きな影響を及ぼしたカール・マルクスとフリードリヒ・エンゲルスは、人類学者ルイス・ヘンリー・モルガンの研究に基づいて、人類社会は野蛮、未開、文明と発展してきたという図式で捉えた。マルクスの遺志を継いだエンゲルスは、技術革新に根差した生産力の増大が余剰を生み、それが分業化を促し、食糧生産に従事しない階級を産み出すと構想した［エンゲルス、一八八四（一九五六）］。マルクスとエンゲルスが唱えた唯物史観に立脚し、考古学者のゴードン・チャイルドは、新石器革命、都市革命、産業革命という三つの革命が、人類史上にみられると論じた［Childe, 1950］。二〇世紀半ばのことである。

マルクス、エンゲルス、そしてチャイルドの研究は、これまで日本古代史と考古学の理論的な基盤となってきた。それは、技術革新と余剰の蓄積が社会を大きく発展させる主要因であると考えられてきたからである。Society 5.0の根底にある発展段階的な図式もこれの亜流といえる。しかし、今日の考古学的知見に照らし合わせれば、これらの学説をそのまま受け入れることはできない。手工業と関係する遺跡や遺構の発掘調査、遺物の詳細な実物観察や理化学的分析は、古代日本の長距離交易や技術移動が想像以上に発達していることを解明した。そして、交易を差配し、技術革新を推進した勢力の戦略を読み解く視座を提供してきた。

本章では、西暦三世紀半ばから七世紀まで、巨大な古墳が津々浦々に築造された古墳時代を中心として、大王を中核とする王権と手工業生産との関係性を叙述していきたい。筆者は、現在、古墳時代前期を三世紀半ばから四世紀半ば、中期を四世紀後葉から五世紀末、後期を六世紀初頭から六世紀末と推定している。そして、中期から後期に古代日本における手工業生産の基層が形成されたとみている。古墳時代、王権を構成した近畿地域の政治勢力が技術革新の先導にどう関与したのかといった点について論じてみよう。

1　近畿地域の手工業生産遺跡

(1) 古代日本のものづくり

資源の入手と外部依存

古代日本では、集落をとりまく環境で獲得できる資源のみに頼って、生計を立てることは難しかった。水田や畑を開墾し、農業を営むための農具ひとつを例にとってみても、このことはわかる。たとえば、農作業に欠かせない鍬《くわ》や鋤《すき》をつくるには、広葉樹のアカガシ亜属などの強靭《きょうじん》な木材が原料として必要となる。しかしながら、その資源は居住地の近くにあるとは限らない。また、弥生時代後期以降になると木器生産の各段階を示す未成品の出土遺跡が減少することから、木器加工工程の大部分は外部に依存するようになっていたこともわかっている［穂積、二〇一二］。もちろん、森林が集落に近在していれば、その資源は用いられた。

農具の木製部分だけではなく、装着する鉄製刃先の入手は、さらに原材料を地域の外部に求める必要があった。弥生時代後期から古墳時代中期には段階的に鉄器化が進行した。田畑を耕し、溝にたまった泥をすくい上げ、雑草を除き、作物を収穫するといった農作業に鉄製刃先の利便性は高い。しかし、日本古代における確実な製鉄遺跡は、現在のところ、古墳時代後期後半（六世紀後半）以降に確認できるので、それ以前にははるか韓半島や中国大陸から鉄素材を入手する必要があった。また、鉄素材を獲得できたとしても、それを農具の刃先に加工する鍛冶が、近くでなされているとは限らない。

このように古代日本の社会は、農耕に必要な道具を一つの例にとってみても、外部依存が進行していた。これは製品の入手といった側面だけでなく、製作にかかる資材の入手という側面でもそうであった。

古代日本の手工業生産遺跡

工業化する以前、機械に頼らず、手仕事として製品をつくりだす生産の形態を手工業生産という。文化庁がまとめている「周知の埋蔵文化財包蔵地数」によると、古墳時代に該当する生産遺跡は近畿地域で八〇八遺跡を数える［文化庁文化財部記念物課、二〇一七］。古墳時代の生産遺跡は日本全国で二一二五遺跡を数えるので、約四割が近畿地域に集中している。このなかには発掘調査によって生産の具体的なあり方が浮かび上がったものもあれば、部分的にしか調査が及んでおらずに推測を重ねるほかない遺跡もある。もちろん、いまだに発見や調査の時を待っている遺跡も数多く存在しているだろう。

（2）手工業生産の種類と研究の現在地点

時代を支えたものづくりは多岐にわたる。代表的な手工業について、その特徴と遺跡をまとめてみよう。(1)

土器・窯業生産と埴輪生産

古代日本の土器には大きく分類して二種類がある。一つは、弥生土器の系譜上にある酸化焔《さんかえん》焼成の土師器《はじき》である。もう一つは、韓半島南部より窖窯《あながま》焼成技術を導入して生産された還元焔焼成の須恵器《すえき》である。飛鳥時代には瓦生産が窯業の一角を占め、奈良時代から平安時代には施《せ》釉《ゆう》陶器が生産された。ここでは土師器と須恵器に焦点をあわせよう。

土師器は、野焼《のや》きといって、地面を浅く掘り、そこに藁《わら》や薪《まき》などの燃料をならべて、土器を重ね置き、土器と土器のすき間にさらに薪を差し入れて、その上を藁と粘土で覆って摂氏約八〇〇度~九〇〇度で焼成された。簡易な焼成施設であったために、遺構として検出されないことが多い。貴重な事例として、伊勢神宮との関わりが指摘されている古堀《ふるぼり》遺跡や水池《みずいけ》土器製作遺跡(三重県明和町)などが、奈良時代にはある。

一方、摂氏一〇〇〇度から一一〇〇度の高温で焼成された須恵器は、その生産に窖窯を必要とした。須恵器の場合、焼成中に窯の焚口《たきぐち》が壊れやすく、窯の天井が崩落することもある。そして、薪燃料は灰となってかきだされ、焼き損じた須恵器とともに廃棄されて数メートルにひろがる灰原や物原《ものばら》を形成する。したがって、須恵器窯は遺構や遺物が発見されやすい。

須恵器生産は、古墳時代中期に韓半島南部より窯業技術を導入したことによって可能となった。古代日本における須恵器生産の拠点は、大阪南部の泉北丘陵に所在する陶邑《すえむら》窯跡群(大阪南部窯跡群とも呼ばれる、大阪府堺市)である。この遺跡では八五四カ所の須恵器窯が確認され、四世紀末から九世紀半ばまで操業した［宮崎、二〇〇六］。そして、窯業技術は五世紀前葉には東海の猿投《さなげ》窯《よう》跡群をはじめとして南東北から北部九州まで日本列島広域に拡散し、六世紀後半から七世紀に播磨や丹波など、地域社会に定着する［田辺、一九八一、菱田、二〇〇七］。

また、古墳の外表面に樹立されることを目的として生産された埴輪《はにわ》も、古墳時代の手工業生産と技術移動を語るうえで欠かせない。埴輪は、古墳時代前期に土師器と同じく野焼きでつくられたが、須恵器が出現する古墳時代中期に窖窯《あながま》が導入された。大阪府高槻《たかつき》市に所在する新池《しんいけ》埴輪製作遺跡など、生産遺跡が確認されている。

鉄生産・鍛冶・金工

鉄と鉄器の生産は、鉄素材と製品にいたるまでの過程によって分類することができる［花田・阪口、二〇一二］。鉄の生産は、まず鉄鉱石や砂鉄を原料とする酸化鉄を還元して、金属鉄をつくる製錬（Iron Smelting）という工程からはじまる。ただし、これによりできあがる精錬系鉄塊には滓《かす》と金属鉄が混じりあっている。そこで、不純物を除去する精錬鍛冶（refining、大鍛冶ともいう）がなされる。ここでできた精錬鍛冶系鉄塊を鍛打し、鉄素材となる鉄鋌《てってい》をつくりだす工程が鍛錬鍛冶A（Hammering）であり、さらに鉄素材を鍛打して、鉄製品をつくる鍛錬鍛冶B（Shaping）という工程にわけることができる。

このうち後者の鍛冶遺跡が弥生時代以降のものが多数発見されている。鍛冶遺跡を発掘すると、地面にのこされた鍛冶炉の床と側壁の一部が検出されることがある。しかし、鉄滓《てっさい》、鍛冶炉とそこに送風するための革袋をつないだ鞴《ふいご》の羽口《はぐち》といった鍛冶関連遺物の発見により、鍛冶遺跡と認定されることが多い。鍛冶場では、鉄鉗《かなはし》、鉄鎚《かなづち》、鏨《たがね》、鉄砧《かなとこ》、金床石《かなとこいし》、砥石《といし》などが用いられた。こうした道具類が五條猫塚古墳（奈良県五條市）など古墳に副葬されることがあり、布留《ふる》遺跡（奈良県天理市）など住居跡からもまれに出土する。

鍛冶技術は、韓半島を経由して弥生時代にもたらされ、古墳時代前期には北部九州の博多遺跡群（福岡県福岡市）で高温精鉄が可能な鍛冶生産がなされた［村上、二〇〇七］。近畿地域では纒向《まきむく》遺跡*（奈良県桜井市）や布留遺跡などで鞴羽口や鉄滓といった鍛冶関連遺物が出土している。そして、古墳時代中・後期に専業的な生産拠点として大県《おおがた》遺跡（大阪府柏原市）が稼働し、同時期には南郷遺跡群（奈良県御所《ごせ》市）や布留遺跡、森遺跡（大阪府交野市）をはじめとして鍛冶遺跡が近畿地域や東海地域で増加をみせる［花田、二〇〇二］。

製鉄遺跡は六世紀後半（古墳時代後期後半）以降に確実に認められる［角田、二〇一九、大道、二〇二〇］。千引《せんびき》カナクロ谷製鉄遺跡（岡山県総社市）、戸《と》の丸山《まるやま》製鉄遺跡（広島県庄原市）、今佐屋山《いまさややま》遺跡（島根県邑南《おおなん》町）、古橋遺跡（滋賀県長浜市）などがこの事例である。いずれの時期においても中国大陸や韓半島からの技術導入が背景にあった。

製　塩

生命維持に加え、食文化のうえでも欠かせない塩も重要な生産物である。古代日本では、製塩のために専用の土器が大量生産されたので土器製塩ともいう。製塩土器は、煎熬《せんごう》完了時に生成された結晶塩を採取するためにつくられた。薄手で、耐久性に乏しいものが多く、基本的に再利用はできなかったとみられる。それゆえに作業場において破壊や廃棄がなされ、多量に出土する。製塩は厳密には生業といえるが、こうした専用土器の製作も含むため、ここでとり上げよう。

製塩には海水を用いたため、海浜部で生産遺跡が多く確認されている［近藤編、一九九四］。製塩土器の形態的な変化と製塩遺跡の盛衰を研究することで、これまで古代日本の製塩には三つの段階があったことがわかっている［岩本・大久保、二〇〇七、積山、二〇一二］。第一段階は弥生時代中期後葉で、備讃瀬戸海域の東部で特産品としての土器製塩がはじまった。そして、弥生時代後期、製塩遺跡は大阪湾海域まで分布を広げ、古墳時代前期には北部九州に至るまで波及する。第二段階は古墳時代中期に訪れ、河内湖《かわちこ》、紀淡海峡部、鳴門海峡や田辺湾など、近畿地域に集約的な塩生産地帯が出現した。この段階の製塩遺跡では石敷炉《いしじきろ》が用いられ、大阪湾型と呼ばれる多量の極小形製塩土器が使用された。つづく第三段階は古墳時代後期であり、この段階では大阪湾から紀淡海峡にかけての土器製塩は終焉《しゅうえん》を迎える。そして、製塩の拠点は若狭湾岸、備讃瀬戸周辺、別府湾岸、関門海峡部に移った。

玉作り

古代日本の玉類生産関連遺跡は、未成品や製作時の残滓《ざんし》が散布しやすく、そのために研究蓄積が厚い［寺村、二〇〇四、河村、二〇一〇］。現在、日本列島において、弥生時代では三〇二カ所、古墳時代が二〇八（のべ二一四）カ所、奈良・平安時代一三カ所と合計五二三（のべ五二九）カ所が確認されている［米田、二〇一九］。

玉類の原料は、翡翠《ヒスイ》や緑色凝灰岩、碧玉《へきぎょく》、瑪瑙《メノウ》、水晶、滑石といった石材、コハクや埋《うも》れ木《ぎ》といった化石、そして、ガラス、金属、粘土である。岩石は、たとえば、出雲花《か》仙山《せんざん》産の碧玉、越後姫川《ひめかわ》産の翡翠といったように産地が限定的となる。そのため、弥生時代から古墳時代前期には、産地近郊で玉作り遺跡が多くみつかる。しかし、こうした様相は古墳時代中期に一変する。前期後半、奈良盆地南部に曽我遺跡（奈良県橿原《かしはら》市）が登場し、ここが中期には各石材の産出地から原料を集積して加工する玉作りの集約的な生産遺跡となった。ただし、こうしたあり方は中期特有の現象であり、後期になると出雲地域での集約的な生産が再興して中核地となる。さきにみた土器製塩と類似する動態をあらわしている。

木製品

「木の文化」といわれる日本では、竪穴《たてあな》式住居や掘立柱建物、居館や寺院の建立といった建築部材だけではなく、農工具、箸や椀《わん》といった飲食具、弓矢や刀剣装具といった武器、船や背負《しょい》子《こ》、棺、形代《かたしろ》と、木製品は多岐にわたる。ただ、木製品そのものは土中で分解されやすいため、検出事例に恵まれないことが多い。こうした制約がありながらも、木製品生産関係遺跡に関する研究が進展してきた［穂積、二〇一二、樋上、二〇一六］。

弥生時代前期から中期では、たとえば唐古《からこ》・鍵《かぎ》遺跡（奈良県田原本町）や安満《あま》遺跡（大阪府高槻市）で木器製作各段階の未成品が出土するなど、木器生産の場が特定できる。しかし、それが弥生時代後期以降には減少する傾向がある。もちろん、未成品が完全にみられなくなるわけではない。使用者の身体にあわせてつかうもの、使用目的に応じた最終調整が必要な泥除や横鍬、一木鋤、工具柄、竪杵《たてぎね》類といった木器は未成品として出土している。ただし、自集落で製作する木器が限定され、大多数を外部からの供給に頼るあり方が、古墳時代中期には形成されていた［穂積、二〇一二］。そして、原木伐採から現材作出を担う生産が独立していることも、河川より大量の木屑《きくず》が検出された矢田原遺跡（奈良県奈良市）や蛭子田《えびすだ》遺跡（滋賀県東近江市）の調査によって判明している。

紡織

繊維製品も、木製品同様に土中で分解されることが多く、残念ながら発掘調査で出土することが少ない。紡織は、糸を紡ぐ製糸工程と織物を織り込む製織工程に分けることができるが、どちらの工程で使われる道具も木製品が多く、のこりにくい。繊維製品の研究は、幸運にも遺存した事例をもとになされてきたが、二〇〇〇年代以来紡織具の研究も進み、体系的に成果がまとまっている［東村、二〇〇六・二〇一一、黒須、二〇一二、杉井、二〇一二］。

古代日本では、編布や織布の素材として植物由来の繊維と繭糸《けんし》が利用された。植物由来の繊維では、クワ科の一年草である大麻《たいま》、イラクサ科の多年草の苧麻《ちょま》が麻として広く用いられた。養蚕によって得られる繭糸もまた弥生時代からはじまった。養蚕は、古代中国において桑の葉を飼料とするカイコガ科の桑蚕《くわご》を家畜化することによって可能となり、それが伝来して多量の繭を安定的に得ることができた。

植物由来の繊維による製糸工程は、まず植物を柔らかくして細かく裂き、苧桶《おおけ》に貯める。そして繊維に土製や石製、鉄製の紡錘車《ぼうすい》を用いて撚《よ》りをかけ、巻き取り、紡いだ糸を桛《かせ》に巻き上げる綛上《かせあ》げをする。そして桛から糸をはずすと、輪状にたばねられた綛《かせ》ができあがる。繭糸は、柔らかく煮た数粒の繭から糸を集めて引き、糸枠などの回転体に繰りと《かせいと》って、枠に巻き返して綛とした。

糸を巻く工程で用いられる桛や綛かけ、糸枠は、木製品の形態が特徴的で識別が容易である。そして、こうした木製品の変遷と分布、共伴関係を調べることで、製糸と製織工程の変化がわかる。綛かけには、サイズの大小があり、大型のものが撚りの戻りがちな麻などの植物性繊維の糸をまとめるために用いられ、小型品が柔軟性のある絹糸用として使用された。そして、大型の綛かけは桛と共伴する傾向があり、製糸から製織までが一連の工程となっていたことがわかっている。しかしながら、飛鳥時代後半になると、桛の出土例が減少する一方で、糸枠の出土数と分布域が広がるといった現象がみられる。東村純子氏は、製糸工程と製織工程が分離し、綛が貢納や交易の対象となったとみる〔東村、二〇〇六〕。

次に製織工程のなかでも織成に関する遺物をみてみよう。織機には、地面に座って織る原始《げんし》機《ばた》、機台をもつ地機《じばた》と高機《たかはた》の三種がある。原始機は、弥生時代は近畿地域で用いられ、経《たていと》と緯《よこいと》が一本置きに交差する平織がつくられた。地機は、柱と板を組んで機台をつくり、経巻《たてまき》具《ぐ》・中筒《なかづつ》・綜絖《そうこう》を固定させたものである。麻布など、植物繊維の製織に適している。高機は、経巻具・中筒・綜絖・布巻具がすべて機台に固定されたものであり、竹等の薄片を櫛の歯のように並べ、枠をつけた筬《おさ》により経を整え、緯を打ち込んだ。高機は、錦・綾《あや》・羅《ら》などの高級繊維製品の生産を可能とした。

高機は、確実な出土例としては古墳時代後期前半の正源寺遺跡（滋賀県東近江市）があり、韓半島との関わりが深い茄子作《なすづくり》遺跡（大阪府枚方市《ひらかた》）の出土例が、古墳時代中期中葉にさかのぼる可能性もある［黒須、二〇一二］。杉井健《たけし》氏は、筬目《おさめ》の平絹《へいけん》、経錦《たてにしき》、綾《あや》にかんする出土繊維製品の研究をまとめる中で、こうした高機による織物が古墳時代中期に増加することにふれ、韓半島系渡来人を介した技術革新がこの時期にあったと学史をまとめている［杉井、二〇一二］。律令《りつりょう》期には高級織物は、中央では大蔵省が管轄する織部司《おりべのつかさ》の主導によって生産され、また地方では国衙工房が担うなど、政治権力によって統制されるようになった［東村、二〇〇六］。

2　東アジアを駆け巡る人と技術

（1）先進技術を伝えた人々――古墳時代中・後期の渡来人――

古代日本の手工業にはいずれも専門的な技能が必要であり、素材調達や工程に多彩なあり方が認められた。このなかには木器生産や紡織など、その資料的な特質によって遺存状態に恵まれず、どうしても生産遺跡としての実態が不鮮明なものもある。一方、窯業生産や鍛冶、玉生産、製塩は、出土遺物と遺構が特徴的であるので生産遺跡の把握が容易で、変遷や分布が明瞭となっている。

そして、多様な手工業生産を貫く共通性も見出《みいだ》せる。第一の共通項は、素材の調達においても、技術の導入においても中国大陸や韓半島との関係が重要であったことである。もちろん、製塩や玉作りなど、日本列島内で資源が豊富に産出し、在来の技術発展として理解できるものもある。つづいて第二の共通項として、専業的な生産拠点の出現が各手工業生産において比較的近しい時期におこっている点に注目したい。それは大局的には古墳時代中期前半と後期後半という時期である。そして、この二つの画期は渡来系集団を介した対外交流が活性化する時期と符合する。

渡来人の住所録

そこで、第一の共通項についてみていくことにしよう。

いまの議論にとって、文献史料は古代人の本音をうかがい知るうえで参考となる［田中史、二〇〇五］。大宝令戸令没落外蕃条には、「帰化」来着の際、「若し才伎有らば、奏聞して勅を聴け」という一文が付加されている。この文言は大宝令のもととなった唐令にはみられず、また養老令では削除されているという。大宝令が施行された八世紀初頭、渡来した集団に期待されたものが技術であったことをいまに伝える。

そして、考古学は文献がのこされていない時期にさかのぼって、渡来人が居住した遺跡を探しあててきた〔田中清、二〇〇五、亀田、二〇一二〕。ここで注目すべき遺物は、韓式系軟質土器とよばれる焼き物である。もちろん、土器のほかにも渡来系集団の居住地に接近する方法はある。しかしながら、土器資料は日常的によく使用され、一方で壊れやすいので遺跡の発掘調査でよく出土する。粘土でできているために造形の自由度が高く、その形状や意匠、製作技法に地域性があらわれやすいことも考古学者にとって好都合である。

たとえば、蒸し調理に用いられた大形の甑《こしき》は、古墳時代前期の近畿地域にはない調理道具であるが、一方で古墳時代とおおむね併行する韓半島の三国時代では多用され、地域によって底部の形状や蒸気孔の配置や形が異なる。甑の底部が出土し、その蒸気孔を観察することで土器製作者の故郷が判明する〔寺井、二〇一八〕。

したがって、韓式系軟質土器が出土した遺跡を表にまとめ、地図上に一つ一つ記していくと、故地を含めた「渡来人の住所録」ができあがる〔中野、二〇〇八、中久保、二〇一七〕。

手工業生産と韓半島系渡来人

「渡来人の住所録」に記載された遺跡の発掘調査報告書を手に取り、ページをめくって調べていくと、さらに興味深いことが判明する。それは、こうした遺跡に新技術の導入をうかがわせる遺物や遺構が発見されていることである。

事例として、近畿地域随一の韓式系軟質土器出土遺跡である長原遺跡群（大阪府大阪市平野区）を取りあげよう。二〇〇二年、二〇〇三年に実施された発掘調査では、「コ」の字状に溝をめぐらせた古墳時代中期前葉の鍛冶工房跡が検出された［大庭ほか、二〇〇五］。古墳を破壊して設置されたこの工房跡は大韓民国の旗安里《キアンニ》遺跡（京畿道）に類例があり、鍛冶工房付近に建造された百済の住居様式である大壁（壁柱）建物でも金属片が出土している［田中清、二〇〇五］。そして、鍛冶工房以外にも漆工芸、玉作り、馬匹《ばひつ》生産、紡織に関連する遺物が認められる。渡来系集団と手工業生産の関係を知るうえで欠かせない遺跡といえる。筆者は、この長原遺跡群から出土した土器の様相より、渡来系集団を積極的に受け入れ、世代をこえて在来の集団との関係性が密接であったと考えている［中久保、二〇一七］。

同じく河内湖沿岸に所在する蔀屋北《しとみやきた》遺跡（大阪府四條畷《しじょうなわて》市）の調査では、韓半島各地に由来する陶質土器、韓式系軟質土器に加え、大形土坑（SK940）から馬一頭分の全身骨格が確認され、渡来系集団を介して馬飼がはじまったことが明確となった［宮崎、二〇一二］。隣接する讃《さ》良《ら》郡条里《ぐんじょうり》遺跡を含めると、鉄滓、鞴羽口、刀装具未成品、鉄鏃《てつぞく》、砥石、紡錘車、機織の部材といった各種手工業の痕跡も発見されている。馬飼といった生業を中心としながらも、交易・手工業と多面的かつ複合的な機能を有した遺跡の性格が明瞭となるのである。

専業的な手工業生産遺跡にも渡来系集団の関与は濃厚に認められる。たとえば、窯業生産では陶邑窯跡群には複数の集落遺跡が含まれることがわかっている。大庭寺《おばでら》遺跡（大阪府堺市）は、その代表的な存在であり、この遺跡内に窯跡の灰原が検出されたことに加えて、出土土器の九割近くが韓式系軟質土器や須恵器であった［植野、二〇〇五、中久保、二〇一七］。鍛冶の専業的な拠点である大県遺跡においても、その成立期に韓式系軟質土器がみられ、炉の構造もまた韓半島に系譜をたどることができる。

このように韓半島各地より渡来した集団の居住地と手工業生産遺跡は、不離一体の関係にあったといえる。考古学的にも、渡来系集団に求められた役割の一つが技術とその知識の供与にあったことが推定できるのである。

（2）専業的生産拠点と複合工房群の成立

たとえば、鉄刀を完成させるには刀鍛冶だけではなく、把や鞘《さや》をつくるための木工や漆工が必要となる。さらに柄木に巻かれた帯状の布や平絹、組紐《くみひも》や皮革などを用意しなければならず、鹿角《ろっかく》装や金銅装の場合は骨角器の職人や金工を必要とした。したがって、器物によっては各種の手工業が連環しており、完成に至るまでに工人同士の連携を必要とした。種類を異にした多くの工匠または労働者が、同一あるいは近接した工房に集まって労働する個別的分業と理解できる。

こうしたことを念頭におくと、手工業生産遺跡の多くには各種の工人が寄り集まっていたように思われるかもしれない。しかしながら、遺跡としては専業的な手工業生産の拠点と複合的なあり方をみせる二者に分類することが可能となっている〔堀田、一九九三、花田、二〇〇二〕。

専業的生産拠点の配備

このうち、専業的生産拠点は、鍛冶生産では大県遺跡や森遺跡群、窯業では陶邑窯跡群、玉作りは曽我遺跡、製塩は西庄《にしのしょう》遺跡（和歌山県和歌山市）、石工は播磨地域の竜山周辺（兵庫県高《たか》砂《さご》市）を代表的な遺跡としてあげることができる（図2-1）。

このように各種の特定工房が畿内一円に分散していることに注目した和田晴吾氏は、それぞれの工房が限定された製品を生産している点を評価した［和田、二〇〇四］。また、菱田哲《てつ》郎《お》氏は「畿内」における手工業拠点の配置に計画性を読み取り、領域に対する一定の支配権が確立していたと読み解く［菱田、二〇〇七］。葛城《かつらぎ》氏の本拠とみなされる遺跡の一つである南郷遺跡群において、豪族膝下の複合的な手工業生産の実態がわかったことも重要である［坂・青柳、二〇一二］。田中史生氏は「大和の工房が王権を支える豪族の家産に組み込まれていたものであったのに対し、河内の工房は王権の工房として再編されたものであった」と、複合工房群と専業的生産拠点の背景に経営主体の違いを読み取る［田中史、二〇〇五］。

連環する手工業生産

しかしながら、二一世紀にはいって、先にみた長原遺跡群や蔀屋北遺跡・讃良郡条里遺跡の存在など、河内における王権膝下の複合工房群の実態も鮮明となった。土器製塩の拠点である西庄遺跡で鍛冶や皮革といった他の手工業や生業についてもなされていたことがわかるなど、専業的生産拠点とみなされてきた遺跡でも単一の生産だけではない側面も明確になってきてい

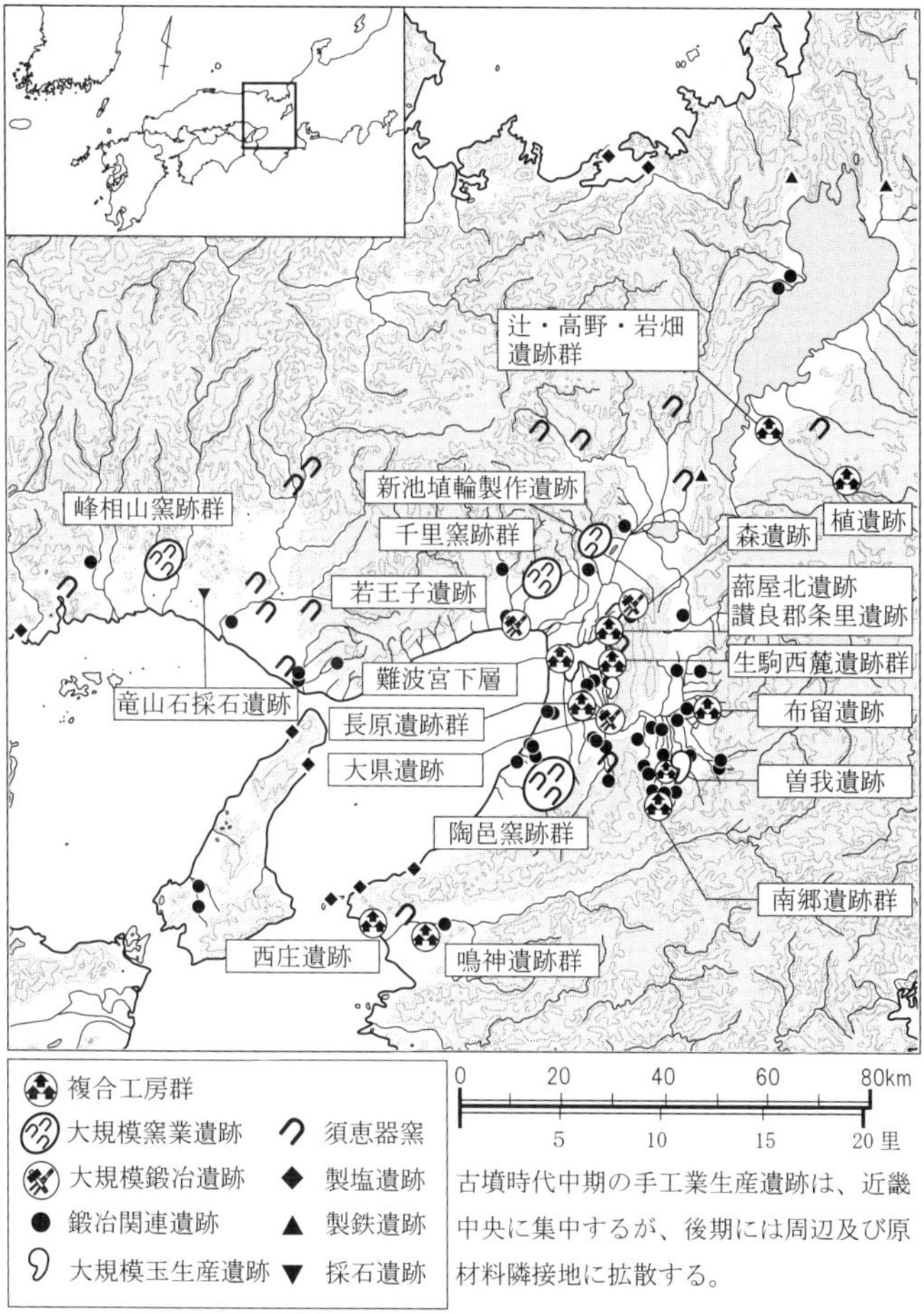

古墳時代中期の手工業生産遺跡は、近畿中央に集中するが、後期には周辺及び原材料隣接地に拡散する。

図 2-1　古墳時代中期から後期における手工業生産遺跡

る。また、陶邑窯跡群においても五世紀以降、漁業に必要な蛸壺《たこつぼ》の生産をしているなど、他の生業の需要に応えていることも、いまの議論にとって重要である。

さらに、専業的生産拠点や複合工房群における各種手工業の稼働時期は、大局的には古墳時代中期となるが、厳密には時期が異なることもわかってきた。河内湖南岸と奈良盆地では中期前半に稼働時期の主体があり、後半には河内湖北岸や大和盆地中央部へと移行する。こうした動向と小規模の古墳築造の動向が連動しており、実務を担った勢力と開発の連動性が明確となっている［中久保、二〇一七］。

こうした殖産の主導と一定の計画性を念頭に置くと、古墳時代中期における手工業生産の画期は、限定的な専業生産拠点の出現にあるだけではないことがわかる。むしろ、各種の手工業が連環した相互依存の状況が、少なくとも近畿地域で醸成されていたことを物語る。王権はこの媒介と技術供与を一つの権力資源としていたといえよう。

飛鳥時代には、約二〇〇カ所の鍛冶・鋳造炉、鋳銅工房と鍛冶工房、ガラス工房が立ち並ぶ飛鳥池遺跡《あすかいけ》（奈良県明日香村《あすか》）が出現する。ここでは、金滴や銀滴の可能性がある残滓、銅滓、富本銭《ふほんせん》、坩堝《るつぼ》、羽口、鉄釘、刀子《とうす》、鉄鏃などの製品と未製品、鍛造鉄片やためし等が検出された。こうした官営工房とみられる複合工房群の基盤は、すでに古墳時代に準備されつつあったと見通せよう。

（3）畿内周縁の様相―播磨地域を対象として―

王権と手工業生産の関係をより深く理解するために、一度、王権膝下の地域をはなれ周縁のあり方を検討してみたい。そこで瀬戸内海沿岸の東部に位置する播磨地域を取りあげよう。

播磨の手工業生産遺跡と古代

播磨地域では、これまでになされた発掘調査によって、「渡来人の住所録」とともに手工業生産の実態が把握できるようになっている（図2-2）。

たとえば、鍛冶遺跡としては市之郷《いちのごう》遺跡（姫路市）、竹万《ちくま》遺跡（たつの市）、溝之口《みぞのくち》遺跡（加古川市）、吉田南遺跡（神戸市西区）など、およそ河川の流域を単位として確認できる。他にも紡錘車など製糸工程を示す資料の出土も多く、初期須恵器の窯跡も同様に分布する。

こうした手工業生産関連遺跡には、やはり韓式系軟質土器が認められる。そして、古墳時代中期だけではなく、後期後半においても韓半島南西部との関係性をうかがわせる土器資料が竹万宮ノ前《みやのまえ》遺跡（上郡《かみごおり》町）や上脇《かみわき》遺跡（神戸市西区）で出土している。また、寒鳳《かんぷう》遺跡（神戸市西区）では、大壁（壁柱）住居が三棟検出された。上脇遺跡では、五世紀以降、集落が継続的に営まれるが、七世紀には掘立柱建物が主体となり、製塩土器、蛸壺漁に関する遺物に加え、鉄滓、砥石が出土しており、さまざまな手工業生産がうかがえる。

ただし、各遺跡から出土した鉄滓の量や形状、鞴羽口の量をみると、その生産内容は小規模であって、古墳時代後半期を通じて専業的な生産拠点は形成されてはいない。手工業生産遺跡の規模には、中央と地方で格差がみられるのである。

技術移動とその背景

手工業生産遺跡では、生産に関わる廃棄物や道具が発見されることはあっても、製品そのものが出土することは少ない。生産物の品質をうかがうには、産地が特定できるものを考古学的に検討する必要がある。こうした点において須恵器や埴輪は、多くのことを教えてくれる。

いまの議論において、貴重な情報を提供するのは、竜山石産出地の近傍に築造された時光寺古墳（円・四六メートル、古墳中期中葉）出土埴輪である。この古墳に樹立された円筒埴輪や蓋形埴輪は規格や細部形状が百舌鳥《もず》古墳群＊（大阪府堺《さかい》市）中の百舌鳥御廟山《ごびょうやま》古墳と酷似する。そして、埴輪の器表面を整えるためにつけられたハケメに注目すると、器種をこえた体系的な埴輪生産が復元できる。こうした埴輪の共通性と埴輪工房のあり方は、王権中枢の埴輪生産に精通した工人あるいは工人集団の存在があったことを示している。

時光寺古墳の埴輪生産は、王権中枢からはなれた中小規模墳のそれとしては異例といえる。しかしながら、この地が長持形石棺の石材産出地に位置していること［和田、二〇〇六］は、見逃せない背景となる。つまり、王権中枢の石棺製作や搬出に伴い、この地の人々が百舌鳥御廟山古墳の埴輪生産に上番した、もしくは石材の搬出と引き換えに中央の工人を播磨へ下向させた可能性が推測できるのである［中久保・木村、二〇一八］。

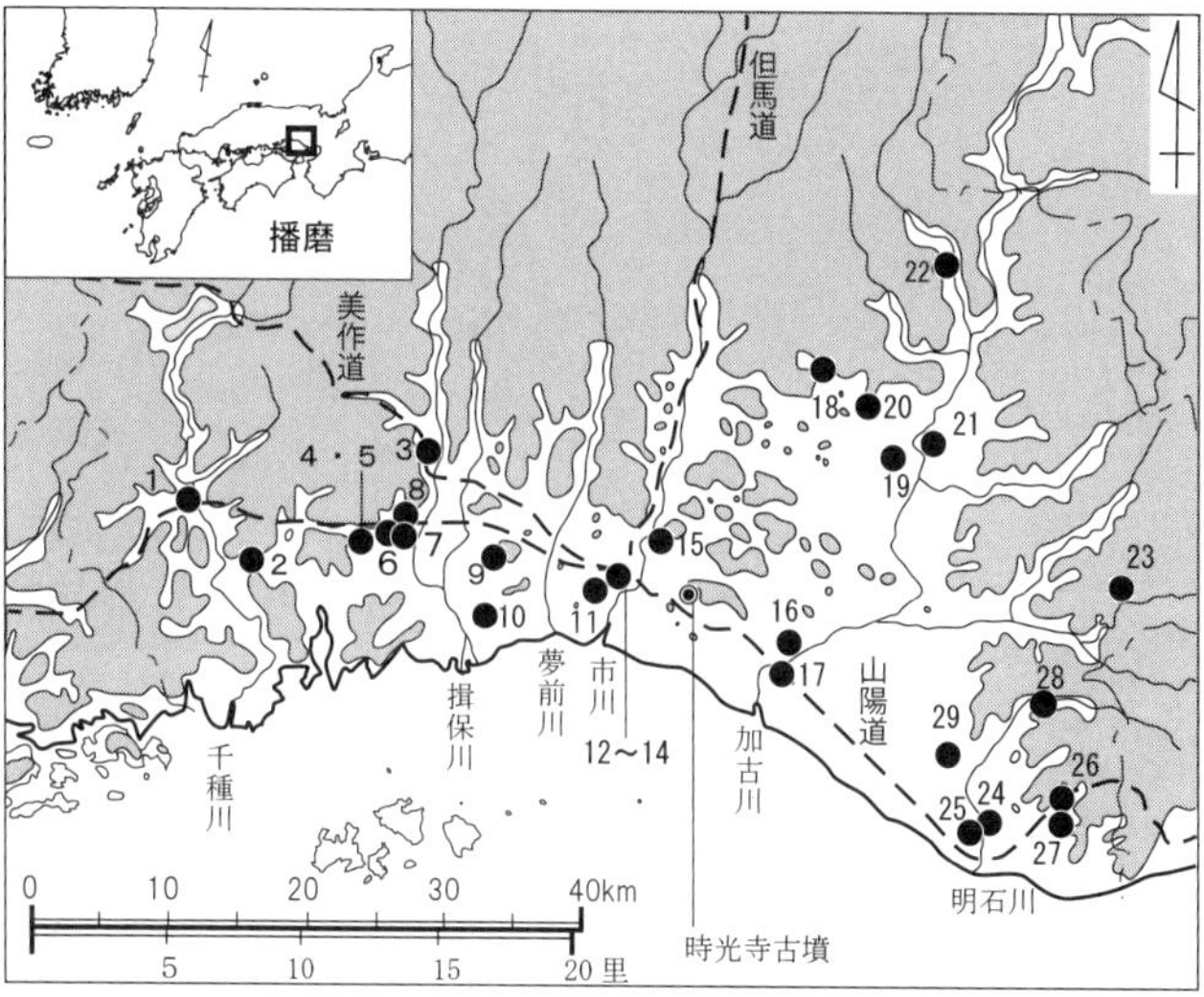

韓半島系土器出土遺跡

1．竹万宮ノ前
2．有年原・田中
3．馬立
4．長尾谷
5．小畑十郎殿谷
6．尾崎
7．竹万
8．北山
9．亀田
10．前田
11．船場川東土地区画整理事業地内
12．市之郷
13．姫路駅前周辺
14．小山
15．小帰方
16．砂部
17．溝之口
18．朝垣
19．土井ノ内
20．小谷
21．家原・堂ノ元
22．安坂・城の堀
23．淡河中村
24．玉津田中
25．出合（窯）
26．上脇
27．押部
28．長坂
29．印路

――――古代官道の推定ルート

※古代官道と韓半島系土器出土遺跡は、同時期ではない。

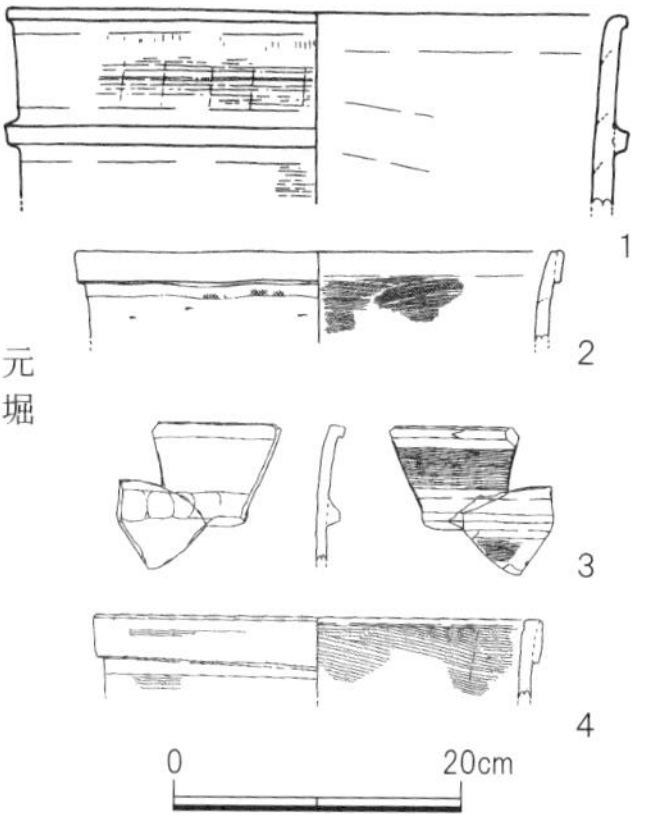

1・2：百舌鳥御廟山古墳、3・4：時光寺古墳

図 2-2　播磨の韓半島系土器出土遺跡と時光寺古墳

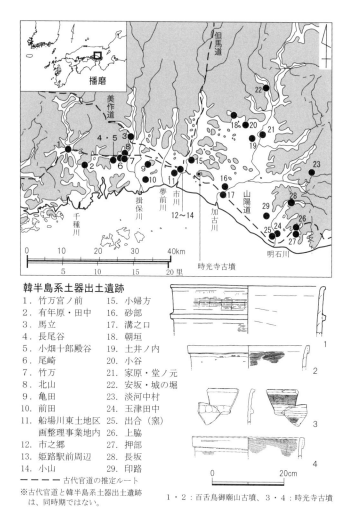

もちろん、時光寺古墳の埴輪には、百舌鳥古墳群でみられない特徴をもつ埴輪も確認できる。したがって、地域の工人たちも埴輪生産に関わっていたことも疑いない。古墳の外表施設となる埴輪に、技術を介した中央との関係性、地域社会とのつながりが明示されている点をおさえておきたい。

須恵器窯の盛衰

次に須恵器生産についてみてみよう。古代・中世と窯業生産地であった播磨には、日本列島最古級の出合窯（神戸市西区）から須恵器窯が築かれた。古墳時代中期には各流域において、貯蔵や運搬を目的とした甕《かめ》と壺に加え、地域色のある須恵器が生産されている。ただし、この生産は小規模かつ単発的で、操業は継続しなかった。

中期後半には相生《あいおい》窯、後期前半には赤根川・金ヶ崎窯（明石市）など、古墳築造の盛衰とあわせて須恵器窯がみられる。この時期に生産される須恵器は、定型的なものであり、その技術は陶邑窯跡群より技術を導入し、地域で伝習されたものとみられる。そして、後期後半（六世紀後半）以降に奈良時代まで継続する須恵器生産が定着する。秦《はた》氏との関わりが深い赤穂市の山田奥窯跡、東播の三木窯跡群（三木市）と志方窯跡群（加古川市）、高丘古窯跡群（明石市）、国府が置かれた中播の峰相山《みねあいやま》窯跡群（姫路市）が須恵器生産を担った。

このことは、地域社会にとって窯業製品の安定供給が可能となったことを意味する。ただ、一方で『延喜式』では、播磨国は須恵器の調納国となっている。技術の供与を中央から受け、共有していた段階から、次第に製品の一部を貢納するようになる変質過程を、須恵器生産は物語るのである。

3　古代有力氏族と手工業生産——奈良県布留遺跡を対象に

（1）布留遺跡と物部氏

手工業生産と政治勢力との関係をより探っていくために、ふたたび畿内に戻って、より詳細なスケールを用いてみてみよう。次に奈良盆地東部中央に位置する布留遺跡を取りあげてみたい［池田ほか、二〇二〇］。

布留遺跡は、大和川水系の布留川上流域に位置する。物部《もののべ》（石上《いそのかみ》）氏*の本拠の一つと目される複合遺跡である。遺跡は東西約二キロメートル、南北約一・六キロメートルにひろがり、布留川を中心軸とすれば、北岸の扇状地（北岸域）と南岸の低位段丘上（南岸域）に区分できる（図2-3）。扇状地の起点に近い高台上に、古くから石上《いそのかみ》神宮が鎮座する。

農耕集落としての布留遺跡は住居跡が検出され、土器が多量に出土する弥生時代後期後半に形成された。そして古墳時代前期にかけて、布留川北岸域では扇状地の微高地を、南岸域では低位段丘縁辺を利用して居住域が拡がった。ただし、この段階では布留遺跡の規模は小さく、奈良盆地に所在する一農耕集落と評価することが穏当である。

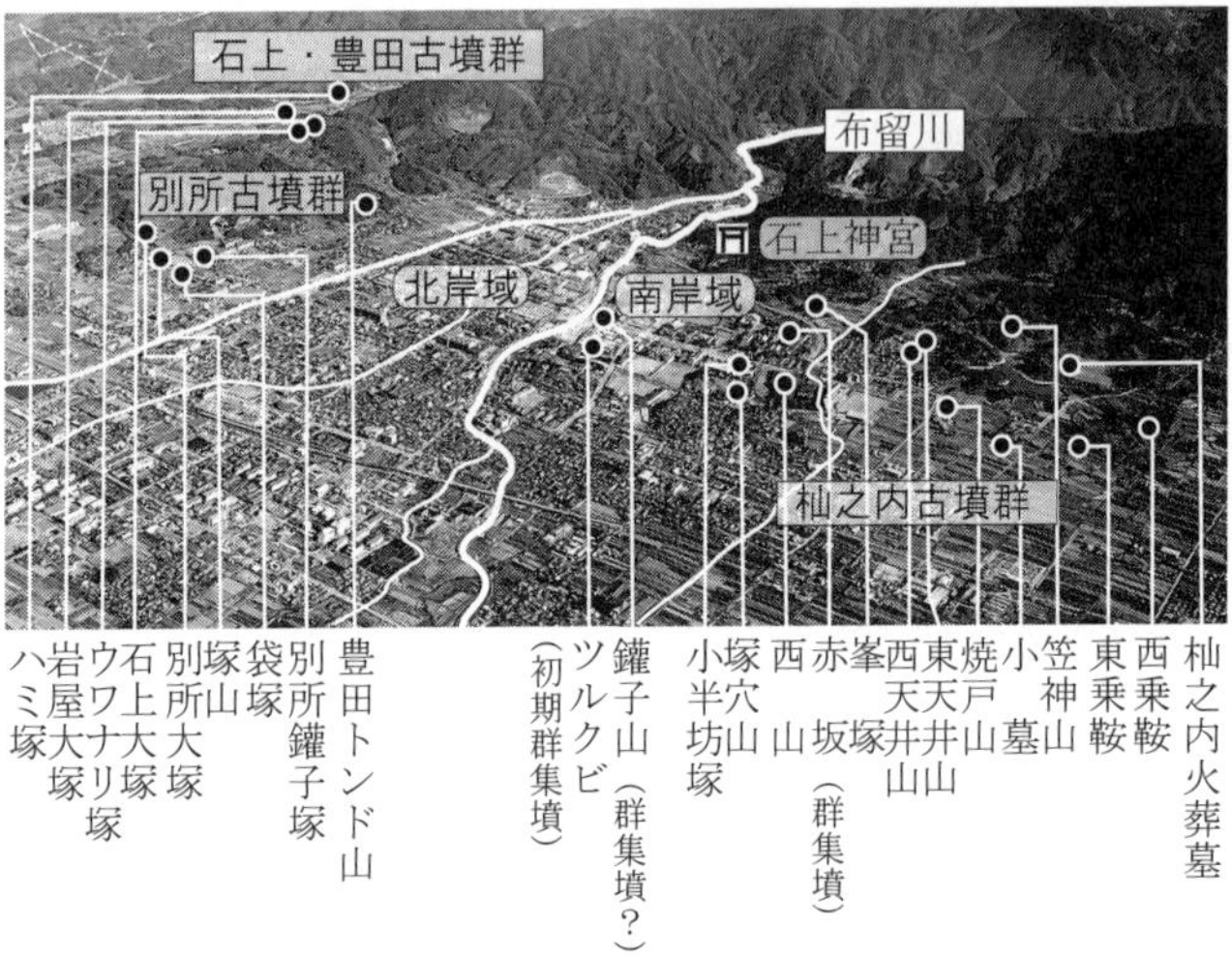

布留遺跡北岸域出土刀剣装具

布留遺跡南岸域出土土器

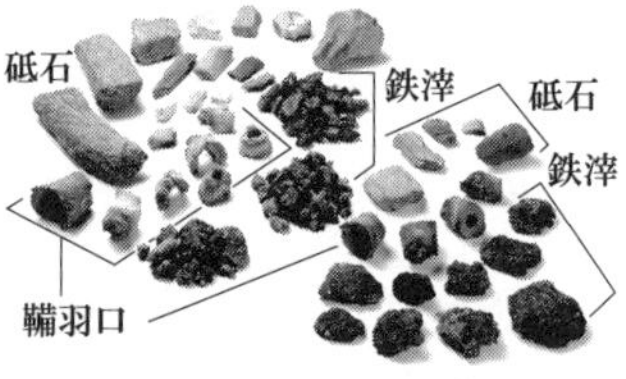

布留遺跡出土鍛冶関連遺物

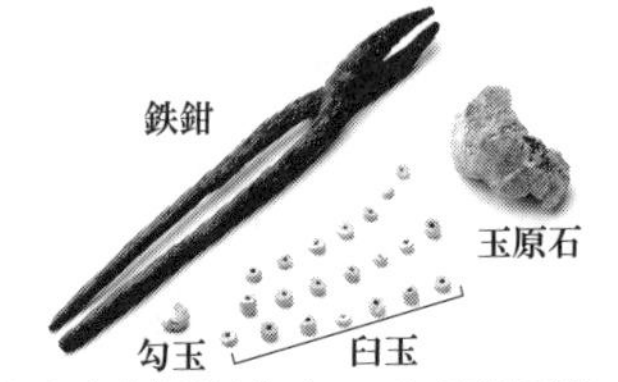

布留遺跡南岸域鍛冶・玉生産関連遺物

図 2-3　布留遺跡と古墳群、手工業生産関連遺物

(2) 手工業生産の時期的変遷と分業の進展

儀礼空間の増幅と鍛冶生産の開始

布留遺跡が、近畿地域の中で傑出した集落遺跡へと変貌する画期は、古墳時代前期後半(四世紀前葉〜中葉)に訪れた(第一の拡充期)。この時期には日本列島広域でそれまで拠点的であった集落が衰退する現象が認められるが、布留遺跡は例外的に居住域が継続する。この時期を知るうえで興味深いところは、石上神宮拝殿の背後にある禁足地である。ここから出土した遺物には、副葬品と共通する翡翠製勾玉《まがたま》や碧玉管玉、琴柱《ことじ》形石製品、銅鏃などが確認できる。石上神宮の位置する集落最高所を核としつつ、遺跡全域で儀礼がなされた痕跡が遺構として確認できるようになる。

この時期に小規模な手工業がなされた可能性も明らかになりつつある。石上神宮に近い北岸域の高所では、前期から中期前半にかけて機能した流路より鞴羽口三点と鉄滓二二七・五グラムが出土した。鞴羽口は詳細な時期を特定することが流路出土資料であるために難しいものの、前期に属する可能性があり、類例は博多遺跡群(福岡県)や纒向遺跡(奈良県)、韓国の安《アン》仁《イン》里《リ》遺跡(江原道)で出土している。

複合工房群の出現と変貌する集落景観

古墳時代中期は、布留遺跡が大きく変貌する時期にあたる（第二の拡充期）。ここでは三つの変化があったことがわかってきた。

一つ目の変化は、複合工房群が稼働したことである。遺跡の全域で鍛冶、玉作り、木器生産、紡織関連遺物が検出されている。紡織は、滑石製紡錘車と木製軸、綛かけといった製糸具・整経具が出土していることから製糸工程と製織工程、経巻具・布巻具などの織機部材（原始機）より織成まで行なわれていたことが確認できる。

特徴的な手工業生産は、北岸域を中心になされた武器生産である。溝跡より出土した木製品の未成品には鞘や鞘口に加え、中期古墳に通有の刀剣の把装具が含まれている。武器の生産は、遅くとも中期中葉（五世紀中葉）にはなされていたことが、こうした武器が副葬された古墳の時期よりわかる。そして、鉄滓や鞴羽口も北岸域で出土し、このうち三島（里中）西地区の鉄滓総量は五六二一・八グラムとなる。刀身や剣身をつくる鍛冶工人、それにあわせて装具を整える木工、漆工、そして柄や鞘に巻かれた紡織関係の工人や皮革工が、この付近の工房群に存在していたことをうかがわせる。なお、布留遺跡独自の初期須恵器も、土師器に通有の二重口縁や調整技法がみられる甕や壺もあり、小規模な須恵器生産がなされていた可能性もある。

二点目は、韓半島各地に由来する陶質土器、とりわけ南西部を故地とする韓式系軟質土器が膨大な出土土器のなかで確認できることから、渡来系集団の居住がみられることである。複合的な手工業生産の活性化と同時期であり、この時期の渡来系集団が担った役割は、技術とそれに関する知識の供与であるだろう。

五世紀から六世紀にかけて、物部氏は倭国と百済や加耶《かや》の間を往来していたことが史料よりうかがえる。考古資料で確かめられる渡来系集団の居住や往来は、物部氏が有していた東アジア広域の政治的ネットワークの裏付けになる。

そして三点目として、古墳時代中期中葉から後期にかけて灌漑《かんがい》水路の開鑿・整備が進行した。そして、集落景観は高所を儀礼空間とし、標高にあわせて手工業生産域や居住域を配置する雛壇《ひなだん》構造へと変貌する。こうしたあり方は南郷遺跡群においても確認でき［坂・青柳、二〇一一］、王権を支えた勢力の拠点を検討するうえで重要な検討対象になりうる。同時期に、渡来系集団の故地の一つである韓半島南西部の栄山江《ヨンサンガン》流域でも、同じく集落構造に変化がみられ、機能分化が伸長することは興味深い［李暎澈《イヨンチョル》、二〇一九］。

布留遺跡で注目したい遺構は、南岸域で検出された大溝（溝1）である。この大溝は、中期中葉に拡張され、幅約一五メートル、深さは二メートルを測る大規模な水路で、出土土器の時期幅は古墳中期から中世と広い。布留川より低位段丘をこえて窪《くぼ》み状に拡がる地区への導水を目的としたと考えられる。

布留川北岸が起伏に乏しく、さらに自然流路の統御が困難であるがゆえに、大きな人工水路を開鑿することが難しいことに対し、南岸域は低丘陵と谷を利用し、水利統制に成功したといえるだろう。なお、この大溝が『日本書紀』履中天皇四年条にある「石上溝《いそのかみのうなで》」に該当する可能性も十分にある。

そして、各種の手工業生産、技術者の招来、耕地の拡大が、考古資料でみた場合の比較的近しい時期に起こっている点が明らかとなってくる。耕地拡大による余剰蓄積の結果として、手工業生産の複雑化が起こっているわけでは、必ずしもないのである。

武器生産を担った物部氏

中期の集落景観は後期に継承された。手工業生産は、中期と比べると土器作りや玉作りなどの痕跡が希薄となるが、武器生産に特化した様相を看取できる。

このことを明瞭に示す遺物が、北岸域で出土した刀剣装具である。頭椎《かぶつち》・円頭把装具の製作が、後期前半にはじまった蓋然性が高く、ここに画期が認められる。この頭椎・円頭把装具は、物部氏に特徴的な刀剣装具と評価されており、六世紀前半とみられる氏族の形成過程とあわせてみると整合的である。氏族独自の武器生産を担った工房の出現（あるいは再編成）と理解できよう。

鍛冶生産は北岸域だけではなく、南岸域でもなされていた。ここからは鞴羽口一五点に加え、三〇キログラムもの鉄滓が検出されており、後期を主体とする。この時期の竪穴式住居からは鉄鉗も出土しており、後期後半の須恵器に漆が付着した例を多く確認することができる。砥石も調査面積に比して多く、後期を通じて鍛冶生産がなされたことがわかる。

こうした古墳時代中・後期に日本列島屈指の集落遺跡となった布留遺跡は、実は物部氏衰退後の飛鳥・奈良時代にも継続する。南岸域では古代の井戸や掘立柱建物が密集し、墨書土器、土馬、瓦、和同開珎《わどうかいちん》などの銭貨、奈良三彩壺、塼《せん》が検出されている。ただし、この段階では手工業生産の遺構や遺物が顕著ではなくなっている。

（3）権力基盤の拡充と古墳の被葬者像

物部氏といった王権中枢を担った勢力の台頭をより深く考えていくために、権力資源についてまとめておこう。

そこで参考となるのは、権力資源には社会的関係、経済力、軍事力、イデオロギーといった四つの側面があると考察したティモシー・アールの研究である［Earle, 1997］。このうち、イデオロギーは公的儀礼、象徴的器物、公的記念物を含む景観、文字記録とさらに細分できる。日本考古学では象徴的器物が三角縁神獣鏡《さんかくぶちしんじゅうきょう》をはじめとする威信財研究に、公的記念物を含む景観が古墳築造の意義を探るうえで、評価されてきた［福永、二〇〇五］。いまの議論にとっては、布留遺跡にみる権力資源の蓄積とこの地に古墳を築いた有力者がどういった関係にあったのかということを考えるうえでの手掛かりとなる（図2-4）。

古墳の築造動態

布留遺跡が展開した扇状地の縁辺に三〇〇基以上築造された古墳群は、古墳時代の幕開けより築造されたわけではなかった。おくれること、前期後半、南岸域に対応する杣之内《そまのうち》古墳群

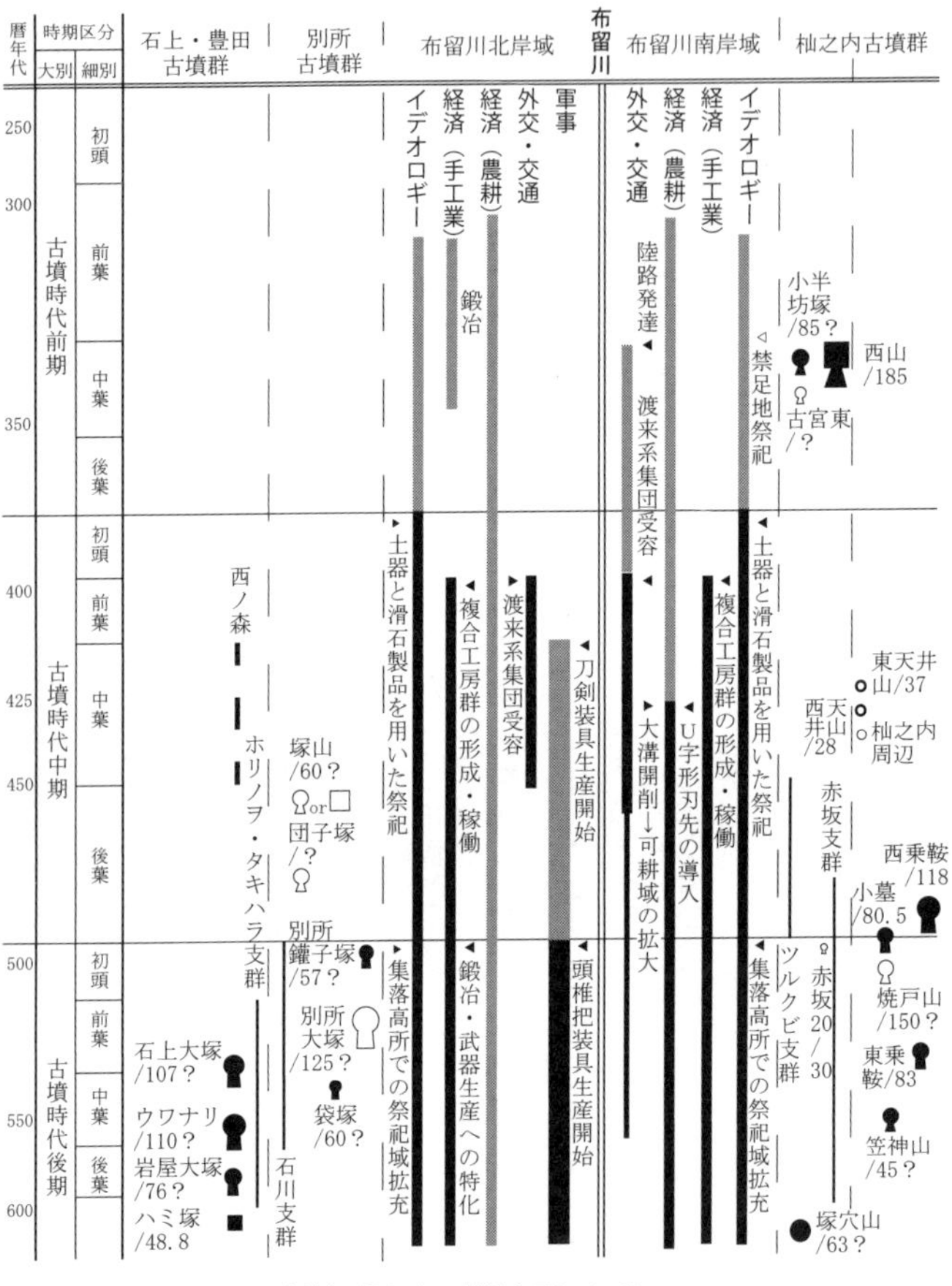

・古墳は、墳形を図示し、古墳名/○(m) で墳長を示している。
・群集墳は、―― で支群の造墓時期を示している。
なお、古墳の築造年代については今後の研究によって変更の可能性もあり、墳形含め、情報の不確かなものは白抜きにしている。

図2-4　布留遺跡にみる権力資源の増幅と古墳築造

（天理市）の西山古墳と小半坊塚古墳が築造された。こうした西山古墳や小半坊塚古墳の築造は、第一の拡充期と対応するとみられる。権力資源としては祭祀《さいし》域が拡充していることからイデオロギー（公的儀礼・公的記念物を含む景観）の側面が強いといえるだろう。

続く第二の拡充期には、画期に対応する大規模古墳の築造はみられない。東天井山古墳、西天井山古墳はこの時期に築造された南岸域の古墳であるが、墳丘規模は小規模である。こうしたことから、この地域に強大な勢力が蟠踞《ばんきょ》し、それが技術導入や集落構造の変化を推進したとは言いがたい。むしろ、技術と知識の導入を主眼とする対外交流戦略を採った古墳時代中期の王権が関与して、この地域の開発がなされたと評価したほうが適切であろうと考える。北岸域や南岸域で築造が開始する小規模な古墳群は、河内湖周辺をはじめとして複合工房群や専業的生産拠点に隣接して初期群集墳が築造されていることと類似することから、布留遺跡でも実務を遂行した新興勢力が台頭してきたと読み解けよう。

そして、軍事、経済、イデオロギーという権力資源を蓄積した中期を経て、中期末以降に日本列島屈指の大型前方後円墳がこの地に築造されるようになる。とりわけ南岸域の西乗鞍《にしのりくら》古墳は、大規模古墳の継続的な築造の嚆矢《こうし》となる。そして、こうした大規模古墳の造営だけではなく、三〇〇基近い群集墳が築造された。ここでは古墳群に墳丘と埋葬施設の規模によって明示される階層構造が確認できる。そして、なかには鍛冶関係遺物などを副葬品とするものも認められるので、生産を統括した被葬者像も含まれている。

このように、布留遺跡とそれをとりまく古墳群の動態は、権力資源の蓄積過程とともに広範な被葬者像を含みこむ階層的な政治勢力の台頭過程として読み解ける可能性があるのである。

おわりに

近畿地域といった大地域、河内湖沿岸や播磨といった小地域レベル、そして布留遺跡といった集落レベルに焦点をあてて、政治権力と手工業生産の関係性について論じてきた。

古墳時代後半期、近畿地域の手工業生産には大きな変革が認められる。それは、多岐にわたる手工業製品にみる技術革新であり、専業的生産拠点と複合工房群の成立があった。そして東アジア世界を駆け巡った渡来人がその歴史的役割を担った。資源の調達と技術移動を介して王権と地域は連環し、それが共通の戦略を有した勢力の権力資源を増幅させた。

しかしながら、古墳時代にみる技術革新と手工業生産の発達は、古墳によって政治身分秩序を明示するあり方を大きく変質させる原動力にもなりえた。群集墳築造の諸段階は、実務を担う多彩な新興勢力が古墳被葬者となる過程と読める。ただし、これまで古墳築造が認められていなかった多彩な被葬者が、小規模な円墳を群在化させることは、従来の墳丘規模と墳形による二重原理とは相容《あいい》れない側面ともなった。それは大型墳不在の群集墳で顕著となる。

冒頭に述べたように、政治権力は自らの権力基盤を拡充するがために技術革新を先導することがある。しかし、日本古代では既往の体制を変貌させる社会変化をも産み出すことになったのである。

注

（1）古代日本の手工業生産に関する考古学研究は重厚な成果が蓄積されている。近年、専門的な研究書として、その研究の現状と課題がまとまってきている（高橋・中久保・上田編、二〇一七）。

参考文献

池田保信・石田大輔・石田由紀子・太田三喜・岡田憲一・木村理恵・桑原久男・小泉翔太・中久保辰夫・松本洋明・溝口優樹・三好裕太郎・森　暢郎・山本　亮　二〇二〇年「大和布留遺跡における歴史的景観の復元」『研究紀要』第24集　由良大和古代文化研究協会
李　暎澈　二〇一九年「栄山江流域における古代集落の景観と構造」『国立歴史民俗博物館研究報告第217集〔共同研究〕古墳時代・三国時代における日朝関係史の再構築　倭と栄山江流域の関係を中心に』国立歴史民俗博物館
岩本正二・大久保徹也　二〇〇七年『備讃瀬戸の土器製塩』吉備人出版
植野浩三　二〇〇五年「渡来人と手工業生産の展開」『ヤマト王権と渡来人』大橋信弥・花田勝広編、サンライズ出版
大庭重信ほか　二〇〇五年『長原遺跡発掘調査報告』XII、大阪市文化財協会
大道和人　二〇二〇年「日本の鉄生産の起源と画期」『森浩一　古代学をつなぐ』前園実知雄・今尾文昭編、新泉社
加藤謙吉　二〇〇二年『大和の豪族と渡来人　葛城・蘇我氏と大伴・物部氏』吉川弘文館
亀田修一　二〇一二年「渡来人」『古墳時代研究の現状と課題』下　土生田純之・亀田修一編、同成社
河村好光　二〇一〇年『倭の玉器　玉つくりと倭国の時代』青木書店
黒須亜希子　二〇一二年「機織り」『古墳時代の考古学』5、一瀬和夫・福永伸哉・北條芳隆編、同成社

近藤義郎編　一九九四年『日本土器製塩研究』青木書店
酒井清治　二〇一三年『土器から見た古墳時代の日韓交流』同成社
杉井　健　二〇一二年「古墳時代の繊維製品・皮革製品」『講座日本の考古学8　古墳時代（下）』広瀬和雄・和田晴吾編、青木書店
積山　洋　二〇一二年「塩業と漁業」『講座日本の考古学8　古墳時代（下）』広瀬和雄・和田晴吾編、青木書店
高橋照彦・中久保辰夫・上田直弥編　二〇一七年『古代日本とその周辺地域における手工業生産の基礎研究（改訂増補版）』大阪大学大学院文学研究科
田中清美　二〇〇五年「河内湖周辺の韓式系土器と渡来人」『ヤマト王権と渡来人』大橋信弥・花田勝広編、サンライズ出版
田中史生　二〇〇五年『倭国と渡来人　交錯する「内」と「外」』吉川弘文館
田辺昭三　一九八一年『須恵器大成』角川書店
角田徳幸　二〇一九年『たたら製鉄の歴史』吉川弘文館
寺井　誠　二〇一八年「甑からみた渡来人の故地」『考古学ジャーナル』No.711、ニューサイエンス社
寺村光晴　二〇〇四年「序説―玉作研究の現状と課題」『日本玉作大観』吉川弘文館
中久保辰夫　二〇一七年『日本古代国家の形成過程と対外交流』大阪大学出版会
中久保辰夫・木村　理　二〇一八年「地域報告　播磨」『中国四国前方後円墳研究会第21回研究集会　発表要旨集・資料集　中期古墳研究の現状と課題2　古墳時代中期の交流』中国四国前方後円墳研究会
中野　咲　二〇〇八年「「韓式系土器」分布論の現状と課題」『橿原考古学研究所論集』第十五、八木書店
花田勝弘　二〇〇二年『古代の鉄生産と渡来人―倭政権の形成と生産組織―』雄山閣
花田勝弘・阪口英毅　二〇一二年「鉄と鉄製品」『講座日本の考古学8　古墳時代（下）』広瀬和雄・和田晴吾編、青木書店
坂　靖・青柳泰介　二〇一一年『葛城の王都・南郷遺跡群』シリーズ「遺跡を学ぶ」79、新泉社
東村純子　二〇〇六年「織物と紡織」『列島の古代史5　専門技能と技術』上原真人・白石太一郎・吉川真司・

吉村武彦編、岩波書店
東村純子　二〇一一年『考古学からみた古代日本の紡織』六一書房
樋上　昇　二〇一六年『樹木と暮らす古代人 木製品が語る弥生・古墳時代』吉川弘文館
菱田哲郎　二〇〇七年『古代日本　国家形成の考古学』　京都大学学術出版会
日立東大ラボ　二〇一八年『Society 5.0 人間中心の超スマート社会』日本経済新聞出版社
福永伸哉　二〇〇五年『三角縁神獣鏡の研究』大阪大学出版会
F・エンゲルス　一八八四年（一九五六）『マルクス・エンゲルス選集第9巻　ゴータ綱領批判・家族、私有財産と国家の起源』岡崎三郎訳、新潮社
文化庁文化財部記念物課　二〇一七年「平成28年度 周知の埋蔵文化財包蔵地数」『埋蔵文化財関係統計資料—平成28年度—』
穂積裕昌　二〇一二年「木製品」『講座日本の考古学8　古墳時代（下）』広瀬和雄・和田晴吾編、青木書店
堀田啓一　一九九三年「渡来人—大和国を中心に—」『古墳時代の研究』十三、雄山閣
宮崎泰史　二〇〇六年「陶邑の変遷」『年代のものさし—陶邑の須恵器—』大阪府立近つ飛鳥博物館
宮崎泰史　二〇一二年「家畜と牧場」『古墳時代の考古学』5、一瀬和夫・福永伸哉・北條芳隆編、同成社
村上恭通　二〇〇七年『古代国家成立過程と鉄器生産』青木書店
米田克彦　二〇一九年「古墳時代玉作遺跡の分布と変遷」『古墳時代の玉類の研究』島根県古代文化センター
和田晴吾　二〇〇四年「古墳文化論」『日本史講座　第1巻　東アジアにおける国家の形成』歴史学研究会・日本史研究会編、東京大学出版会
和田晴吾　二〇〇六年「石造物と石工」『列島の古代史5　専門技能と技術』上原真人・白石太一郎・吉川真司・吉村武彦編、岩波書店

Childe, V. G. 1950. The Urban Revolution. *The Town Planning Review*. Liverpool University Press. 21 (1).
Earle, T. 1997. *How Chiefs Come to Power: The Political Economy in Prehistory*. Stanford University Press.

図面出典

図2－1　中久保作成

図2－2　中久保作成、遺物実測図は、次の二つの報告書より転載した。

百舌鳥御廟山古墳：徳田誠志・清喜裕二・加藤一郎　二〇一〇年「百舌鳥陵墓参考地　墳丘裾護岸その他整備工事に伴う事前調査」『書陵部紀要』第61号〔陵墓篇〕宮内庁書陵部

時光寺古墳：清水一文・今西康宏編　二〇〇九年『時光寺古墳発掘調査報告書』高砂市教育委員会

図2－3　中久保作成　写真は、以下の資料集、図録より転載した。

上空撮写真：天理市観光協会　二〇一八年『ここまで判った物部氏—考古学の調査研究成果から—』

下遺物写真：天理大学附属天理参考館　二〇一二年『大布留遺跡展—物部氏の拠点集落を掘る—』

図2－4　中久保作成

3章　大和・河内の前方後円墳群

下垣仁志

はじめに

「そいつはまるで墓には見えなかった。山さ」

村上春樹のデビュー作『風の歌を聴け』〔村上、一九七九〕のなかで、登場人物のひとりが奈良の天皇陵を回想しながら語った台詞《セリフ》だ。なるほど、たしかに山である。個人的な経験からいえば、二〇〇メートル近い古墳に踏みいると方向感覚がおかしくなり、それ以上になると迷子になりかける。こうした巨大な墓は、ほぼすべてが前方後円墳という鍵穴《かぎあな》形をしている。こんな奇妙なかたちの巨墳が築かれたのは一体なぜだろうか。

小学生のころ、雪に閉ざされた厳冬の手すさびに、一〇〇メートル超の大型古墳の一覧表をつくって遊んでいた。最近、あらためて集めたところ、三三〇基に達した。ご覧のとおり、一〇〇～一九九メートルの古墳の三割超、二〇〇メートル超の古墳の実に九割近くが、奈良県と大阪府[1]に集中している（表3-1）。二〇〇メートル超の巨大古墳を継続的に築いた超大型古墳群は五つある（大和《おおやまと》古墳群〈奈良県桜井市・天理市〉・佐紀《さき》古墳群＊〈奈良市〉・馬見《うまみ》古墳群＊〈奈良県広陵町、河合町、香芝市、大和高田市〉・古市古墳群＊〈大阪府羽曳野《はびきの》市・藤井寺市〉・百舌鳥《もず》古墳群〈大阪府堺市〉）が、すべてこの二府県に所在する。本稿では、この二府県の大型前方後円墳群の実態と推移に焦点をあてながら、驚くほど多くの大型古墳が造営された謎に迫ってみよう。

1　大型古墳をどう理解するか

《権力の増幅装置》か《公共事業の産物》か

なぜかくも巨大な古墳が、これほど多く列島各地で造られたのか。考古学は古代人の心がわ

表3-1　都府県別の大型古墳の基数

都府県		100〜199m	200m〜
東北	宮城	2 (2・0・0)	
	山形	1 (1・0・0)	
	福島	4 (3・0・1)	
関東	茨城	11 (6・2・2)	
	栃木	8 (2・1・5)	
	群馬	32 (7・5・16)	1 (0・1・0)
	埼玉	8 (1・0・7)	
	千葉	15 (4・5・6)	
	東京	2 (2・0・0)	
	神奈川	1 (1・0・0)	
中部	富山	1 (1・0・0)	
	石川	1 (0・1・0)	
	福井	3 (2・1・0)	
	山梨	3 (3・0・0)	
	長野	1 (1・0・0)	
	岐阜	5 (4・1・0)	
	静岡	5 (3・1・1)	
	愛知	5 (3・0・2)	
近畿	三重	5 (1・4・0)	
	滋賀	4 (3・1・0)	
	兵庫	9 (3・5・0)	
	京都	16 (11・4・1)	1 (1・0・0)
	大阪	37 (16・15・5)	15 (2・11・2)
	奈良	57 (33・13・11)	21 (12・8・1)
中国	岡山	11 (5・5・1)	3 (0・3・0)
	鳥取	3 (2・1・0)	
	山口	2 (1・0・1)	
四国	徳島	1 (0・1・0)	
	香川	1 (0・1・0)	
九州	福岡	9 (3・3・3)	
	佐賀	1 (0・1・0)	
	熊本	8 (1・2・5)	
	大分	3 (2・1・0)	
	宮崎	12 (7・3・2)	
	鹿児島	2 (1・1・0)	
総数		289 (135・78・69)	41 (15・23・3)

＊各都府県の数字は総基数（前期・中期・後期）。
＊時期不明の古墳をふくむため、総基数と括弧内の和が一致しない場合がある。

かるとたやすく暫えない学問分野なので、その理由を明快に説明できない。しかし、大型古墳の「効用」に着目すると、一応の説明がつく。大小とりどり、全国津々浦々に築かれた古墳は、古墳間で(A)格差が顕著に志向される一方、(B)多くの要素が共有されていた。近年では(B)の側面が重要視され、ほのぼのとした「王権」像がえがかれるきらいがあるが、国家の成立へと向かう当該期の歴史的評価に関して真に重要なのは(A)である。

筆者の考えでは、要するに大型古墳とは、経済・軍事・イデオロギー・領域・社会関係といった権力資源が複合的に行使され発効する媒体《メディア》である。その造営を恒常的にくりかえしてゆくことで、権力が増幅してゆく装置であり、その効用ゆえにか各地の有力集団がこぞって採用した。しかし、畿内中枢勢力を上位とする格差が厳として設定されていた。そのため、古墳の造営が長年にわたってつづくうちに、列島各地で集団格差が深化してゆくと同時に、畿内中枢勢力を頂点とする王権構造が強固に形成されていった。国家の成立にいたるまで社会の求心化と序列化を駆動した装置、それが(大型)古墳であった。

他方で近年、この考えと対極にあるような古墳像が人気を博しはじめた。(大型)古墳は公共事業として、窮民の救済(失業対策)事業として造営されたものだ、という解釈である。実証面で無理の多い解釈だが、現代の日本社会の風潮と相性がよいのか、一般書や学習漫画をつうじて広がりをみせつつある。この解釈は「ピラミッド公共事業説」の日本版と評してよい。その原点は『ピラミッドの謎』[メンデルスゾーン、一九七六]という書籍にある。

ところが本書を精読しても、公共事業(public project)も失業対策もでてこない。本書の主張の眼目は、《出現期の国家が中央集権システムを整備する手段としてピラミッド造営という大規模共同事業（common task）を編成した》ことにある。むしろ、大型古墳の継続的造営が中央集権支配の基盤を整えたとみる筆者の見解と、かなり親和性が高い。どうやら古墳の公共事業説は、通俗書やマスコミに乗って日本国内に流布した換骨奪胎版メンデルスゾーン説を孫引き的に流用してしまったようだ。落合淳思氏が思考実験をつうじて明快に論じたように、たとえ農民に報酬や利得があろうと、この種の事業は「元はと言えば全て税」で賄《まかな》われており、「支配者は何一つ失うことなく土木事業を行い、しかも徴発した農民に「恩恵」まで与えることが出来た」［落合、二〇〇八］わけである。収奪物の再分配を恩恵のように語（騙）る公共事業説は、言葉は悪いが平和呆《ぼ》けした仮説にすぎない。

大型古墳の階層構成

古墳の規模は大小さまざまだが、古墳群内・小地域内・旧国内・汎《はん》列島など多様な空間レベルで階層構成をみせることが多い。これは、多様な政治・社会関係に応じて集団階層が構成されていたことを示す。本論に関して重要なのは、このような多元的な階層構成をつらぬいて、汎列島的に大型古墳の階層構成がみとめられる事実である。ただこの場合、留意すべきことがある。それは、四〇〇年近く継続した古墳時代において、上位クラスの墳丘規模が小期ごとにかなり変動したことである。ある小期では一・二位の墳丘規模でも、別の小期だと五位以下や一〇位以下になることがざらにある。墳丘ランクの小期ごとの変動を無視して推論しても、え

表3-2　ランク墳の推移

	西国	近畿					東国
		奈良盆地東・南部	奈良盆地北部	奈良盆地西部	古市・百舌鳥古墳群	ほか	
早期	那珂八幡 (福岡・86?) 泊大塚? (福岡・75+)	箸墓 (280) 東田大塚 (120) 纒向勝山 (115) 纒向石塚 (99) 纒向矢塚 (93) ホケノ山 (86)				五塚原 (京都・91)	ランク凡例 第1ランク 第2ランク 第3ランク 第4ランク
前期初頭	浦間茶臼山 (岡山・138) 久里双水 (佐賀・95) 網浜茶臼山 (岡山・92)	西殿塚 (230) 黒塚 (134) 中山大塚 (132) ヒエ塚 (127) 馬口山 (110)				丁瓢塚 (兵庫・104)	
前葉	豊前石塚山 (福岡・134)	桜井茶臼山 (200) 下池山 (■125) 柳本大塚 (94)				椿井大塚山 (京都・175) 弁天山A1 (大阪・115) 森1 (大阪・113) 西求女塚 (兵庫・■98) 元稲荷 (京都・■94)	
中葉	中山茶臼山 (岡山・105)	メスリ山 (235) 東殿塚 (175or139) 波多子塚 (■140) 燈籠山 (110) 大和天神山 (103) 柳本大塚 (94)				玉手山3 (大阪・100) 弁天山B1 (大阪・100) 万年山 (大阪・100) 一本松塚 (京都・100?) 寺戸大塚 (京都・98)	宝来山 (東京・98)
後葉前半	生目1 (宮崎・130)	行燈山 (242+) 西山 (■185) 石名塚 (120±) アンド山 (120)		新山 (■137)		松岳山 (大阪・140+) 安土瓢箪山 (滋賀・134) 久米田貝吹山 (大阪・130) 禁野車塚 (大阪・120)	中道天神山 (山梨・132) 前橋八幡山 (群馬・■130) 前橋天神山 (群馬・129) 亀ヶ森 (福島・129) 大丸山 (山梨・120?)
後葉後半	尾上車山 (岡山・139) 生目3 (宮崎・137)	渋谷向山 (300) 櫛山 (▲155) 上の山 (144)	宝来山 (240) 佐紀陵山 (207)	築山 (220)		摩湯山 (大阪・210) 網野銚子山 (京都・201) 五色塚 (兵庫・194) 蛭子山 (京都・145)	中道銚子塚 (山梨・169) 雷神山 (宮城・168) 南森 (山形・161?) 梵天山 (茨城・160) 葦間山 (茨城・141)
末葉	金蔵山 (岡山・158) 神宮寺山 (岡山・155) 唐仁大塚 (鹿児島・154)		五社神 (267) 石塚山 (219)	巣山 (220)	津堂城山 (古市・210) 乳岡 (百舌鳥・155)	神明山 (京都・190) 黄金塚2 (京都・139)	浅間山 (群馬・172) 別所茶臼山 (群馬・165) 昼飯大塚 (岐阜・150) 六呂瀬山1 (福井・140)

	西国	近畿					東国
		奈良盆地東・南部	奈良盆地北部	奈良盆地西部	古市・百舌鳥古墳群	ほか	
中期前葉	男狭穂塚 (宮崎・◎176) 女狭穂塚 (宮崎・176)		コナベ (210)	室宮山 (238) 島の山 (200) 新木山 (200) 倉塚 (180)	ミサンザイ (百舌鳥・363+) 仲津山 (古市・290) 大塚山 (百舌鳥・168) 野中宮山 (古市・154) 古室山 (古市・150)	茶臼山 (大阪・200?) 御墓山 (三重・188) 心合寺山 (大阪・157)	太田天神山 (群馬・210) 舟塚山 (茨城・186) 白石稲荷山 (群馬・155)
中葉	造山 (岡山・350)		ウワナベ (270+) 市庭 (253)	川合大塚山 (215)	誉田御廟山 (古市・425) 墓山 (古市・225) 御廟山 (百舌鳥・203+)	久津川車塚 (京都・173)	
後葉	作山 (岡山・282) 小造山 (岡山・146) 横瀬大塚山 (鹿児島・140)		杉山 (154)	掖上鑵子塚 (149)	大山 (百舌鳥・525+) 田出井山 (百舌鳥・156)	太田茶臼山 (大阪・226) 西陵 (大阪・210) 雲部車塚 (兵庫・158)	内裏塚 (千葉・147)
末葉	両宮山 (岡山・206)		ヒシアゲ (219)	屋敷山 (135)	ニサンザイ (百舌鳥・300+) 市野山 (古市・230) 軽里大塚 (古市・190)	ニサンザイ (大阪・180) 馬塚 (三重・142)	
後期前葉	稲荷山 (熊本・110) 松本塚 (宮崎・104)	西乗鞍 (118)			岡ミサンザイ (古市・245) 白髪山 (古市・115)		稲荷山 (群馬・122) 摩利支天塚 (栃木・121) 埼玉稲荷山 (埼玉・120) 井出二子山 (群馬・108) 薬師塚 (群馬・105) 平塚 (群馬・105) 八幡塚 (群馬・102)
中葉	岩戸山 (福岡・138)	ミサンザイ (130)	狐井城山 (140)		高屋築山 (古市・122) 野中ボケ山 (古市・122)	河内大塚 (大阪・335) 今城塚 (大阪・181)	断夫山 (愛知・151) 七輿山 (群馬・145) 大須二子山 (愛知・138) 埼玉二子山 (埼玉・138) 天神山 (群馬・127) 琵琶塚 (栃木・123)
後葉	大野窟 (熊本・123)	見瀬丸山 (310)					吾妻 (栃木・128) 真名板高山 (埼玉・127)
末葉		平田梅山 (140)					三条塚 (千葉・122)

凡例：第１～４ランク墳を時期別・地域別に配列した。墳長と配列は今後の調査・研究により少なからず変動する。

括弧内の数字は墳長（m）。括弧内の■は前方後方墳、▲は双方中円墳、◎は帆立貝式古墳（ほかはすべて前方後円墳）。

後期後葉～末葉の関東と九州には第２·３ランク以下のランク墳が多数あるが紙幅の都合で省略した（図 3-1 参照）。

るところは少ないだろう。寛永寺《かんえいじ》五重塔と浅草凌雲閣《りょううんかく》と東京タワーをひとしなみにして、高さをくらべても意味がないのと同じことである。

そこで、最新の編年研究と墳丘規模データを参照して、小期・地域ごとに大型古墳を配列して階層構成の推移を復元してみた（表3-2）。各小期ごとに墳丘規模の一〇〜二〇傑程度が抽出されている。下位ランクになるほどランク間の線引きが恣意《しい》的になることは避けられないが、とりあえず第1〜4ランク墳まで設定したところ、各小期の墳丘規模は比較的はっきりした階層構成をみせる。もちろんこれは、分析操作上のランク設定であり、同時代人がこれらと同一のランクを設定していたわけではない。

版面の都合で虫眼鏡必携の表になり恐縮だが、この表を眺めるだけでも、いろいろと興味深いことがわかる。たとえば、『魏書《ぎしょ》』東夷《とうい》伝の記載時期にあたる古墳時代早期（＝弥生時代末期後半）〜前期初頭頃の九州北部の「国」には、奴《な》国の推定地に那珂八幡《なかはちまん》古墳（福岡市博多区）、末盧《まつら》国の推定地に久里双水《くりそうずい》古墳（佐賀県唐津市）、不確実だが伊都《いと》国の推定地に泊《とまり》大塚古墳（福岡県糸島市）というように、いずれにも第4ランク墳が分布する。邪馬台国に肉薄する戸数が記載される投馬《とうま》国の候補地である岡山南部には、第2ランク墳と第4ランク墳がみとめられる。そして、邪馬台国の中枢地の最有力候補である纒向《まきむく》遺跡（奈良県桜井市）の界隈《かいわい》には、第1ランク墳から第4ランク墳まで一〇基あまりが勢揃いしている。

本書編者の吉村武彦氏が、「大和王権」成立の画期として重視する四世紀第1四半期頃に対応する前期後葉前半に、それまでランク墳がほぼ皆無だった東国各地に一三〇メートル前後の第4ランク墳が同時多発的に出現する。次期の後葉後半（同第2四半期頃）になると、一律に一六〇メートル前後の第3ランク墳まで上昇する。この時期が列島の政治史上において重大な画期であったことが、大型古墳の様態に鮮明に反映しているのである。

埼玉《さきたま》稲荷山古墳（埼玉県行田市）から出土した鉄剣に、「乎獲居《ヲワケ》」が「天下」を「左治」したことを謳《うた》う銘文があり、おおいに注目されてきた。同時にまた、東国の、それもたかだか一〇〇メートルあまりの古墳の被葬者が、これほどの立場にありえたのか疑問視されてきた。ところが、本墳が築かれた後期前葉（五世紀第4四半期頃）の階層構成に目を向けると、真の雄略《ゆうりゃく》陵の候補である岡ミサンザイ古墳（大阪府藤井寺市）が最上位にそびえたち、次位に居並ぶ約一二〇メートルの五古墳の一基に本墳が位置する。「左治天下」は誇称ではなかったようだ。なお、これら同ランクの数基も「左治天下」者の墳墓の候補になろう。

五二七年に継体勢力と激突した磐井《いわい》の墓は、岩戸山古墳（福岡県八女市）に比定されている。この古墳は、継体大王の真陵と考えられる今城塚古墳（大阪府高槻市）と同じ後期中葉に位置づけられ、王陵級古墳に次ぐ第3ランク墳である。しかも九州北部では前期前葉以来、およそ二世紀半ぶりの第3ランク墳であり、磐井の勢威をまざまざと示している。

このように、大型古墳の動態は古墳時代の政治社会状況とその推移を強く反映している可能性が高い。そして大型古墳のほぼすべてが前方後円墳であり、上位ランク墳になるほど奈良と大阪の占有率が高くなる。ということはつまり、両府県の前方後円墳（群）の推移を詳細に追跡することは、列島レベルの政治社会状況の解明に直結するわけである。

とはいえ、古墳から当時の有力者間関係を推定する幾多の方法と同様に、上記の分析法には無視できない限界がある。第一に、小期の年代幅を正確に復元できない限界がある。ただこの限界については、定点となる実年代を手がかりにしつつ、二〇〜三〇年程度の幅で調整しながら小期を矛盾なく配置することで一応は軽減できる。本論で示す暦年代はすべて目安程度にとらえていただきたい。第二に、主要古墳の埋葬人骨の死亡年齢を算出すると、当時の有力者の平均在位年数は確実に二〇年を下回る。とすると、最高有力者（「大王」）の墳墓が複数基、一小期内に同居するケースが少なからず存在するはずである。しかも、特定の最高有力者を核とする王権構成者の死亡年齢は、当たり前ながら不定である。となると、同一小期のランク墳から当時の有力集団間関係を追究する分析は、方法論上の原理的問題を抱えていることになる。(2)したがって本論の叙述は、上記の限界を吸収しうる程度の精度にとどめなければならない。

2　近畿の前方後円墳群

分布と立地

筆者は、まず古墳時代中期に畿内に国家が誕生し、後期に列島広域の国家が形成されてゆくという、二段階国家形成論を提唱している。また前述したように、大型古墳の反復的な造営をつうじて権力機構が強固にされてゆき、それが国家形成の前提になったと考えている。したがって、大型前方後円墳の圧倒的な中枢地である奈良・大阪だけでなく、畿内や近畿の枠組みにおいて前方後円墳群を理解してゆくことが肝要である。

芥子粒《けしつぶ》大の文字で古墳名を羅列した表3-2をつねに参照しながら本論を読むのは骨が折れるだろうし、この表からは奈良・大阪を中心とする近畿のランク墳が示す細かな推移も主要古墳群の動態も読みとりづらい欠陥がある。そこで、この表を模式化しつつ、近畿諸地域のランク墳および主要古墳群の動態を一覧できる図を作成した（図3-1）。さらに、理解の便宜をはかるため近畿の前方後円（方）墳の分布図（図3-2）も用意した。これらの図表を適宜参照しつつ、以下の本文をお読みいただきたい。

ほかの地域と同様に、近畿の前方後円墳も、平地部の縁辺に位置する丘陵上や段丘上、あるいは台地上や微高地上に基本的に築かれている。低地の生活域を一望にでき、かつ生活域から仰ぎみるのにも適した立地をとることが多い。とくにランク墳は、律令《りつりょう》期の幹線道路（南海道・山陰道・東山道など）の付近や旧国の境界付近、そして海上・河川航路の要地近辺など、交通の要衝《ようしょう》にかなり意図的に造営されている。むしろ、交通の要地付近に築かれていないランク墳を探すのが至難なほどだ。近畿の主要前方後円墳の分布が現在の鉄道路線と奇妙なくらい対応性をみせるのは、あながち偶然でもなかろう。

超大型古墳群である大和古墳群・馬見古墳群・古市古墳群・百舌鳥古墳群は東西同一線上に並んでおり、「大和と河内を結ぶルート」の存在が想定されてきた［岸、一九七〇］。前期後葉後半に、二〇〇メートル前後の巨大古墳がはじめて奈良盆地外に築かれるが、それらの造墓地

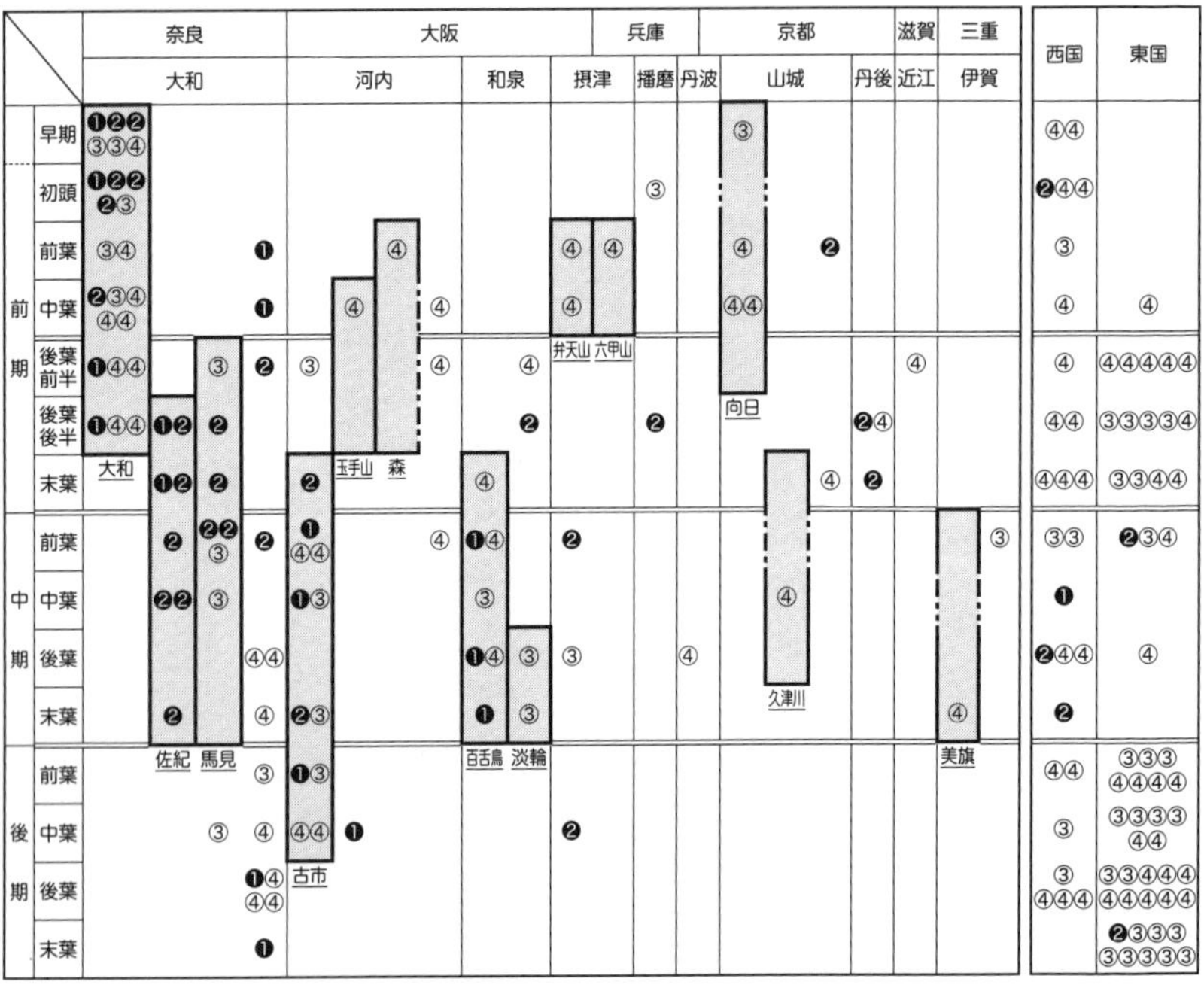

図 3-1　近畿地域のランク墳・有力古墳群の推移

＊ランク墳をふくむ古墳群について、有力墳が継続する期間を枠で囲った。古墳群の枠外の丸数字は有力古墳群にふくまれないランク墳のランク。

＊丸数字は古墳のランクを示す（❶第 1 ランク墳、❷第 2 ランク墳、③第 3 ランク墳、④第 4 ランク墳）。

＊古墳群名は一部、略称をもちいた。略称の正式名称は次のとおり：向日→向日丘陵、六甲山→六甲山南麓。

＊ランク墳のない旧国は省略した。比較対象のため東国と西国も付載した。

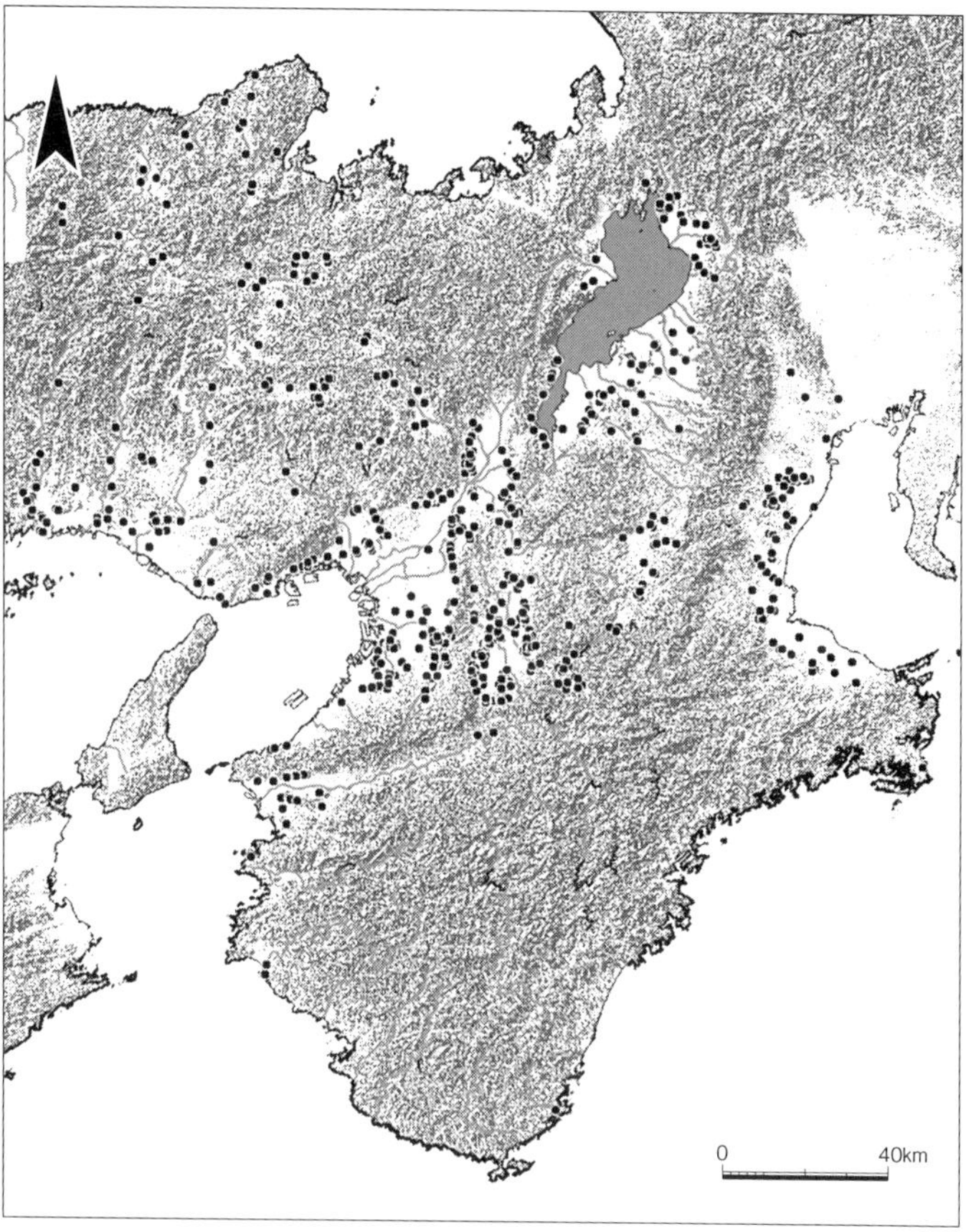

図 3-2　近畿地域の前方後円（方）墳の分布　　原田昌浩氏作成・提供

としてのちの「畿内」の境界地点である四至《しいし》の近辺が、あるいは日本海沿岸航路の起点となる丹後北端の旧潟湖《せきこ》部がえらばれている。

階層構成の推移

このように造墓の選地に明確な志向性がうかがえるわけだが、各地の有力集団が任意に占地して望むがままの規模の古墳を造営していたのではない。前掲の図表が明白に示すように、超大型古墳群の第1ランク墳を頂点とする序列が長期にわたって貫徹していた。その序列の動態を俯瞰《ふかん》的かつ長期的に眺めると、大きく四期にわけられそうである。

まず前期前半期（古墳時代早期〜前期中葉。三世紀初頭頃〜第4四半期頃）に大和古墳群が登場し、本古墳群を圧倒的な頂点として、古墳をつうじた政治秩序が形成される。西国の有力地域では第2〜4ランク墳が点的に築造される一方、東国には第4ランク墳が一基あるのみである。前期前葉〜中葉頃に奈良盆地外の畿内各地において、第4ランク墳の造営などを契機に首長墓系譜としての古墳群が生成してゆくことも注目される。

前期後半期（前期後葉前半〜末葉。四世紀第1〜第3四半期頃）になると、大和古墳群は依然として第1ランク墳の築造をつづけるが、前方後円墳の造営基数を減らし、ついには若干の中小墳を細々と築くだけになる。他方、佐紀古墳群と馬見古墳群が姿をあらわし、第1〜3ランク墳をうみだし、つづいて古市古墳群と百舌鳥古墳群でもランク墳の造営が開始する。さらに近畿の要衝において、第2〜4ランク墳が続々と登場する。とりわけ興味深いのが東国であり、前述したようにまず第4ランク墳が、つづいて第3ランク墳が同時多発的に築造される。

中期（中期前葉～末葉。四世紀第4四半期頃～五世紀第3四半期頃）には、古市古墳群と百舌鳥古墳群が超大型古墳群の首座に躍りでる。佐紀古墳群と馬見古墳群をくわえたこれら四大古墳群が、この期間に覇を競うかのように多数のランク墳を頻造する。しかし、あくまで覇を競う「かのように」であり、細かくみると序列がある。この期間の第1ランク墳は古市・百舌鳥古墳群がほぼ寡占《かせん》的に築き、佐紀古墳群は第2ランク墳のみ、馬見古墳群は第2ランク墳↓第3ランク墳↓ランク外というように時期を追って衰微する。これら以外の近畿では第2～4ランク墳が各小期に数基ほど築かれる。東国では中期中葉を境にランク墳の造営が目だって減るが、それと逆相関的に西国では岡山南部が第1・2ランク墳を継続的に築造する。

そして後期（後期前葉～末葉。五世紀第4四半期頃～六世紀第4四半期頃）には、古市古墳群をのぞく四大古墳群はランク墳を築かなくなり、しばらくして古市古墳群も造墓を停止する。近畿の古墳の階層構成は、しばしば単独墳として築かれる第1ランク墳が他を圧する規模を誇り、はるかに規模が劣るランク墳が下位に配されるようになる。他方、西国と東国、とくに東国では第3・4ランク墳が激増する。最終的に東国が第1ランク墳以外のランク墳を独占するにいたるが、まもなく前方後円墳の造営自体が終焉《しゅうえん》する。

以上、奈良・大阪の超大型古墳群を中心とする大型古墳の階層構成を四期に区分して、各期の概要と推移状況を簡単に説明した。これで大要がつかめたと思うので、次節以降では超大型古墳群の様相を軸にすえながら、各期の階層構成とその背景に想定される政治動向などについてやや細かく論じてゆこう。

3　巨大前方後円墳群の開花――古墳時代早期～前期前半期

大和古墳群の構成

定型的な前方後円墳と三角縁神獣鏡《さんかくぶちしんじゅうきょう》の登場をもって、古墳時代の開幕とみるのが通説であった。しかし、その直前の弥生時代末期後半頃に萌芽《ほうが》的な前方後円墳が登場することを重視し、当該期を古墳時代早期ととらえる見方も有力になっている。筆者は、一部の地域にのみ前方後円墳が出現する時期を古墳時代にふくめることには、やや違和感がある。とはいえ、当該期に前方後円墳の階層構成が出現することを重視して、本論では便宜的に古墳時代早期の名称を採用している。

前述したように、初現期の前方後円墳の階層構成は『魏書』東夷伝の主要「国」と興味深い符合を示す。この時期に西日本各地が広域ネットワークで結合し、東国／西国を結節する要《かなめ》となった奈良盆地東南部が急成長をとげた。古墳時代早期にこの地に出現し、当初はランク墳を寡占し前期後葉後半まで第1・2ランク墳を造営しつづけた大和古墳群は、この期間の政治動向を雄弁に語る物証である。

かつて「国のまほろば」と讃《たた》えられた奈良盆地の東南端、三輪山を要《かなめ》にたたなずく山並みの

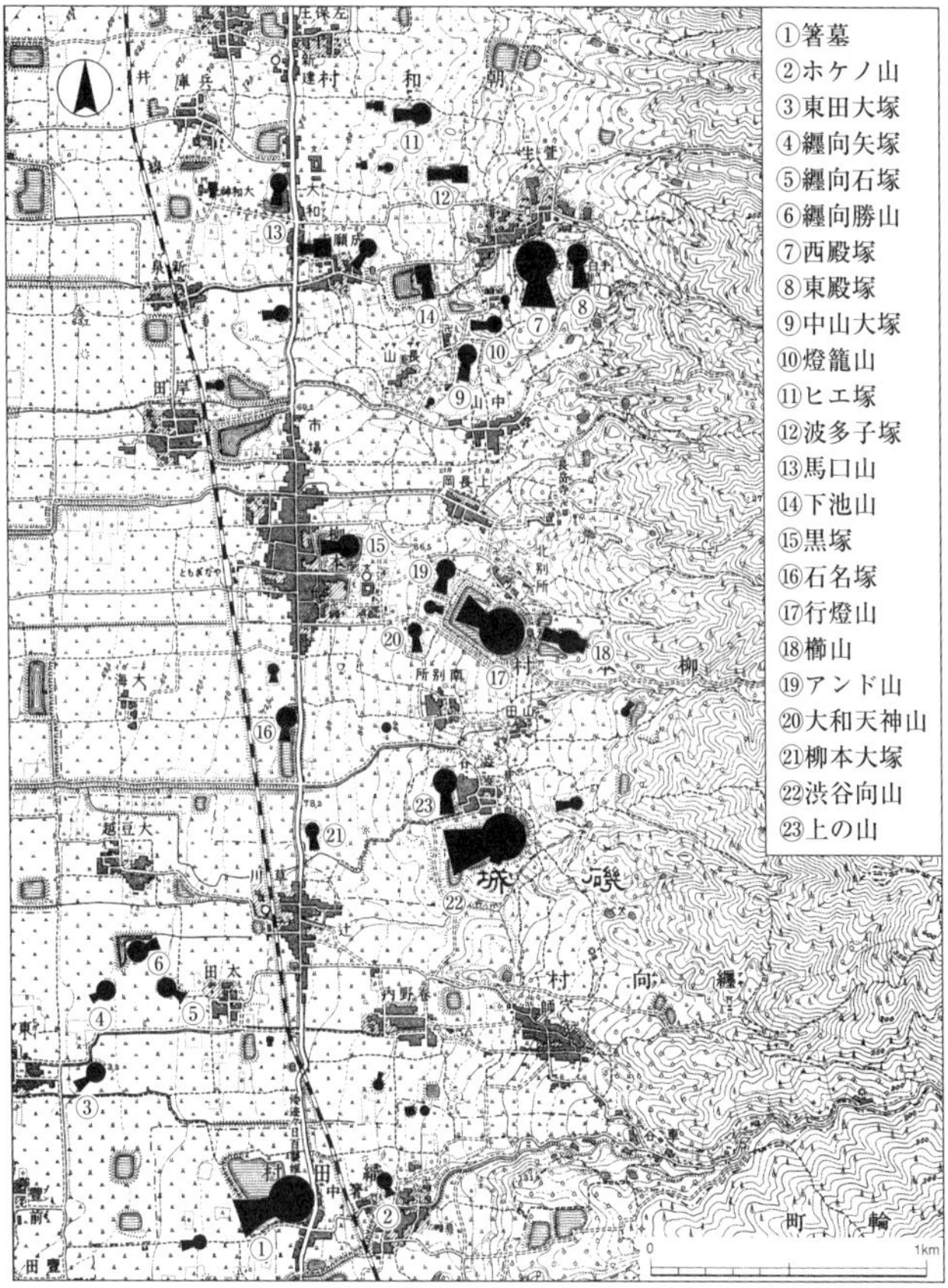

図3-3　大和古墳群（奈良県）　S=40,000　＊前期古墳のみ図示

地図は「大日本帝国陸地測量部 二万分の一図」を使用

裾部《すそぶ》に展開したのが大和古墳群である。南北約四キロメートル、東西約一・五キロメートルの範囲に、約四〇基の前期前方後円（方）墳がひしめく（図3-3）。これまで指摘されてきたように、南側の纒向小群、北側の萱生《かよう》小群、中央の柳本小群に区分できる。いっけん無秩序に散らばっているようにみえるが、箸墓《はしはか》古墳（奈良県桜井市）から真北方向に、のちの「上ツ道《かみみち》」に沿うかのように線状に分布する一群を「線状小群」と仮称し、各小群の分布を小期ごとに整理すると、比較的すっきりと本古墳群の展開状況を理解できる。なお、本古墳群の南端から四キロメートルあまりの地に盤踞《ばんきょ》する前期中葉の第1ランク墳であるメスリ山古墳（桜井市）と、北端から約二キロメートルの地点に存在する前期後葉前半の第2ランク墳である西山古墳は、どちらも線状小群の南北の延長軸におおむね乗ってくる。おそらく箸墓古墳を重要な基点とする路線が、造墓の計画的選地に影響をおよぼしていたのだろう。

本古墳群の推移を復元すると、まず早期に纒向小群の第1～4ランク墳の六基が登場する。纒向小群の終焉前後に萱生小群の造営が開始し、前期初頭には萱生小群に第1・2ランク墳が、線状小群に第2・3ランク墳が築造される。前期前葉～中葉には、第1ランク墳が本古墳群から離れ、南約三～四キロメートルの地点に移るが、依然としてこの二小群に第2～4ランク墳が築かれつづける。そして前期後葉にはこの二小群の造営がほぼ停止し、後葉前半には柳本小群北側で第1ランク墳と第4ランク墳が、つづく後葉後半には柳本小群南側で同様に第1ランク墳と第4ランク墳が登場する。その後は散発的に中小墳が築かれるだけで、超大型古墳群としての役割を終える。

このように本古墳群は、基本的に時期を異にする複数の小群から構成され、線状小群をのぞく各小群が第1ランク墳を中核に前方後円墳群を造営していた状況を復元できる。つまり、主墳（第1ランク墳）を核にして比較的短期間に造営された前方後円墳群（小群）の複数次にわたる累積が本古墳群だ、ということになる。こうした存在様態を示す本古墳群の造営主体はどのようなものであったのかが、これまで議論されてきた。この疑問への回答は次節ではたすことにして、次に本古墳群の展開に関連づけながら、列島諸地域のランク墳の展開を瞥見《べっけん》しよう。

変転する列島内集団関係

多方面で実年代研究が進展した結果、古墳時代の開始年代が半世紀前後も遡上《そじょう》し、それにともない前期前半期の時間幅がかなり延びた。ところが、この年代的延伸を十分にくみこんだ議論は未展開である。しかし、これまで蓄積されてきた古墳研究を加味しつつ、ランク墳の動態を検討すると、興味深い政治的変動をうかがい知ることができる。

『魏書』東夷伝を髣髴《ほうふつ》とさせる様相を呈していたランク墳は、次期の前期前葉に大きな変化をみせる。近傍とはいえ、第1ランク墳の桜井茶臼山古墳（桜井市）が大和古墳群外に移動し、これに次ぐ第2ランク墳の椿井《つばい》大塚山《おおつかやま》古墳（京都府木津川市）も奈良盆地外に築かれ、大和古墳群の存在感が低下する。両墳とも東海への交通上の起点に位置していることが注目される。

この時期、岡山南部のランク墳が姿を消し、当地を中枢とする瀬戸内中部の三角縁神獣鏡が皆無になるなど凋落《ちょうらく》の傾向を示す。これとは対照的に、九州北部は三角縁神獣鏡が大幅に増え、瀬戸内への交通ルートを扼《やく》する周防灘《すおうなだ》沿岸部に一三〇メートル級の豊前石塚山古墳（福岡県苅《かん》田《だ》町《まち》）が築かれるなど活況を呈する。

畿内の造墓状況で特記すべきは、ほぼ旧国単位で第4ランク墳が各一基築かれ、それらすべてが後続墳をつうじて首長墓系譜を形成してゆくことである。歴代首長の物証ともいわれる首長墓系譜が、この時期に奈良盆地外の畿内諸地域で同時多発的に発芽した事実は、古墳時代の有力集団構造の展開を考えるうえで決定的に重要である。また、前方後方墳がいきなり数基もランク墳に初出することも、この墳形が岡山や東海と関係が深いことを考慮すると示唆に富む。どうやらこの時期、畿内レベルでも列島レベルでも、かなり大規模な政治変動が生じたらしい。『魏書』東夷伝は、卑弥呼歿後《ぼつご》に「千余人」が死亡する動乱が生じたと記すが、当期はその後まもない時期に相当するので、この動乱の影響が考古資料に反映しているのかもしれない。

ランク墳の状況をみるかぎり、前期中葉の畿内は前代よりも安定する。第1ランク墳は近隣とはいえ依然として大和古墳群外に造営されるものの、本古墳群に第2~4ランク墳が揃い、前代に第4ランク墳を築いた畿内諸地域では継続的に第4ランク墳などの有力墳が造営される。

他方、近畿外に目を向けると、九州北部がランク墳においても三角縁神獣鏡の分布状況においても低落する一方で、岡山南部にランク墳が再登場するなど、むしろ前期初頭の状況に復した観がある。ランク墳にみる当該期の状況は、この時期に倭製鏡《わせいきょう》（列島産の銅鏡）や各種の石製品の生産が本格化し、畿内を重点配布地域としながら、東海西部と瀬戸内中部を両端とする主要分布域が形成されてゆくことと相関する。この時期に、畿内中枢勢力は畿内の有力集団構造を安定化させ、近畿外の東西近傍地域との関係を深めてゆく動きをみせたととらえたい。

つまり前期前半期には、西日本広域に展開したネットワークの結節点として急成長をとげて、巨大古墳を次々に造営した畿内中枢勢力が、広域的な地域間関係の変動を経ながら、畿内各地の有力集団との安定的な関係を構築しつつ、東西近傍地域との関係を強化する方向に転轍《てんてつ》していったという大局を復元できる。

4　巨大前方後円墳群の斉放――古墳時代前期後半期

大型前方後円墳の広域展開

奈良盆地東南部を中核として西日本で展開していたランク墳が、前期後葉前半から東日本に雪崩《なだれ》をうって波及しはじめる。三小期ぶりに大和古墳群に第1ランク墳が回帰することが注目される。この行燈山《あんどんやま》古墳（伝崇神《すじん》陵古墳、奈良県天理市）以降、「大王」の歴代順と治定《じじょう》陵墓の考古学的な復元順序とが、かなり整然と対応し、しかも実年代に関しても高い精度で両者は対応する。本墳の被葬者が列島の政治史においてかなり重大な位置を占めたことが想定される。おそらくこの頃から、大王の即位順と在位年数、そして陵墓の所在地などが記録ないし記憶されはじめたのだろう。しかし、『記』『紀』の紀年や大王らの系譜・続柄・事蹟《じせき》などに後代の潤色が徹底的にくわえられていることは明白である。現状では、大型古墳と『記』『紀』の人物との繋合《けいごう》に逸《はや》っても益より害が大きい。当面のあいだは、本論のように考古学的な分析をつらぬき深化させてゆくのが先決である。

前期後葉前半のランク墳は、その選地に強い意図を感じさせる。第2・3ランク墳の各一基が前方後方墳であるが、前者の西山古墳（天理市）は箸墓古墳を基点に北に延びる線状小群の延長線上にあり、馬見古墳群の嚆矢《こうし》として奈良盆地西部に登場する後者の新山《しんやま》古墳（広陵町）は、箸墓古墳から五度の誤差内の西方に位置する。第3ランク墳のもう一基である松岳山《まつおかやま》古墳（大阪府柏原《かしわら》市）は、大和川が河内平野に抜けでる目前の丘陵に立地する。第4ランク墳の分布も意図性が濃厚であり、畿内の南縁と東縁付近、九州南部と東国諸地域などに分布する。列島の東西遠域に同等のランク墳が同時多発的に出現する背後に、巨大古墳の築造システムを確立していた畿内中枢勢力の関与があったことはまちがいない。事実、この時期から畿外諸地域に埴輪《はにわ》生産が波及する。前期後葉には、畿内諸地域にとどまらず東国・西国の諸地域でも、陸路の要衝にくわえ海浜部の要地において有力古墳の造営が顕著になる。諸地域の有力集団の意向もあっただろうが、それ以上に畿内中枢勢力の主導下で倭国の「グランドデザイン化」への志向が始動したとみておきたい。

この傾向がさらに先鋭化するのが前期後葉後半である。第1ランク墳の渋谷向《しぶたにむかい》山《やま》古墳（天理市）と宝来山《ほうらいさん》古墳（奈良市）の前後関係は判断が難しいが、後者が先行するとすれば、約半世紀ぶりに大和古墳群に回帰した第1ランク墳（行燈山）が、今度は北方の佐紀古墳群へ転出した（宝来山）のち、大和古墳群に再帰還し（渋谷向山）、前期末葉にはまたもや佐紀の地に舞いもどる（五社神《ごさし》）という、目まぐるしい動きを示したことになる。第1ランク墳の造営地が、古墳時代前期をつうじて固定しなかったことが明白である。

この時期、各ランク墳の規模がほぼ一段ずつ加増する。つまり、後葉前半の第1・2・3・4ランク墳に相当する墳丘規模が、当該期だとそれぞれ第2・3・4・ランク外に相当し、第1ランク墳は約三〇〇メートルに達する。後葉前半に一三〇メートル級が築かれた畿内縁辺部と東国諸地域は、当該期には二〇〇メートル前後と一六〇メートル級を造営する。これら当該期の第2・3ランク墳には、かなりの割合で大型円墳が付帯し（佐紀陵山《みささぎやま》古墳のマエ塚古墳、築山古墳のコンピラ山古墳、五色塚古墳の小壺古墳、網野銚子山古墳の小銚子古墳、中道銚子塚古墳の丸山塚古墳、雷神山古墳の小塚古墳）、主墳―付帯円墳の被葬者間関係を織りこんだ造営企画ごと広域に波及したことがわかる。この発展型がのちの主墳―陪冢《ばいちょう》かもしれない。なお、これらの付帯円墳には、主墳の後円部径もしくは全長の半分程度の規模のものが散見する。行燈山古墳に隣接するアンド山古墳、渋谷向山古墳に隣接する上の山古墳が、どちらも主墳の二分の一規模であることと関連する現象だろうか。当期に突如としてあらわれる一六〇メートル級という墳長が、歴代の第1ランク墳（箸墓古墳・行燈山古墳・渋谷向山古墳）が継承してきた後円部径と同規模であることも面白い。第1ランク墳との強い関係のもと設定された規模なのかもしれない。

他方、大和古墳群だけでなく、かつて第4ランク墳を築いた前期前半以来の有力古墳群（玉手山古墳群（大阪府柏原市・羽曳野市）・向日《むこう》丘陵古墳群（京都府向日市・京都市）など）が当該期前後に有力墳の造営を停止したり、前方後方墳がランク墳からはおろか、有力墳からも姿を消してゆく。こうした変動は多くの研究者の注目を集め、大和古墳群の造営主体から佐紀古墳群や古市・百舌鳥古墳群の造営主体への「政権交替」が起こったという学説の主論拠とされてきた。

しかし、「政権交替」説で重視される前期後葉後半〜末葉の状況には、大和古墳群が首座を占めていた後葉前半と強い連続性がみられる。それどころか、本論のように長期的視座からランク墳の動態を通覧するならば、この変動は墳丘規模の階層構成に反映される畿内中枢勢力主導の造墓策の脈絡で理解可能である。そもそも、大和古墳群が一小期あたりの前方後円墳造営数を大きく減少させる前期後葉に、佐紀古墳群と馬見古墳群でランク墳が出現する事実は、大和古墳群の造営主体が奈良盆地の諸有力集団であった蓋然《がいぜん》性を支持する［広瀬、二〇〇三］。同時にまた、第1ランク墳を継続的に造営してきた大和古墳群におけるランク墳の唐突な消失と踵《きびす》を接して佐紀古墳群に、つづいて古市・百舌鳥古墳群に第1ランク墳が移動する現象は、「政権交替」説よりも「墓域移動」説に親和的である。

佐紀古墳群と馬見古墳群

前期後半期の動向をいろどったのが、前期後葉に登場して第1・2ランク墳を築いた佐紀古墳群と馬見古墳群である。佐紀古墳群は奈良盆地の北縁、平城山《ならやま》から南方にくだってゆく低丘陵上に、八基の二〇〇メートル超墳などの前方後円墳・円墳・方墳が東西に広く分布する（図

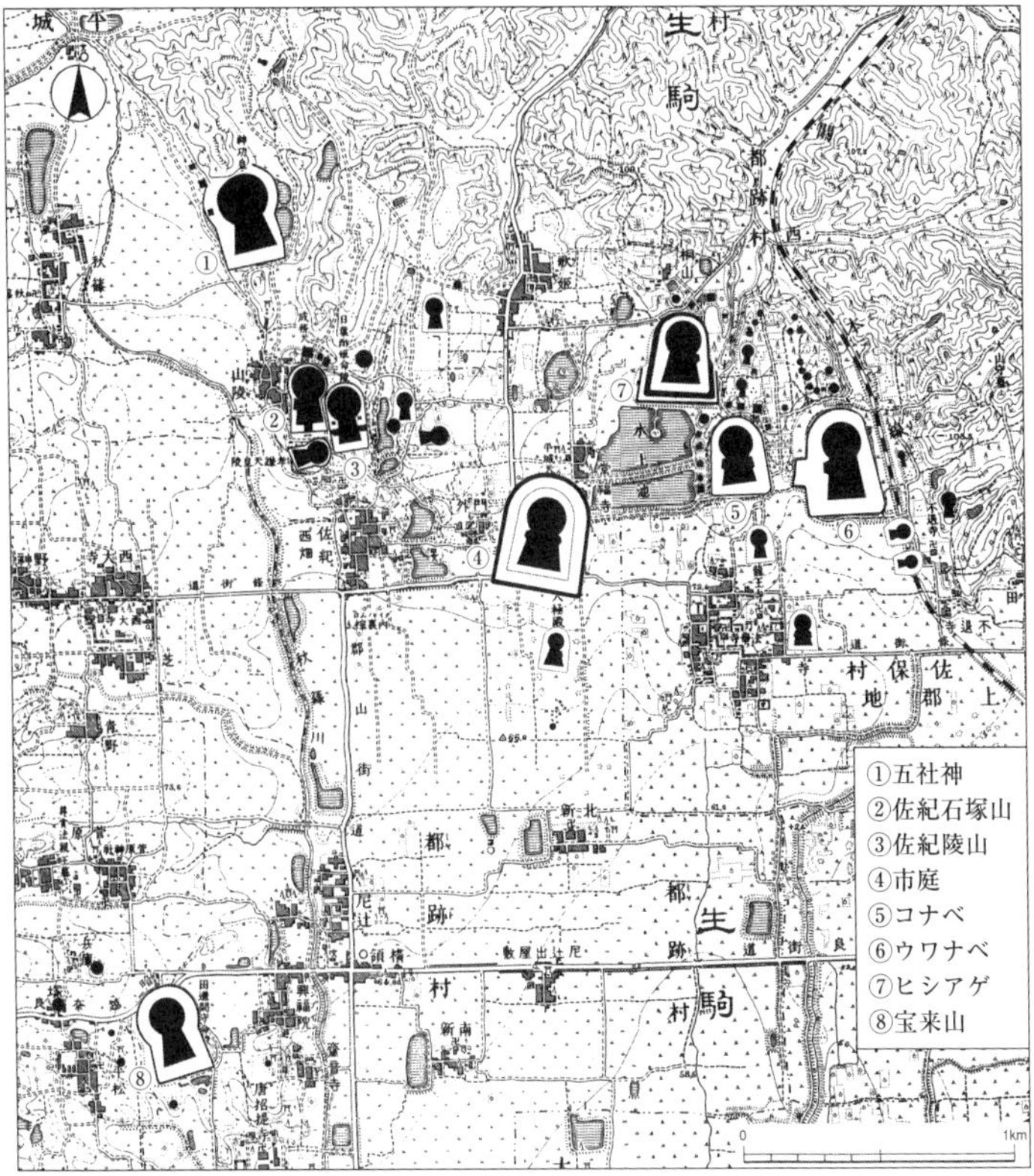

図 3-4　佐紀古墳群（奈良県）　S=40,000

地図は「大日本帝国陸地測量部 二万分の一図」を使用

3-4)。伏せた盾がずらりと並ぶかのような外容から、佐紀盾列《さきたたなみ》古墳群ともよばれる。西南に孤立する宝来山古墳をのぞくと、前期後葉後半〜末葉に西群、中期前葉〜末葉に東群が形成された。これはランク墳の状況とも連動しており、前期後葉後半と末葉にはそれぞれ第1・2ランク墳が存在するが、中期になると小期ごとに一基前後の第2ランク墳が継続して築かれる。これは本古墳群の最大規模墳の被葬者が王権内で占めた恒常的位置を反映している可能性がある。

馬見古墳群は奈良盆地の西縁、南北に長く延びる馬見丘陵の東斜面を中心に、五基の二〇〇メートル超墳をはじめ多数の前方後円(方)墳・帆立貝式古墳・円墳・方墳が蝟集《いしゅう》する(図3-5)。大きく北群・中群・南群にわかれる。ランク墳とそれに準ずる有力墳の推移を基準にすると、まず前期後葉に南群が擡頭《たいとう》し、前期末葉〜中期前葉には中群が最優勢を誇るが、その後は中期末葉まで北群が優位を占める状況を復元できる。ランク墳の実態を通時的にみると、一度も第1ランク墳をうみださないまま、前期後葉後半〜中期前葉の各小期に継続的に第2ランク墳を一基前後造営しつづけたのち、中期中葉に第3ランク墳を一基築いたのを最後に、尻《しり》すぼみになったことがわかる。文献史的研究でも考古学的研究でも、古墳時代中期に「大王」一族と姻戚《いんせき》関係を結びつづけた葛城《かずらき》氏の勢威と本古墳群の隆盛とを直結させることが多いが、実は本古墳群はかなり早い段階で衰微している。

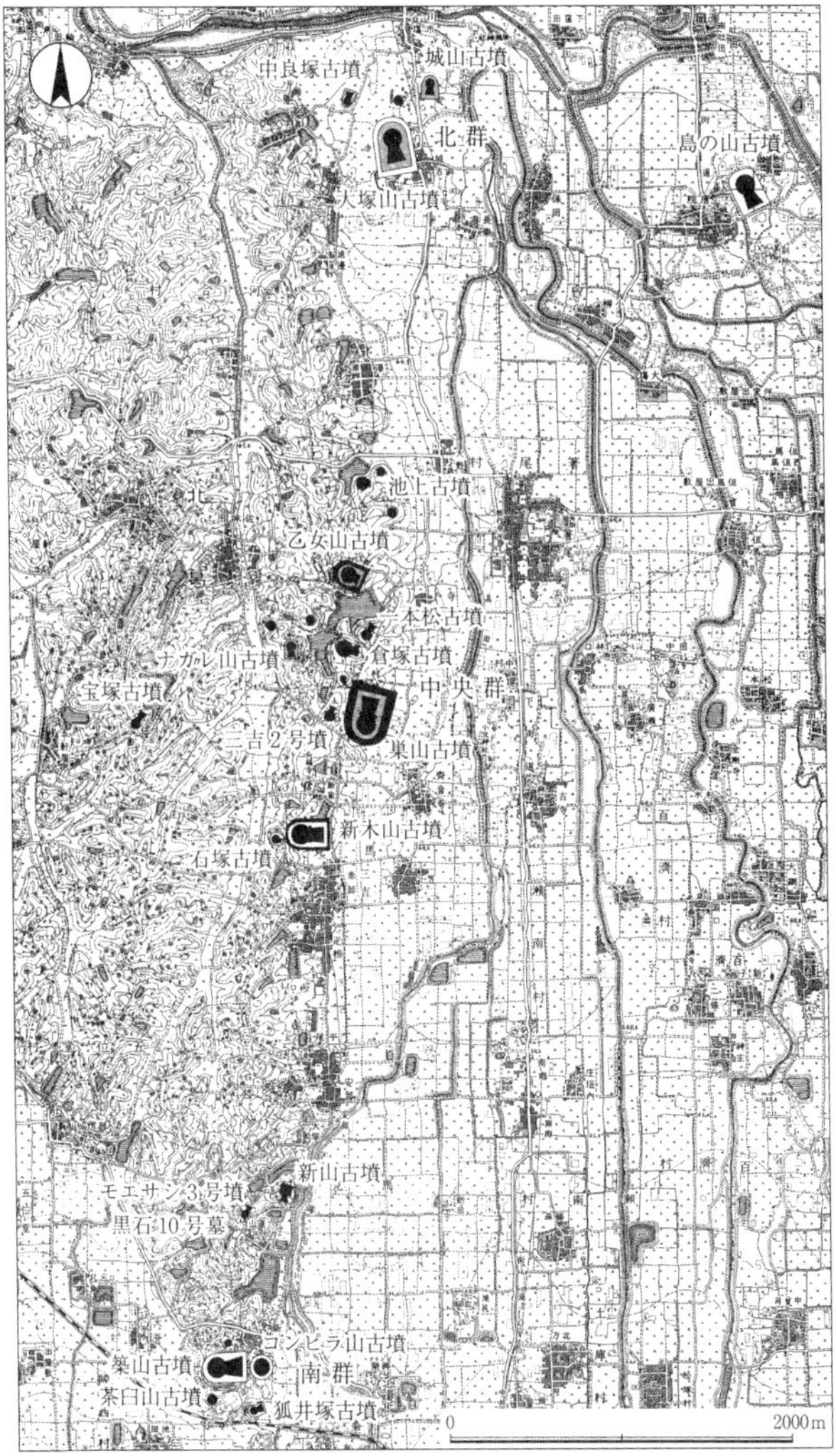

図3-5　馬見古墳群（奈良県）　S=60,000

今尾文昭 2009『古墳文化の成立と社会』青木書店 の第4図（24頁）を一部改変

5　四大古墳群の繚乱――古墳時代中期

古市古墳群と百舌鳥古墳群

古墳時代中期になると、古市古墳群と百舌鳥古墳群が第1ランク墳を独占し、佐紀古墳群と馬見古墳群をまじえた四大古墳群が大型古墳を続々と造営してゆく。読者がイメージする「巨大古墳」は、さだめしこれら四大古墳群を埋めつくす巨墳群であろう。

古市古墳群は、奈良盆地を潤《うるお》す大和川が生駒《いこま》山系の峡谷を貫流して河内平野におどりでた鼻先に横たわる、広大な段丘の中・低位に造営されている（図3-6）。墳丘長四二五メートルの誉田《こんだ》御廟山《ごびょうやま》古墳（大阪府羽曳野市）を首座とする六基の二〇〇メートル超墳をはじめ、前方後円墳・帆立貝式古墳・円墳・方墳がひしめき、現在まで一三〇基の存在が確認されている。ただし近現代の激しい破壊をこうむり、地上に墳丘をとどめているものは五〇基に満たない。

この段丘は東西にわかれて北側に張りだし、中間の氾濫原《はんらんげん》を見下ろすようにそれぞれランク墳を造営する。前期末葉にランク墳が西群の北端に築かれたのを皮切りに、中期中葉～後葉には東群に、中期中葉～後期中葉には西群にランク墳が継続的に築造される。両群とも、当初は北側～中央を優先的に選地し、時期がくだるにつれ南側に移動してゆく。

古市古墳群と双璧《そうへき》をなす百舌鳥古墳群は、大阪湾（旧茅渟海《ちぬのうみ》）を西に見下ろす中位段丘面上に展開する（図3-7）。墳丘長五二五メートル超（推定五四〇メートル）の大山《だいせん》古墳（大阪府堺

図 3-6　古市古墳群（大阪府）　S=60,000

白石太一郎 2000『古墳と古墳群の研究』塙書房の図 3（115 頁）を一部改変

市）を頂点とする四基の二〇〇メートル超墳をはじめ、多数の前方後円墳・帆立貝式古墳・円墳・方墳が密集する。四十数基が現存するだけだが、かつては少なくとも一一〇基ほどが存在していた。

本古墳群の展開状況と階層構成については十河良和氏の分析が精細である［十河、二〇〇八］。まず前期末葉に、段丘西縁部の海浜部にランク墳が登場し、中期前葉には第1ランク墳と第4ランク墳がその東方、百舌鳥川を南に見下ろす段丘南縁付近に築かれる。中期中葉にはさらに東側に、後葉には北側にランク墳などの大型古墳が造営される。そして中期末葉に、百舌鳥川をはさんで南側の段丘面に第1ランク墳の土師《はぜ》ニサ

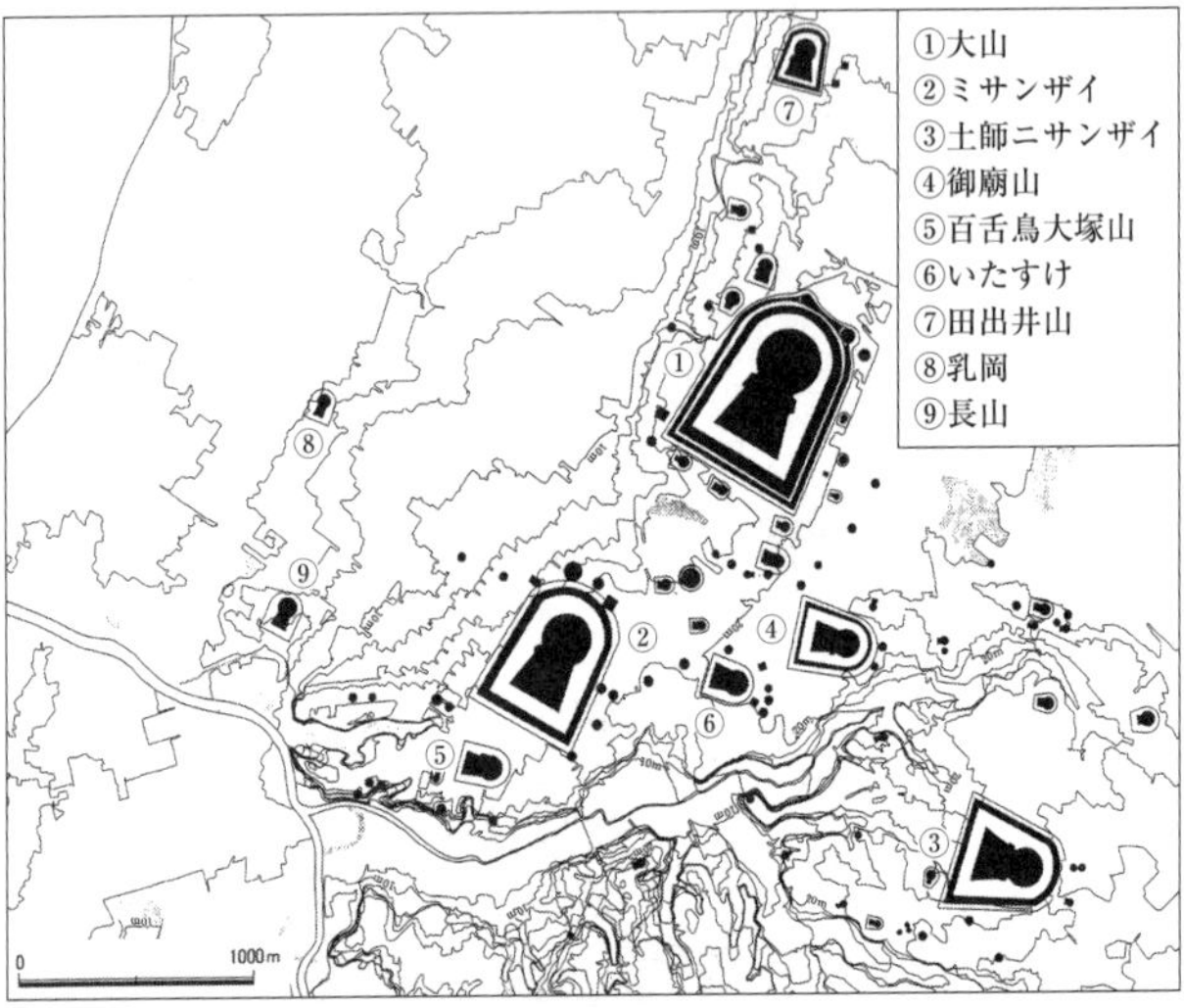

図 3-7　百舌鳥古墳群（大阪府）　S=60,000

十河良和 2003「百舌鳥古墳群の立地に関する基礎的考察」『考古学論叢』上巻 同朋舎の第 10 図（379 頁）を一部改変

ンザイ古墳（大阪府堺市）が築かれたのを最後に、本古墳群はランク墳の造営を停止し終焉してゆく。

四大古墳群の構成秩序

四大古墳群を個別に記述してきたが、前節で示唆したようにこれらの古墳群間には諸ランク墳の補完関係がみとめられる。そのことは図3-1をみれば瞭然《りょうぜん》である。つまり、これらの古墳群の構成と動態を総体的に分析しなければ、当時の王権構造に迫ることはできない。

たとえば中期前葉において、古市古墳群では第1ランク墳（仲津山古墳）と第4ランク墳（野中宮山古墳・古室山《こむろやま》古墳）が、百舌鳥古墳群でも第1ランク墳（上石津《かみいしづ》ミサンザイ古墳）と第4ランク墳（百舌鳥大塚山古墳）がみとめられるが、両古墳群とも第1ランク墳が第4ランク墳のほぼ二倍の規模である。そしてその中間に、佐紀古墳群の一基（第2ランク墳）と馬見古墳群などの四基（第2・3ランク墳）がきれいにおさまっている。同じ現象は中期中葉にも確認でき、古市古墳群において第1ランク墳（誉田御廟山古墳）が第3ランク墳（墓山古墳）のほぼ二倍大であり、中間を佐紀古墳群の第2ランク墳が埋めている。

ただし、この補完的な秩序は序列志向が濃厚であり、相互配慮的というよりも強制的な性格が強かった。典型的なのが中期後葉であり、百舌鳥古墳群において前代未聞の五〇〇メートル超の大山古墳が築かれるのと裏腹に、残る三古墳群にはランク墳が皆無である。これほど極端ではないが、四〇〇メートル超の誉田御廟山古墳が造営された中期中葉にも、百舌鳥古墳群と馬見古墳群における大型古墳の造営が抑制されている。

このような現象は、投入可能な労働人数に由来するのだろう。ここまで、単純に墳丘規模を基準にして叙述をこころみてきた。しかし、古墳は土盛りの墓であり、墳丘規模のランクは第一義的に体積（≒土量）に起因する。土量差は動員人数差に、ひいては労働編成（徴発）力の多寡に直結する以上、大型古墳の秩序やその政治性を復元するためには、墳丘体積（≒土量）にもとづいて分析することがのぞましい。そこで、石川昇氏が算出した畿内の一〇〇メートル超墳の体積データ（一三七基分）［石川、一九八九］を、最新の墳長データで補正しつつ、時期比定が可能な全国三〇八基の一〇〇メートル超墳の墳丘体積を計出してみた。一〇〇メートル超墳の総体積を最上位・近畿・東国・西国にわけて小期ごとに配列したのが図3-8である。

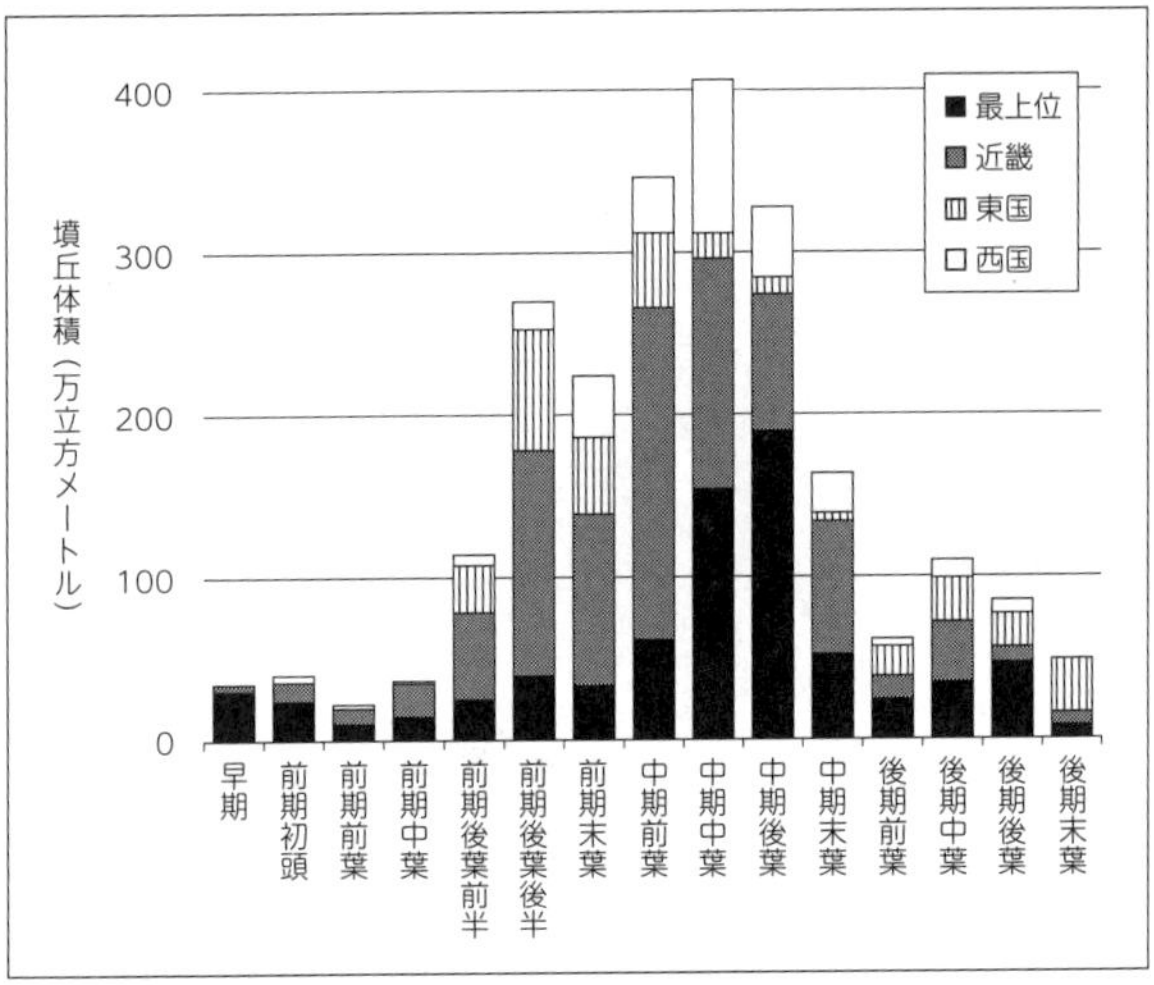

図3-8　100m超墳の総体積の推移

原則的に最上位墳＝第1ランク墳であるが、同一小期内に複数の第1ランク墳が混在している場合、体積の大きいほうを最上位墳とした。最上位墳は例外なく近畿に所在するので、「最上位」墳と「近畿」の和が真の近畿の総体積となる。

近畿とりわけ最上位墳の圧倒的な卓越性が、ランク墳の分析結果よりも如実に示されている。前期前半期は最上位墳が独走状態にあるが、前期後半期に「近畿」や東国・西国も目だちはじめ、東国の躍進が目ざましいなど、興味深い状況がうかがえる。

しかしここでは、本論でとくに重大な意味をもつ中期前葉〜後葉の状況に焦点をあてよう。この期間の近畿の墳丘体積に関して特記すべきは、総体積の激増や最上位墳のインフレ的な増大もさることながら、三小期にわたって一定値（三〇〇万立方メートル弱）を維持していることである。参考までに、東京ドームの体積は約一二四万立方メートルである。古墳は土盛りだけで完成するわけではないので、動員人数の算定は至難であるが、各小期に延べ一〇〇〇万人前後（かなり多く見積もると一五〇〇万人程度）、恒常的に稼働させられていたのは一〇〇〇～二〇〇〇人程度だろう。この見積人数は、炊事係や監督などもふくめると、もう少し多くなる。

各小期の年代幅が均等である保証はないし、墳丘のどれだけの割合を盛土で造成したかも未確定であるなど、不確定要素が多すぎる数値ではある。とはいえ、この長期にわたる同値性は、この期間に超大型古墳群間でみられた補完関係と明確に相関する。この現象は、一定数の労働人員を近畿の大型古墳の造営に恒常的に投入していたことを強く示す。中期中葉～後葉に東国の数値が激減することなどにかんがみて、列島広域の人民を造墓に使役する体制が成立していたことも示唆される。

巨大前方後円墳群の機能と秩序

さて、ここで序盤のメンデルスゾーン説に舞いもどることになる。かれの立論の最大の根拠は、複数基のピラミッドが同時並行で造営されていたことにある（図3-9のⒷ）。この造営方式をとることで、「雇用可能労働力」をつねに最大に固定し、動員労働力の無駄を削《そ》いだのである。そして、恒常的にピラミッド造営を継続した結果、各種の統治機構が整備され、出現期の国家が「中央集権国家」に変貌《へんぼう》するにいたった、と説いたのである。

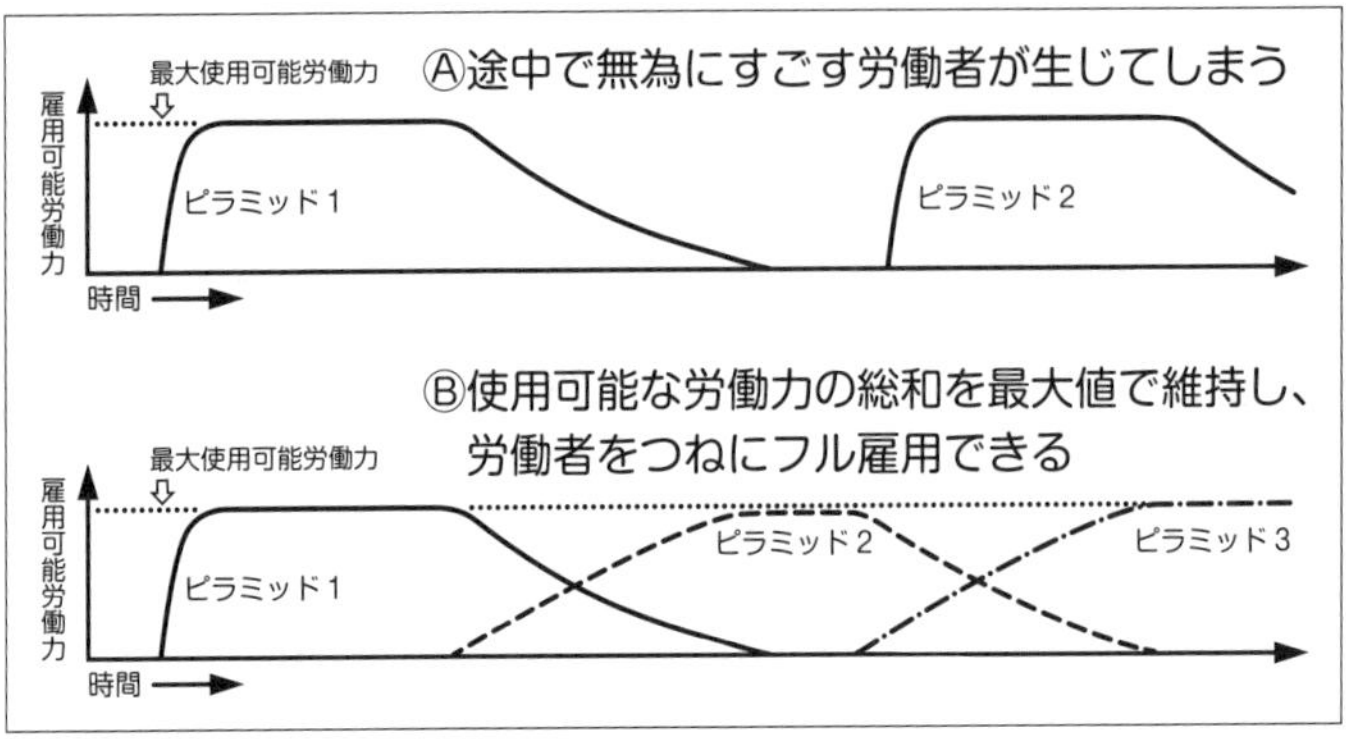

図3-9　ピラミッドの並行造営仮説

Mendelssohn, K. 1974. *The Riddle of the Pyramids.* London: Thames and Hudson. のFig.31を改変

メンデルスゾーン氏の論拠には実証面でやや問題があるものの、上記した古墳時代中期の近畿の状況に実によく似ている。前代の古墳時代前期においても、第1ランク墳を筆頭とする大型古墳の継続的造営がみとめられるし、古墳の造営と生産基盤の開発とが連繫《れんけい》していたらしい事例もある。しかし古墳時代中期は、それとは規模が段違いであり、造墓と連繫する「産業」も飛躍的に多面化した。畿内が「内部領域」化し、造墓域だけでなく造兵をふくむ各種生産拠点が計画的・強制的に配置されたのは、まさにこの時期である［菱田、二〇〇七］。

超大型古墳群だけではない。たとえば淀川《よどがわ》水系にはじめて出現した二〇〇メートル超墳である太《おお》田《だ》茶臼山古墳（大阪府茨木《いばらき》市）の造営が、畿内中枢勢力の主導下による当地の「大開発」と連動したものであったことが、実証性ゆたかに復元されている［森田、二〇一七］。信憑《しんぴょう》性に問題があるが、中期中葉の第4ランク墳である久津川車塚《くつかわくるまづか》古墳（京都府城陽市）に関連して、その至近の地に比定される栗隈《くるくま》大溝の記事が仁徳《にんとく》紀に載る。この大溝の開鑿《かいさく》により水田が潤い、「百姓《おほみたから》」は豊作の益をえたという。畿内だけではない。中期中葉から末葉にかけて第1・2ランク墳を造営しつづけた岡山南部でも、ミニ「内部領域」内で造墓と各種産業が連繋されていた「菱田、二〇〇七」。このように造墓と連動して振興した各種産業の余沢《よたく》に、人民があずかることもあっただろう。しかし、あくまで有力集団本位の事業であった。たとえば、太田茶臼山古墳の造営にともない「大開発」された三嶋の地は、竹村屯倉《たかふのみやけ》として畿内中枢勢力の管轄《かんかつ》下にはいった。

大型古墳の階層構成に話をもどすと、第1ランク墳が卓越の度を深める一方、第2・3ランク墳は基数を減じてゆき、第4ランク墳とそれ以下の大型古墳は規模を等質化させてゆく。階層構成が列島広域を覆い、第1ランク墳が突出度を顕著にする方向に整序されてゆく様相は、「大王墳の墓域」の秩序が階梯《かいてい》的に格下げされて列島各地の主要古墳群に適用されたこと「和田、一九九四」と相即する現象である。また列島諸地域において、最大墳のみが突出し、旧勢力の墳丘規模が抑制されるのも同軌の現象である。こうした造墓策をつうじて、畿内中枢勢力を頂点とする階層構成が列島広域に深く滲透《しんとう》していった。

6　巨大前方後円墳群の凋落――古墳時代後期

大型古墳の継続的な造営は畿内中枢勢力を強大化させ、列島広域の階層構成が築きあげられていった。同時に古墳時代中期には、造墓と連動して各種の産業が振興し、支配にかかわる諸制度が列島外から導入された。そうなれば、大型古墳は不要になってゆくはずである。少なくとも、当該期に国家機構が成立した畿内では必要性が低下するはずである。事実、古墳時代中期末葉に古市古墳群をのぞく四大古墳群は主要古墳の造営を停止する。

古墳時代後期になると、畿内では第1ランク墳が圧倒的に突出し、その下位はランク墳からも脱落する方向に変容してゆく。これは、前述した中期の階層構成の方向性を極端に推しすすめたものであった。他方、畿内中枢勢力が開発の重点地域として重視した東国とりわけ関東において、前方後円墳の造営が最盛期をむかえ、ランク墳が続々と造営された。国家機構が成立した畿内では、大型古墳はひとり「大王」の冠絶《かんぜつ》ぶりを誇示するモニュメントと化し、それ以外の大型古墳は基本的に不要化してゆく一方で、開発と社会の階層化が志向された関東などでは、むしろ大型古墳の必要性が高まったのである。

後期前葉には中期と同様に、第1ランク墳が次位に二倍の差をつけるが、次位は畿内よりも関東中北部や九州南部に顕著である。この時期の畿内では、ランク外の下層に古式群集墳が設定される。このような造墓秩序は、畿内中枢勢力の強い関与のもと形成されたと考えられる。

この傾向が先鋭化する方向で、後期の階層構成は進展する。

政治変動期として注視されてきた後期中葉は、「大王」墳がはじめて淀川流域に出現したり、愛知県熱田台地に二基の第3ランク墳が唐突に登場したり、九州北部に前期前葉以来およそ二世紀半ぶりにランク墳が築かれるなど、個別の古墳・地域においてかなり興味深い現象がみとめられる。しかし、階層構成や墳丘体積の状況は前代の後期前葉と総じて共通する。たしかに中期にくらべると、墳丘総体積は激減するが、近畿では後期前葉から後葉までさほど増減しない。後期中葉頃の政治変動を否定するつもりはないが、中期から後期にかけての近畿と西国における墳丘総体積の激減は、不要になりつつあった大型古墳に代えて、各種の事業に労働人員を振り向けた結果であろう。実際に後期には、対外的には韓半島での軍事活動が大規模化し、国内的には複合的生産拠点の性格をそなえる屯倉が各地に設置されるなど、多数の人員を要する事業が前面化した。古墳時代前期〜中期の恒常的な造墓活動をつうじて醸成された広域的な人員動員力および編成力を、軍事や土木事業、産業振興に振り向けていった結果、新規的な開発重点地域である関東などをのぞき、前方後円墳は消滅の道をたどっていった。

おわりに

古墳時代人が造墓にいかなる感情を懐《いだ》いたかはわからない。他界観や死生観を濃密にまとう古墳に供する労働は、あるいは苦役でなかったかもしれない。しかし、実利のとぼしい労働提供を「搾取」とよんでよいならば、造墓の実働者である人民はまさしく搾取されていた。他界観というイデオロギー的外皮をまとっていたぶん、いっそう狡知《こうち》に長《た》けた搾取であった。労働規模の拡大に応じて支配者と被支配者の較差《かくさ》が開き、支配関係を固定させる機能を発揮した点で、古墳は邪悪な装置であった。古墳時代が終幕をむかえ、人民は大規模な造墓から解放されたのもつかのま、律令制下の過重な徭役《ようえき》にあえぐことになった。

注

（1）編集部に指定された論題の「大和」は現在の奈良県、「河内」は「和泉」と「摂津」の一部とをふくめた現在の大阪府を指すものと解して、以下の本論を進める。また「近畿地域」「九州北部地域」などについて、「地域」を逐一付すのは煩瑣《はんさ》なので省略する。

（2）参考までに、安土桃山時代の最有力者層を構成した五大老の死亡年代は、飛び離れて遅い宇喜多秀家《うきたひでいえ》（一六五五年）をのぞく四人が一五九九～一六二五年の四半世紀内におさまり、五奉行の死亡年代は一六〇〇～一五年にまとまる。有力古墳の主要被葬者の平均死亡年齢は三〇代半ば前後であり、五大老（平均約七〇歳）や五奉行（平均約五五歳）より若死にするのが通常であろうから、前者における同時代の王権構成者は後二者の最有力者層よりも近接した時間幅で死亡していたと予測してよい。

参考文献

石川　昇　一九八九年『前方後円墳築造の研究』六興出版

落合淳思　二〇〇八年『甲骨文字に歴史をよむ』筑摩書房

岸　俊男　一九七〇年「古道の歴史」『古代の日本』第五巻、角川書店

クルト・メンデルスゾーン（酒井傳六訳）一九七六『ピラミッドの謎』文化放送（原著 *The Riddle of the*

Pyramids. 一九七四年）
十河良和　二〇〇八年「百舌鳥古墳群」『近畿地方における大型古墳群の基礎的研究』奈良大学文学部文化財学科
菱田哲郎　二〇〇七年『古代日本 国家形成の考古学』京都大学学術出版会
広瀬和雄　二〇〇三年『前方後円墳国家』角川書店
村上春樹　一九七九年『風の歌を聴け』講談社
森田克行　二〇一七年「藍原の開発とヤマト王権」『太田茶臼山古墳の時代』高槻市立今城塚古代歴史館
和田晴吾　一九九四年「古墳築造の諸段階と政治的階層構成」『古代王権と交流』五、名著出版

4章　畿内の駅家と駅路

市　大樹

はじめに

日本古代の律令国家《りつりょう》は、七世紀中葉に国《くに》―評《こおり》（後の郡）―五十戸《さと》（後の里・郷）の地方行政区分を設定し、七世紀後半には各国を畿内と七道《しちどう》（東海道、東山道、北陸道、山陰道、山陽道、南海道、西海道）に編成した。七道は広域行政ブロックの呼称が本義であるが、各国を貫くように都から地方へ延びる「駅路《えきろ》」も指す。駅路には原則三〇里（約一六キロメートル）の間隔で駅家《うまや》が設置され、緊急時の情報伝達に重点のある駅制《えきせい》の拠点となって、駅馬や食料・宿所の提供を行なった。また、駅家とは別に、郡（主として郡家《ぐうけ》）に伝馬《てんま》が設けられ、人の送迎に重点のある伝制《でんせい》で利用された。駅路は、駅制利用者（駅使）ばかりでなく、伝制利用者（伝使）、都鄙《とひ》間を往来する運脚夫《うんきゃくふ》・役民をはじめ、誰であっても通行が可能であった。

一〇世紀前半に編纂《へんさん》された『延喜式《えんぎしき》』兵部式七八～八五条によると、西海道を除く六道の駅路は、都から地方へ放射状に直接延びる本線と、そこから外れる国までの支線を基本とした。しかし、こうした状況になったのは九世紀頃で、八世紀にはより多くの駅家が置かれ、各道を連結する駅路も複数存在していた［高橋、二〇〇七］。また、発掘調査の所見によると、八世紀

図4-1　『新修摂津市史』所収「畿内の主要交通路 図」

の駅路は平野部では道幅が九〜一二メートル前後もある巨大な直線道路であったが、九世紀になると道幅六メートル前後に縮小する傾向を示す。

本稿では、これまで全国的な視点から検討されることが多かった駅伝制*について、畿内の駅家と駅路に焦点をあてて考えてみたい。以下、駅路のルートや駅家の比定地について触れるが、全国の状況を通覧した事典類〔古代交通研究会編、二〇〇四、武部、二〇〇四・二〇〇五、木下、二〇〇九〕、畿内の状況を詳しく検討した研究書〔藤岡編、一九七八、足利、一九八五、岸、一九八八、上田編、一九八八、高橋、一九九五〕、自治体史、発掘調査報告書、博物館図録などを多く参照したことを明記する。

1　奈良時代の六道駅路

平城遷都直後に新設された駅家

西海道を除く六道の駅路は、都から地方へ放射状に延びていく。そのため畿内と近国では、遷都による駅路のルート変更は避けられない。次の『続日本紀』和銅四年（七一一）正月丁未条は、前年の藤原京から平城京への遷都にともなって、新たに駅家が設置されたことを伝える。

始めて都亭《とてい》駅《えき》、山背《やましろ》国相楽《さがらか》郡岡田駅、綴喜《つづき》郡山本駅、河内国交野郡楠葉《くずは》駅、摂津国島上《しまのかみ》郡大原駅、島下《しまのしも》郡殖村《うえむら》駅、伊賀国阿閇《あへ》郡新家《にいのみ》駅を置く。

本条について、「始めて都亭駅を置く」でいったん区切り、岡田駅以下の六駅を都亭駅の具体的な名称とする見方もある［坂本、一九八九］。しかし都亭駅は、唐の二つの都（長安、洛陽）に置かれた同名の駅家にならったもので、平城京内に所在したとみるべきであろう［足利、一九八五、上遠野《かどの》、二〇一一］。

岡田駅・新家駅は東海道駅路のルート変更にともなって、山本駅・楠葉駅・大原駅・殖村駅は山陽道駅路のルート変更にともなって新設された。それ以前の両駅路は、奈良盆地の南部を直線的に横断する横大路《よこおおじ》を経由して、東海道駅路は東方の伊賀国へ、山陽道駅路は西方の河内国へ延びていった。ところが、都が奈良盆地北端の平城京へ遷《うつ》ると、両駅路は山背国との国境をなす平城山丘陵を北へ越えるルートが採用された。

一方、東山道・北陸道・山陰道・南海道の駅路は、前代のものが基本的に踏襲された。南海道駅路は南下して紀ノ川沿いに進んだが、残り三道の駅路は北上して平城山丘陵を越えた。

平城山丘陵を越えた先には、伊賀国に水源をもつ木津川が流れている。やがて、木津川は宇治川や桂川と合流して淀川となり、最終的に大阪湾に注ぎ込んだ。平城山丘陵の北側は、山中から西流してきた木津川が平野部に抜け出て、北へ向きを変える屈曲点にあたる。この屈曲点には泉津《いずみのつ》（後の木津）が設けられ、平城京の外港として機能した。東海道駅路は木津川を遡上《そじよう》するように東方へ、東山道・北陸道の駅路は木津川東岸を北北西へ、山陽道・山陰道の駅路は木津川西岸を北方へ進んでいった。

平城山丘陵をどう越えるか

平城山丘陵を抜けるルートは複数あるが、その一つが下ツ道《しもつみち》の北延長にあたる歌姫越《うたひめごえ》であった。下ツ道は奈良盆地のほぼ中央を南北に縦断し、南は南海道駅路に接続していた。下ツ道は平城宮・京の中軸ラインに採用され、そのうち平城京南端の羅城門《らじようもん》から平城宮南端の朱雀門《すざくもん》までの約三・七キロメートル分は拡幅整備され、朱雀大路に生まれ変わった。朱雀門の発掘調査では、下層の藤原京期にあたる下ツ道西側溝から、次の過所《かしよ》（通行証）木簡が出土している（『平城宮木簡二』一九二六号）。

（表）関々司前解近江国蒲生郡阿伎里人大初上阿□〔伎カ〕勝足石許田作人

（裏）同伊刀古麻呂 大宅女右二人左京小治町大初上笠阿曾弥安戸人右二
送行乎我都　鹿毛牡馬歳七　里長尾治都留伎

近江国蒲生《がもう》郡阿伎《あき》里の阿伎勝《あきのすぐり》 足石《たりいわ》のもとへ田作人として出かけていた阿伎勝伊刀古麻呂《いとこまろ》と大宅女《おおやけめ》の二人が、藤原京左京小治町《おはりまち》の笠阿曾《かさのあそ》弥安《みやす》のところへ戻る際に使用された木簡である。「関々司《せきぜきのつかさ》」に通行許可を求める書式をとっている。その理由は、近江国と山背国の国境となる逢坂山《おうさかやま》や、山背国と大倭国（後の大和国）の国境となる平城山丘陵には関所の類《たぐい》が置かれ、不法な移動を取り締まっていたからである。この過所木簡と一緒に、「大野里」や「捉人」と書かれた木簡や、「五十戸家」「五十家」の墨書土器が出土しており、同地に大野里家（五十戸家）が置かれ、関所の役割も果たしたと推定されている［舘野、一九九八］。

二人の向かった小治町は飛鳥の北玄関口にあたり、下ツ道の東約二・一キロメートルの地点を南北に縦断する中ツ道《なかつみち》が近くを通る。近江国から大倭国へ向かう場合、山背国内を木津川の東岸に沿って進むのが通例であるので（『万葉集＊』巻一三―三二三六～三二四一番歌など）、歌姫越より東方のウワナベ越（国道二四号バイパス、JR関西本線のルート）を使って、中ツ道を南下したほうが便利にみえる。しかし、この過所木簡の事例では歌姫越を通行しており、こちらが当時の主要ルートであったことを示唆する。

これに関して参考になるのが、壬申《じんしん》の乱（六七二年）の際に、倭京《やまとのみやこ》（飛鳥の都）を制圧した大海人《おおしあま》皇子方の大伴吹負《おおとものふけい》が、大友《おおとも》皇子のいる近江を襲うために、下ツ道沿いの稗田《ひえだ》（奈良県大和郡山市）を経て、乃楽山《なら》（平城山）に進軍・駐屯したことである（『日本書紀』天武元年七月条）。飛鳥から近江へ向かう際、中ツ道とウワナベ越を使うほうが距離が短くなるはずであるが、当時は下ツ道と歌姫越が主要ルートとされていたため、吹負は下ツ道を北上したと考えられる。

もちろん、当時、中ツ道とウワナベ越が使われなかったわけではない。大友方の大野果安《おおののはたやす》は乃楽山で吹負の軍を打ち破り、敗走する吹負を追って中ツ道を南下している。その後、吹負は軍を立て直し、三軍に分けて下ツ道・中ツ道・上ツ道《かみつみち》を北上したが（上ツ道は中ツ道の東約二・一キロメートルの地点を南北に縦断）、その際に吹負が進軍したのも中ツ道であった。

ところが奈良時代になると、歌姫越は平城宮とその後方の松林苑によって遮られ、平城京東三坊大路から北へ抜けるウワナベ越が主流になる。これを北進すると木津川が屈曲する手前につきあたり、前代から木津川の東岸を走っていた東山道・北陸道の併用駅路に接続する。

一方、木津川の西岸には山陰道駅路がすでに走り、その一部は新たに山陽道駅路とされた。

これに接続するルートとしては、ウワナベ越とする見方［上遠野、二〇一一］のほかに、平城京西一坊大路から松林苑の西壁沿いを北進する渋谷越《しぶたにごえ》（近鉄京都線のルート）とする見方［足利、一九八五］がある。これは都亭駅・山本駅をめぐる問題とも関係し、後ほど触れたい。

残る東海道駅路については、ウワナベ越によって泉津（木津）を経由したとみるのが一般的である。これに対し、近世に奈良から伊賀方面に向かう伊賀街道が、木津を経由するのではなく、東方の梅谷越《うめたにごえ》によって加茂に抜けている点に着目し、これが古代東海道駅路にまで遡《さかのぼ》るという見解が出されている［吉川、二〇一〇］。平城遷都の二年前、元明天皇は藤原宮→菅原→平城→岡田離宮→春日離宮→藤原宮というルートで行幸した（『続日本紀』和銅元年九月条）点からみても、これはかなり蓋然《がいぜん》性が高い推定といえる。東海道駅路は、平城京外京の東京極である東七坊大路を北上し、般若寺《はんにゃじ》（奈良市）付近で北東に折れ、加茂にある山背国相楽郡の岡田駅に出た後、木津川の渓谷を東進したとみてよかろう。ちなみに、和銅四年に設置された岡田駅は、元明天皇が訪れた岡田離宮の施設を転用した可能性が指摘されている［菱田、二〇二〇］。

都亭駅から楠葉駅へ

試みに、奈良時代の山陽道駅路を少したどってみよう。

出発点となる都亭駅の所在地については、六道駅路との接続に便利な場所と推測されるだけで、特に定説は存在していない。一つの可能性として提示されているのが、東三坊大路と一条南大路の交差点のすぐ北側である［千田、一九九六］。それは、東三坊大路の東側溝から次のような告知札《こくちふだ》（『木簡研究一六』一九〇頁）が出土したことに着目する見方である。

告知捉立鹿毛牡馬一匹□右馬以今月一日辰時依作物食損捉立也至于今日未来其主
験額髪□〔毛ヵ〕□□馬□可来隅寺□□天長五年四月四日

これは長さ一一三・四センチメートルの長大な木簡で、下端は尖《とが》っている。天長五年（八二八）四月一日辰時《たつ》（午前七〜九時）、作物を食い荒らしていた鹿毛《かげ》の牡馬《おすうま》一匹を捕獲したが、今日（四月四日）になっても持ち主が現われないので告知する。持ち主は隅寺（海龍王寺）まで来るように、という内容である。

これとは別に三点の告知札も出土しており、「告知」の下に「往還諸人」の語がみえる。これらの告知札は平安時代初頭のものではあるが、東三坊大路・ウワナベ越を通行する人々に向けたもので、この一帯が公示に適した交通の要衝であったことを物語る。また、確実には一二世紀までくだるが、この交差点の西側には法華寺の鳥居が置かれ、奈良の入り口として認識されていた点にも留意したい［吉川、二〇〇七］。

これらは状況証拠にとどまるが、都亭駅であったことの名残とみることも不可能ではない。そうであれば、山陽道・山陰道の併用駅路はウワナベ越をとった可能性が高まる。この場所であれば東海道駅路との接続も無理がないが、南海道駅路との接続はあまりよくない。

一方、山陽道・山陰道併用駅路を渋谷越に求めた場合、六道駅路は平城宮の東方（東山道・北陸道併用駅路、東海道駅路）、西方（山陽道・山陰道併用駅路）、南方（南海道駅路）を走ることになるので、都亭駅は朱雀門のすぐ近くに想定したほうがよいかもしれない。

ともあれ、都亭駅を出発した山陽道駅路は、平城山丘陵を越えた後、木津川の西岸沿いに北北西へ進んで山本駅へ向かう。山背国綴喜郡に所在する山本駅は、京都府京田辺市三山木《みやまき》に比定され、近世の綴喜郡山本村にあたる。当地にある二又《ふたまた》遺跡や三山木遺跡では、奈良時代から平安時代にかけての掘立柱建物が多く検出されており、北から三〇度ほど西に振る一群は駅路の方位にほぼ合致することが指摘されている。

この木津川左岸の山陽道駅路は、山本駅の約五キロメートル先の岡村（京田辺市）まで、山陰道駅路と重なっていた。山陰道駅路は、平城山丘陵の一帯を除けば、前代のものを引き継いでいるので、山本駅は既存ルート上に乗ることになる。それにもかかわらず、山本駅が新設された理由としては、楠葉駅と都亭駅のほぼ中間にあたること、山陽道駅路と山陰道駅路の実質的な分岐駅とされたことが考えられよう。さらに、もし山陽道・山陰道併用駅路が渋谷越であったとすれば、それ以前の歌姫越によるルートと山本駅のあたりで合流することになり［足利、一九八五］、これも山本駅が新設された理由となるかもしれない。

その先、山陰道駅路から分岐した山陽道駅路は、男山《おとこやま》丘陵の南端にある谷筋を抜けて、河内国交野郡の楠葉駅（大阪府枚方市の南楠葉・楠葉野田）に到《いた》る［足利、一九九六］。楠葉には淀川の久須婆之度《くすばのわたり》があったと伝承され（『古事記』崇神天皇段）、意祁《おけ》王（後の仁賢《にんけん》天皇）・袁祁《をけ》王（後の顕宗《けんぞう》天皇）が玖須婆之河《くすばのかわ》を渡って播磨国に逃れたという伝承もあり（同安康天皇段）、山陽道諸国へ向かう際の渡河点となっていた。

ここで注目すべきは、山本駅・楠葉駅ともに継体天皇の王宮伝承地に関連する点である。近江・越前に基盤のあった継体は、応神天皇の五世孫でありながら、武烈天皇の後継者として迎えられ、河内国の樟葉宮《くずはのみや》で即位し、山背国の筒城宮《つつきのみや》と弟国宮《おとくにのみや》を経て、大倭国の磐余玉穂宮《いわれのたまほのみや》を営んだと伝わる（『日本書紀』継体紀）。このうち筒城宮は、磐之媛《いわのひめ》（仁徳天皇の皇后）が筒城岡の南に営んだ宮室（同仁徳三〇年九月乙丑条）と伝承される。筒城岡は飯岡《いのおか》（京田辺市）のことで、その南は山本駅の推定地に他ならない。岡田離宮が岡田駅に継承されたように、筒城宮が山本駅に、樟葉宮が楠葉駅に継承されたとしてもおかしくない［菱田、二〇二〇］。

さらにいえば、弟国宮も駅家に継承された可能性がある。時代はかなりくだるが、保安四年（一一二三）八月の山城国富坂荘預解によると、乙訓《おとくに》郡条里の一一条には駅家里《うまやのさと》が存在した（『平安遺文五』一九九七号）。これはかつて乙訓郡にあった山陰道駅路の駅家の名残とみられる。一一条は長岡京域北辺に沿う東西方向の帯にあたり［中山、一九七二］、駅家の所在地は長岡京の西北隅付近が想定されている［足利、一九八五］。弟国宮の中心施設は乙訓寺に転用されたようであるが［菱田、二〇二〇］、関連施設が駅家とされた可能性も否定できない。

楠葉駅から須磨駅へ

楠葉駅から淀川を西へ渡った先には、摂津国島上郡の大原駅がある。その有力候補地である梶原南《かじわらみなみ》遺跡（大阪府高槻市）では、奈良時代の多数の掘立柱建物、柵列《さくれつ》、井戸などが検出され、木簡、墨書土器、横櫛《よこぐし》、斎串《いぐし》、須恵器《すえき》を転用した硯《すずり》、鍛冶《かじ》関連遺物などが出土している。大原駅と楠葉駅は約一二・五キロメートルしか離れていないが、国境をなす大河川の淀川が流れることもあって、両岸に特別に駅家が置かれたのである。

ところが、淀川に山崎（山埼《やまざき》）橋が架かると、こちらを経由するルートが主流になったと考えられる。楠葉駅を約二・五キロメートル北進すると橋本に到り、対岸の山崎まで橋で渡った後、南西に約四キロメートル進むと大原駅に到達する。やや迂回路《うかいろ》になるとはいえ、陸路だけを通行できるメリットは大きい。

山崎橋の架橋には行基《ぎょうき》が関与している。神亀二年（七二五）、船大徳《ふなのだいとこ》（道昭《どうしょう》）が架けた橋の残骸《ざんがい》を目にした行基は山崎橋の再建に取り組み、その管理も目的として、同年に南詰に久修園院《くすおんいん》（河内国交野）を、六年後の天平三年（七三一）に北詰に山埼院（山城国乙訓郡山前郷《やまさきごう》）を建立した（『行基年譜』）。

道昭の伝記に「後に天下を周《めぐ》り遊びて、路の傍に井を穿《うが》ち、諸の津済《わたり》の処に、船を儲《もう》け橋を造りぬ。乃ち山背国宇治橋は、和尚の創造《つく》りしもの也。和尚周り遊ぶこと、凡そ十有余載。勅《ちょく》請《せい》有りて、還りて、禅院に還り住む」とあり（『続日本紀』文武四年三月己未条）、道昭は斉明七年（六六一）に唐から帰国した後、一〇年余り列島各地をめぐり架橋に携わったという。この伝記では宇治橋を特記するが、山崎橋にも関与した可能性が高い。山埼院（山崎廃寺）では、道昭が止住した飛鳥寺《あすかでら》東南禅院と同笵《どうはん》の瓦《かわら》が出土しており、道昭による創建後、行基が再整備したと解されるからである［花谷、二〇〇三］。

右のとおり、平城遷都翌年の和銅四年時には、山崎橋は朽ち果てており、淀川は船などで渡る必要があった。こうした現状を踏まえて、山陽道諸国への最短ルートとなる場所を選んで、楠葉駅と大原駅を新設したと考えられる。

大原駅の次の殖村駅は、難波から三島（摂津国の島上郡・島下郡）へ向かう三島路（『続日本紀』天平一六年二月戊午条、『日本三代実録』元慶《がんきよう》五年正月一九日条）との合流点付近（大阪府茨木市）に想定できる。前後の駅家との距離が短いが、難波との接続を特に考慮して設置されたのであろう〔高村、二〇二〇〕。くわえて、殖村駅の付近には島下郡家も存在していた。全国的にみても、駅家と郡家はしばしば近接地に設けられた。また、この一帯は三島竹村屯倉《みしまのたかふのみやけ》（『日本書紀』安閑元年閏《うるう》一二月壬午条など）の故地でもあった。和銅四年に新設された伊賀国阿閇郡の新家駅が新家屯倉（同宣化元年五月辛丑朔条）と関係するように、屯倉が駅家に継承されたとみられる事例は少なくない〔松原、一九八八〕。先に王宮を駅家に転用したと解される事例をみたが、王宮・屯倉ともに倭王権《わおうけん》の支配拠点に他ならない。

こうした点とも密接に関わるのが、日本の駅家経営は唐に比べて独立性が高かったという事実である。すなわち、日本では専属の駅戸《えきこ》を置き、固有の田地である駅起田《えききでん》とクラを拠点として、田地の耕作や出挙《すいこ》を行ない、その収益を諸経費に充当する仕組みをとっていた。これらは大化前代の屯倉経営をモデルにしたことに由来すると指摘されており〔永田、二〇〇四〕、さらにいえば屯倉・王宮の施設を継承する側面もあったのではないか。

さて、『続日本紀』和銅四年（七一一）正月丁未条では、山陽道駅路の駅家に関する記載は殖村駅で終わるが、『延喜式』兵部式七八条によって、摂津国内において草野駅、葦屋駅、須磨駅と続いたことがわかる。草野駅について、『延喜式』の写本に「ススキ」駅という訓を付けたものがある。しかし、豊前国の「草野」津が「カヤノ」津と呼ばれたように、「草野」は

「カヤノ」と読むこともできる。ともあれ、大阪府箕面《みのお》市萱野《かやの》が遺称地とみてよかろう。

その次の葦屋駅については、深江北町遺跡（神戸市東灘《ひがしなだ》区）から、「駅」と墨書された土器一二点、駅長宛ての文書木簡、多数の馬歯などが出土しており、この近辺に想定されている。木簡のなかには、「呪願師《じゅがんし》」（仏教法会で呪願文《じゅがんもん》を読み上げる僧）が「智識」（善知識。仏道修行を行なう善い友人）を率いて銭を寄進したことを記録したものもある。法会の諷誦《ふじゅ》の草案ともいうべき『東大寺《とうだいじ》諷誦文稿《ふじゅもんこう》』には、「此の堂は（中略）駅路・大道の辺にして、物毎《ごと》に便有り」という文句がみられ、寺院は駅路・大道に面するのがよいとされた。実際、寺院は駅路沿いに多数建立され、駅家の近傍に立地した事例も少なくない。

さらに、葦屋駅から六甲山の南麓《なんろく》を瀬戸内海沿いに西進すると、播磨国との国境をなす鉢伏《はちぶせ》山《やま》が海岸線の間近まで張り出す。その少し手前に須磨駅が置かれたと考えられ、大型掘立柱建物などが検出されている大田町《おおたちょう》遺跡（神戸市須磨区）が有力な候補地となっている。その先、播磨国明石駅までのルートは諸説あるが、最短となる海岸線が基本であったと思われる。

ところで、草野駅と葦屋駅の中間やや西寄りの地点で、難波から有馬温泉へ延びる道（有馬道）が交差していた。この交差点の付近では、天平三年に行基が崑陽施《こやのせ》院《いん》（兵庫県宝塚市）を建立している。平城遷都以前の山陽道駅路は、横大路を西進した後、二上山《にじょうさん》を穴虫《あなむし》峠もしくは竹内《たけのうち》峠によって越え、難波および崑陽を経由して葦屋駅へ向かったと考えられる。その場合、草野駅は既存の山陽道駅路には乗らないので、和銅四年に新置されてもおかしくない。しかし、平城京から遠く離れるためか、『続日本紀』和銅四年条では省略されている。

畿内を通り抜ける六道駅路

さて、山陽道駅路と接続する西海道駅路も含めて、七道駅路の最大の特徴は、律令国家による地方支配の道として機能した点に求められる。たとえば、中央政府が全国に命令を一斉に下す際には、畿内と七道を対象に計八通の文書を作成し、国から国へ順次伝達させた。また、地方統治は日常的には国司が担っていたが、必要に応じて朝廷から使者を派遣することがあり、畿内と七道がその派遣単位となった。類似のことは国内でも実施され、複数の郡が「道前」「道後」などのブロックにまとめられ、文書伝達・使者派遣の単位として活用されたことが判明している［鐘江、一九九三など］。

ここで注意を要するのが、畿内は七道とは別の行政ブロックをなす一方で、六道の駅路も通り抜けていたことである。そのため、一口に六道駅路といっても、畿内と六道で少し状況を異にしたと予想される。この点について、山陽道駅路を素材に考えてみたい。その際、『類聚三代格』大同二年（八〇七）一〇月二五日太政官符が注目される。そこで引用された五日前の太政官符とあわせて、大宰府からの「貢上雑物」（綿、贄《にえ》、交易雑物、年料別貢雑物、紫草など）が減少したことを理由に、大宰府から平安京までの六八駅を対象に三九五匹の駅馬を削減する、という内容である。それまで各駅の駅馬数は、山城国（延暦一三年に山背国から改称。一駅）では三〇匹、摂津国（五駅）では各三五匹、播磨国から長門国までの山陽道諸国（五一駅）では各二五匹、豊前国・筑前《ちくぜん》国の西海道諸国（一一駅）では各二〇匹であった。

厩牧令《くもくりよう》一六条によると、全国の駅路は大路・中路・小路に三区分され、それぞれの駅家には二〇匹、一〇匹、五匹の駅馬が配備される。大宰府と京を結ぶ駅路は大路の扱いを受けたので、各駅二〇匹となるはずであるが、豊前国・筑前国を除いて守られていない。このうち山陽道諸国に関しては、神護景雲二年（七六八）に山陽道巡察使の奏言を受けて、各郡に五匹ずつ置かれていた伝馬が駅家に配置換えとなった（『続日本紀』同年三月乙巳朔条）結果であり、当初は各駅に原則どおり二〇匹ずつ配置されていた。

したがって、令規定を大きく上回る駅馬が配備されていたのは、山城国の山埼駅（三〇匹）、摂津国の大原駅・殖村駅・草野駅・葦屋駅・須磨駅（各三五匹）ということになる。両国の駅馬数が通常よりも多いのは、中央集権体制の構造上、都に近づくにつれ交通量が多くなるからであろう。それを最も端的に示しているのが、各国から毎年定期的に参上する三度使《さんどのつかい》（朝集使《ちようしゆう し》、税帳使《ぜいちようし》、計帳使《けいちようし》）の駅馬利用である。公式令五一条の規定では遠方の朝集使しか駅馬を利用できなかったが、養老四年（七二〇）・同六年には税帳使や計帳使の利用が認められ、しかも畿内諸国と伊賀国・近江国・丹波国・紀伊国を除いた国まで対象となった（『続日本紀』養老四年九月辛未条、同六年八月丁卯条など）。この結果、畿内諸国の負担はさらに大きくなった。

2　奈良時代の六道駅路にあらざる駅路

平城京と難波を結ぶ駅路

畿内には六道駅路にあらざる駅路も存在していた。奈良時代でいえば、平城京と難波を結ぶルートがあげられる。このルートは難波へ行幸する際にもよく使われ、「車駕《きょが》、渋河路《しぶかわのみち》を取りて、還りて知識寺《ちしきでら》行宮《のかりみや》に至りたまう」（『続日本紀』天平勝宝八歳四月戊戌条）、「車駕、竜田道《たつたのみち》を取りて、還りて竹原井行宮《たけはらいのかりみや》に到りたまう」（同宝亀二年二月戊申条など）などとみえる。これは具体的には、平城京―下ツ道―竜田道―渋河路―難波というルートであり、以下「竜田・渋河ルート」と仮称したい。

平城京の羅城門から下ツ道を南下して右折すると、斑鳩《いかるが》から生駒山地（竜田山）と金剛山地の間を抜ける竜田道に接続する。竜田道の北側には法隆寺があり、『日本霊異記』下巻一六縁に「大和国鵤《いかるが》の聖徳王の宮の前の路より、東を指して行く。其の路鏡の如くにして、広さ一町許《ばかり》なり。直《なお》きこと墨縄の如し。辺《ほとり》に木・草立てり」と描写されたように、路面は平らかで、幅広（一町〈約一〇九メートル〉はかなりの誇張であるが）かつ直線的であり、街路樹も備えた道路であった。

竜田山の山中には、行幸途次の滞在施設となった竹原井行宮（河内離宮などとも）があり、青谷《あおたに》遺跡（大阪府柏原市）がそれに該当する。竜田山を河内国へ抜け出て、旧大和川に架かる河内大橋（『万葉集』巻九―一七四二・一七四三番歌題詞）を渡った後、旧大和川（平野川）に沿って北西へ走る渋河路を使えば、難波へ到ることができる。

このうち竜田道には平群駅《へぐり》も置かれていた。『日本霊異記』中巻第一七縁に「平群駅の西方に、少《ちい》さき池あり」とみえる。その想定地の一つが平隆寺《へいりゅうじ》(奈良県三郷町)付近である。平隆寺の西にある「三宅畠」「池ノ辺」の地名を参考に、天平一七年(七四五)に聖武天皇が難波宮から平城宮へ帰る途中に立ち寄った「宮池駅」(『続日本紀』同年九月己卯条)を平群駅の別名とする見方も出されている[安村、二〇二〇]。

また、延暦三年(七八四)長岡遷都にともなって、南海道駅路は生駒山西麓を南北に縦断するようになるが(3節)、このルート上の津積《つつみ》駅は「馬場先」「前田」「前畑」などの地名が残る安堂(大阪府柏原市)に比定でき[塚口、一九九七]、竜田道との交差点付近に立地していた。津積駅は河内大橋の東詰にあたり、当初は竜田・渋河ルート上の駅家であった可能性もある。

ところで、河内大橋の東詰付近には、天平勝宝八歳(七五六)に孝謙天皇が難波へ行幸する際に立ち寄った「智識寺南行宮」(『続日本紀』同歳二月戊申条)も存在していた。これは前掲史料の「智識寺行宮」に同じである。智識寺には盧舎那仏《るしゃなぶつ》が安置されており、天平一二年に難波への行幸の途次に本寺に立ち寄った聖武天皇に対して、大仏造立のきっかけを与えたことで著名である。

天平勝宝元年、東大寺*大仏鋳造の完了を目前にして、孝謙天皇も智識寺に行幸しており、その際には「茨田宿禰弓束女の宅」を行宮としている(『続日本紀』同年一〇月庚午条)。智識寺の南西約二〇〇メートルの地点にある安堂遺跡では、多数の建築材を廃棄した土坑から、車を使って稲を進上したことを示す文書木簡や、天平一八年の年紀をもつ若狭国遠敷《おにゅう》郡の調塩荷札、近江国浅井郡の荷札三点などが出土している。これらの木簡の検討を通じて、公費を投じて東女の宅が智識寺南行宮に改造された可能性が指摘されている［塚口、一九九七］。

さらに、宮・屯倉と駅家との密接な関係（1節）を踏まえて想像の翼を広げれば、智識寺南行宮が津積駅に転化したことも考えられる。そうであれば、津積駅の成立は延暦三年頃ということになる。

西海道諸国・東アジア世界との接続

竜田・渋河ルートを使った事例として、天平勝宝元年（七四九）、豊前国宇佐郡の八幡大神《やはたのおおかみ》が託宣を伝えるために入京したときのものがあげられる。参議と侍従が迎神使として遣わされ、路次諸国で差発された兵士一〇〇人以上に前後を駆除させながら、八幡大神が清掃された道路をたどった（『続日本紀』同年一一月甲寅条）。「平群郡《へぐり》」では五位一〇人、散位《さんに》二〇人、六衛府舎人《とねり》各二〇人による迎接を受けている（同一二月戊寅条）。迎接の場となった「平群郡」とは、具体的には平群駅のことであろう［坂本、一九八九］。最後まで山陽道駅路を使って平城京に入ることもできたが、途中で折れて難波へ向かい、竜田・渋河ルートを使って平城京を目指したことになる。

竜田・渋河ルートが西海道とも接続していたことは、天平四年（七三二）に西海道節度使として任地に赴いた藤原宇合《うまかい》に従った、高橋虫麻呂が詠んだ歌に「竜田山」「竜田道」がみえる点からもうかがわれる（『万葉集』巻六―九七一番歌）。難波から先については、陸路を使って八幡大神と逆のルートをたどった可能性のほかに、瀬戸内海航路によった可能性も考えられる。

大宰府官人・西海道国司は海路を使って赴任することが多く（『続日本紀』神亀三年八月乙亥条）、竜田・渋河ルートで難波津へ向かった可能性が高い。

さらに竜田・渋河ルートは、東アジア世界とも接続していた。『東大寺要録』巻四所収の大和尚伝によると、唐僧鑑真《がんじん》の一行は平城京へ入る際、「難波駅」→「河内国守藤原魚名の庁」→「平涼駅」→「南閭門」の順に移動している。「難波駅」は3節で検討したいが、迎賓館である難波館《なにわのむろつみ》（客館、鴻臚館《こうろかん》）を指すと考えられる。「河内国守藤原魚名の庁」は河内国庁もしくは国守館であり、河内大橋のすぐ西側に所在した。「平涼駅」は平群駅であろう［坂本、一九八九］。当初、鑑真らは平群駅に宿泊する予定であったが、勅使に促されて、休息せずに平城京へ向かっている。「南閭門」は平城京羅城門で、そこで慰労された。

中国の都城が四方を城壁で囲まれたのに対し、平城京は南面だけに遮断施設があり、その中央に開く羅城門が正式な玄関口となっていた。羅城門の外側は三橋《みつはし》（三椅）と呼ばれ、新羅《しらぎ》使や唐使が入京する際に、迎接の場として使用された（『続日本紀』和銅七年一二月己卯条、宝亀一〇年四月庚子条）。遣唐大使佐伯今毛人《いまえみし》が出立のため羅城門に到ったとき、病と称して留《とど》まったという逸話も知られる（同宝亀八年四月戊戌条）。外国使節は羅城門をくぐる必要があり、これに接続する竜田・渋河ルートを使ったのである。八幡大神が竜田・渋河ルートを通行したのも、羅城門から入京するために他ならない。

瓦葺粉壁の駅館

ここで次の『日《に》本後紀《ほんこうき》』大同元年（八〇六）五月丁丑条が想起される。

勅すらく、「備後・安芸・周防・長門等の国の駅館《えきかん》は、本として、蕃客に備えて、瓦葺粉《がしゅうふん》壁《へき》とす。頃年《このごろ》、百姓疲弊し、修造すること堪え難し。或は蕃客入朝するに、便ち海路に従う。其の破損は、農閑に修理せよ。但し長門国の駅は、近く海辺に臨み、人の見る所と為る。宜しく特に労を加えて、前制を減ずること勿《な》かるべし。其の新に造るは、定様を待ちて造れ」とのたまう。

「蕃客」すなわち外国使節の来朝に備えて、山陽道諸国の駅館が「瓦葺粉壁」（瓦葺《かわらぶ》き屋根で白壁）の仕様であったことを伝える。名前のあがる備後国・安芸国・周防国・長門国は、あくまでも駅館の修造に耐えがたかった国々である。残りの播磨国・備前国・備中国の駅館も瓦葺粉壁であったことは、播磨国の布勢《ふせ》駅（子犬丸《こいぬまる》遺跡）や野磨《やま》駅（落地《おろち》遺跡飯坂地区）の実例などから明らかである［高橋、一九九五など］。

『延喜式』玄蕃式九二条によると、外国使節は日本側の領客使《りょうかくし》に引率されて入京するが、必要な駄や人夫は路次の国郡が準備した。路中において、外国使節と交雑すること、外国人使節が日本人と言葉を交わすこと、通過する国郡の官人が特に理由もなく外国使節と接見することが禁じられ、停宿地では外国使節が自由に出入りすることも許されなかった。

『続日本紀』天平元年（七二九）四月癸亥条に「山陽道諸国の駅家を造らんが為に、駅起《えきき》稲《とう》五万束を充つ」とあり、これを契機に山陽道諸国の駅家は瓦葺粉壁に改造されたと考えられている。その約四ヵ月後の天平改元にともなって各種の恩典が宣命《せんみょう》で発せられたが、その一つに

「大宰府に到る路次の駅戸」の租調免除があった（『続日本紀』天平元年八月癸亥条）。これは駅家の改造と無関係であったとは考えにくく、その対象には山陽道駅路のみならず、その先の大宰府までの西海道駅路も含まれていたことがわかる。

そして、『藤氏家伝《とうしかでん》』武智麻呂《むちまろ》伝に「仍《よ》りて京邑と諸の駅家とを営み飾り、人に瓦屋と赭《あかつち》堊《しらつち》の渥《あつ》き飾りとを許す」とあるように、平城京内の家屋も駅家と同じく瓦葺き・朱塗り・白壁とされた。平城京内の家屋に関しては、『続日本紀』神亀元年（七二四）一一月甲子条に関係記事があり、平城京は帝王の居所であるばかりでなく、万国が朝貢してくるところであるので、それにふさわしい壮麗な都にする目的であったことがわかる。

平城京の整備が始まって五年後に山陽道駅家の改造に着手したことになるが、その間の神亀三年には難波宮（後期難波宮）の造営が始まり（『続日本紀』同年一〇月庚午条）、難波京も整備された。難波津の近辺には、外国使節の滞在する難波館も存在する。その後、天平四年には造客館司が任命され（同年一〇月癸酉条）、平城京にも客館（後の鴻臚館）が造られる。

これらは外国使節の入朝を強く意識した一連の政策であり、日本的な中華思想を体現するための施設を整備することに重点があったといえる。

外国使節の入朝ルート

ここで少し問題となるのは、『延喜式』玄蕃式九四条の規定である。そこには、①新羅客が入朝する際に、敏売崎《みぬめのさき》と難波館で神酒《みき》を給《たま》うこと、②外国使節が海路で入朝した際に、摂津国の使者が難波津沖で迎接すること、などがみえる。敏売崎は和田岬（神戸市兵庫区）のことで〔坂江、一九九八〕、畿内の西端に位置する。これらは外国使節が海路を使って難波津に入港したことを示し、陸路を使った入京を規定する玄蕃式九二条との関係が問題となってくる。従来の研究では、難波津に入港する以上、瀬戸内海航路が使われたはずであり、山陽道駅路は用いられなかった、と考えてきたように見受けられる〔平野、一九八八〕。その場合、玄蕃式九二条と同九四条は両立し得ないものとなってしまう。

しかし、果たしてそうであろうか。この二つの規定に挟まれた玄蕃式九三条には、外国使節の往還に際して、もし水陸二路があるならば、領客使が国司・郡司と相知って、便宜をはかって一路を事前に定めるように規定している。つまり、全行程を水路（海路）と陸路のいずれか一方に固定するのではなく、国・郡を単位に適宜使い分ける柔軟性を兼ね備えていたのである。この点に着目すれば、外国使節が主として山陽道駅路をたどって東へ進み（ただし、部分的に瀬戸内海航路を織り交ぜることも可能）、途中で海路に切り替え、敏売崎を経て難波津・難波館へ向かった、と考えることが可能になってくる。その切替地点として想定されていたのは、以下の理由から、畿内を目前に控えた播磨国東端の明石駅と推定する〔市、二〇二二〕。

『播磨国風土記』逸文に、次のような仁徳朝の伝承がみえる。明石駅家の駒手《こまで》の御井《みい》のほとりにあった楠《くすのき》を伐《き》って舟を造ったところ、飛ぶような速さであったので、「速鳥」と名づけた。この舟で御食《みけ》のための水を朝夕届けていたが、ある日の朝、御井の水を汲《く》むのに手間取り、時間に間に合わないことがあった。そこで、速鳥を皮肉って、「住吉《すみのえ》の　大倉向きて　飛ばばこ

そ　速鳥と云はめ　何か速鳥」という歌が詠まれたという。

御食用の水の送り先である「住吉の大倉」は、上町台地南端部の住吉の地にあった大蔵となるが、仁徳朝という時代設定に着目すると、仁徳天皇が王宮とした難波高津宮《なにわのたかつのみや》の大蔵を指すとみることもできる。上町台地の北端部、難波宮の北西に位置する法円坂《ほうえんざか》遺跡（大阪市中央区）では、五世紀前半頃の一六棟の大型倉庫群がみつかっており、これを難波高津宮に関連づける見解もある。右の伝承は史実そのものではないが、明石駅と難波を結ぶ瀬戸内海航路の存在を示唆していて興味深い。

また、少し時代はくだるが、仁和《にんな》四年（八八八）に讃岐守《さぬきのかみ》の菅原道真《すがわらのみちざね》が帰任する際に、明石駅に寄っている（『菅家文草《かんけぶんそう》』巻四）。当時、讃岐国司は海路で赴任するのが一般的であった（『延喜式』太政官式一七条）。帰任の際にも海路をとった可能性があり、その途中で明石駅を使ったと考えられる。明石駅は陸上交通制度である駅制の拠点として設けられたが、あわせて海上交通の拠点としても機能したのである。

それでは、外国使節が実際に山陽道駅路を通行したことはあるのか。外国使節の多くが難波津に入港していることを主な根拠として、否定的な見方が一般的である［平野、一九八八］。しかし、先の考察を踏まえるならば、難波津に入港したからといって、山陽道駅路が使用されなかったとは必ずしもいえない。

ここで注目したいのは、宝亀一〇年（七七九）に入京した唐使である。平城宮の朝堂で催された饗宴《きようえん》において、光仁天皇は中納言を介して、「客ら来朝せる道次において、国宰《くにのみこともち》の祇供《しく》することと、法の如くなりや不《いな》や」（唐客が来朝する際の道次において、国司による祇供は礼法にかなうものであったか）と尋ね、唐使の孫興進が「路次の国宰、祇供すること法の如し」（路次の国司は、礼法にかなった祇供でした）と答えている（『続日本紀』同年五月丁巳条）。六国史《りっこくし》における「路次」の用例を調べると、陸路と考えられるものばかりである。この点から筆者は、宝亀一〇年時の唐使は基本的に山陽道駅路を往来したと考える［市、二〇一二］。

また、文武元年（六九七）に、新羅使を迎えるための使者（領客使）が陸路と海路に分けて派遣され（同文武元年一一月癸卯条）、和銅二年（七〇九）にも同様の措置がとられている（同和銅二年三月辛未条）。これらは新羅使の入朝ルートを直接示すものではないが、陸路・海路ともに入朝ルートになり得たことを物語るのではないか。また、あくまでも漂流民ではあるが、覩《と》貨邏《から》人を駅をもって召したこと（『日本書紀』斉明三年七月己丑条）、耽羅《たんら》島《とう》人が陸路を使って向京したこと（天平一〇年度周防国正税帳《しょうぜいちょう》）も参考になろう。

たしかに、天平勝宝四年（七五二）入朝の新羅王子金泰廉《きんたいれん》一行のように、瀬戸内海航路を全面的に使用したとみられる事例もある。しかし一方で、山陽道駅路を使ったと覚しき事例もある。律令国家はかなりの労力をかけて駅家を瓦葺粉壁に改造したことからみても、機会があれば外国使節に山陽道駅路を通行させる心づもりであったのではないか。実際には瀬戸内海航路も多く使用されたようであるが、駅家の改造が完了していない時期を除けば、それは路次諸国の負担が過大なものとなる点が特に考慮されたためと推測される。

駅路の相対化

さて、平城京の羅城門から朱雀門までの約三・七キロメートル、道幅が約七〇メートルもある朱雀大路がまっすぐ延びていた［今泉、一九九三］。さらに朱雀門を通過し、朝堂院南門ならびに大極殿南門をくぐると、万物の根源や宇宙の中心を象徴する殿舎、すなわち大極殿に到る。朱雀大路は北へ向かって緩やかな登り勾配《こうばい》で、羅城門と朱雀門との高低差は約一四メートル、羅城門と大極殿との高低差は約二一メートルであった。両側には高さ約六メートルの築地《ついじ》塀《べい》（坊城垣）が視界を遮り、朱雀大路を北進する者の目に朱雀門・大極殿が飛び込む構造となっている。朱雀大路は天皇権力を可視的に象徴する道路であった。

奈良時代の天皇はしばしば京外へ行幸したが、まずは朱雀大路を通行したと考えられる。宮衛令二六条では、行幸の際に従駕《じゅうが》者は「鹵簿《ろぼ》図」（行幸の隊列を示した図）に従うべきことを規定しており、古記（大宝令の注釈書）が「鹵簿図」の語に次のような注を付けている。

> 鹵簿図、謂《い》うこころは、行幸の図也。仮令《たとえば》、芳野《よしの》に行くに、左右京職、道に列《つら》なる。次に隼人司・衛門府、次に左衛士府、次に図書寮。（中略）羅城の外に至らば、倭国《やまとのくに》道に列なり、京職停止する也。

古記は天平一〇年（七三八）頃に作成されたので、同八年の芳野（吉野）行幸が念頭に置かれている可能性が高い。「羅城」（羅城門）において、行列を先導する官司が左右京職から倭国（大倭国）の国司に交替することが記載されており、朱雀大路を通行したことが判明する。

同じく、伊勢神宮へ奉幣使《ほうべいし》を派遣する際にも、「宮城を出るの日、左右京職の主典以上、坊令・兵士を率い、外門に相迎し、京極に送る。近江・伊賀・伊勢等の国、彼の堺に至るごとに、目《さかん》以上一人、郡司・健児等を率い、送迎・祇承《しぞう》」している（『類聚三代格』貞観《じょうがん》四年一二月五日太政官符）。「外門」（朱雀門）から「京極」（羅城門）までは左右京職が、その先は各国の国司が送迎の任務にあたっている。『太神宮諸雑事記《だいじんぐうしょぞうじき》』天平宝字二年（七五八）九月条に「御祭主《ごさいしゅ》清麻呂卿参宮の間（中略）爰《ここ》に上下向かうの間は、路次国司、祇承を差し、迎送・調備・供給し、夫々馬を進り、道橋等を修造せしむるの例也」とあるので、奈良時代にも同様の対応がとられたとみてよい。

そこで注目したいのが、天皇の代替わりなどに伊勢へ派遣された斎王《さいおう》である。『続日本紀』を繙《ひもと》くと、「久勢《くせ》女王を遣わして、伊勢太神宮に侍らしむ。従官に禄を賜うこと、各差《しな》有り。是の日、発入す。百官送りて京城の外に至りて還る」（養老元年四月乙亥条）、「是より先、県《あがた》女王を斎王と為《な》しき。是に至りて発入す。大臣已下、門の外に送り出す。諸司も亦送りて、京の外に至りて還る」（同天平一八年九月壬子条）といった記載があり、百官が伊勢に向かう斎王を京城外まで見送っている。百官を従えた斎王の群行《ぐんこう》ルートとしては、何といっても朱雀大路がふさわしい。羅城門から先については、下ツ道をしばらく南下した後、和銅八年（七一五）に開通した「都祁山《つげやま》の道」（『続日本紀』同年六月庚申条）を使って、大和高原の山中から名張《なばり》に抜け出て、現在の近鉄大阪線に近いルートを通って斎宮（三重県明和町）へ向かった。

この奈良時代における斎王の群行ルートは、伊勢神宮に派遣された奉幣使も通行していた可能性がある。また、恭仁遷都につながる天平一二年（七四〇）東国行幸の際にも、聖武天皇とその従駕者たちは壱志《いちし》郡まで同じルートをたどっている。その途中の川口には、「謹解　川口関務所　本土返還夫人事　伊勢国」と書かれた木簡（『平城宮木簡一』七九号）があるように、関所が置かれており、主要なルートと認識されていた。しかしそれにもかかわらず、このルートは平城京から壱志郡までの区間は駅路の扱いを受けていない。奈良時代における東海道駅路の本線は、現在のJR関西本線に近いルートを使って、伊賀・伊勢両国の北部を通り抜けるもので、途中の鈴鹿から斎宮・伊勢神宮・志摩国までは支線が延びていた。

このように、たとえ国家的に重要な道路であったとしても、必ずしも駅家が配備されたとは限らなかった。駅路を絶対的な存在と考えてはならない。なお、伊勢神宮への奉幣使は駅使の待遇を得た可能性が高いが、そのルート上に途中まで駅家が存在しない点は疑問に感じるかもしれない。しかし上記のとおり、通過する国々から種々の奉仕を受けることができるので、特に問題にはならなかったと考えられる。

3　平安時代初頭における交通体系の再編

長岡・平安遷都による駅路の変更

桓武天皇の治世下である延暦年間には、交通制度が大きく再編される。まず、延暦三年（七八四）の長岡遷都、同一三年の平安遷都による駅路のルート変更からみていこう。

長岡京の大きな特徴は、桓武天皇が「朕、水陸の便あるを以て、都を茲《こ》の邑《ゆう》に遷す」（『続日本紀』延暦六年一〇月丁亥条）、「朕、（中略）水陸便ありて、都を長岡に建つ」（同七年九月庚午条）と述べたように、水陸交通の要衝であった点にある。水上交通の面では、桂川・宇治川・木津川が合流する淀や山崎の付近にあたっている。陸上交通の面では、古くから山陰道駅路が貫いており、山崎橋を介した山陽道駅路もすぐ近くを走っていた。東山道・北陸道の併用駅路についても、巨椋池《おぐらいけ》の北岸域、桃山丘陵の南端をかすめる東西道路（横大路）によって、六地《ろくじ》蔵《ぞう》（京都府宇治市）のあたりで既存のルートと接続できた。

一方、東海道駅路と南海道駅路は大きくルート変更された。東海道駅路は近江国の瀬田駅まで東山道駅路と同一ルートをとり（逢坂山までは北陸道駅路とも重なる）、伊賀国東北部の柘植《つげ》（三重県伊賀市）まで南下して、はじめて既存のルートに接続できた。また、南海道駅路については、山崎橋および楠葉駅を経由して、生駒山地・金剛山地の西麓を南下して紀見峠《きみとうげ》を越えるようになり、橋本（和歌山県橋本市）付近でようやく既存のルートに接続できた。長岡遷都の約四ヵ月前、阿波国・讃岐国・伊予《いよ》国に「山埼橋の料材」を進上させた（『続日本紀』延暦三年七月癸酉条）のは、南海道駅路のルート変更をにらんだ措置であった。

しかし、大規模な洪水や早良《さわら》親王の祟《たた》り、長岡京の抱える構造的欠陥や矛盾が露《あら》わになり、わずか一〇年で長岡京は放棄され、北東の平安京へ遷ることになる。ただし、同じ盆地内での遷都であったため、駅路のルート変更は小規模で済んだ。

山陽道・南海道駅路は、平安京の朱雀大路から南へ続く鳥羽の作り道、ついで南西に走る久《こ》我《が》縄手《なわて》を経て山崎に到ると、その後は長岡京時代と同じルートをたどる。また、山陰道駅路は、鳥羽の作り道を途中で西に折れ、大縄手を西にとたどって既存ルートに接続し、丹波国との国境となる老《おい》ノ坂《さか》峠を越えていった。

一方、東海道・東山道・北陸道の駅路は、粟田口《あわたぐち》から日ノ岡峠を経て山科《やましな》盆地の北側を東へ進み、その先は長岡京の時代と同じく逢坂山を越えていった。

少し問題となるのは、粟田口までのルートである。朱雀大路・鳥羽の作り道を南下し、山陰道駅路とは逆に大縄手を東にたどってから、平安京東辺を北上して粟田口に入るという見方がある〔足利、一九八五〕。これは、六道駅路のすべてが平安京の朱雀大路と羅城門を通過するとみるものである。たしかに一理ある見方であるが、粟田口までかなりの迂回路となる点は否めない。東三条大路を東進すれば直ちに粟田口に到達でき、こちらをむしろ東海道・東山道・北陸道併用駅路とみることもできよう。そもそも二者択一の問題ではなく、緊急性が高い場合には東三条大路を通行し、伊勢神宮奉幣使や渤海使《ぼっかいし》の入朝など儀礼性が高い場合には、羅城門・朱雀大路を通過するルートがとられた、とみるのが実態に近いと考える。

難波と山崎を結ぶ駅路

ところで、長岡遷都直前の延暦二年（七八三）、西成《にしなり》郡の江北（難波堀江の北）にある東大寺寺家荘と東生《ひがしなり》郡の江南にある勅旨荘が交換され、前者は駅家（以下「西成郡駅」と仮称）に生まれ変わった（『平安遺文』一号）。この新駅の所在地については、『河海抄《かかいしょう》』巻六に「一説云、渡辺橋東に楼岸といふ所あり、昔此所に駅楼を立と云々」とあるように、堀川の周辺で大川を挟んだ南北の地域が港湾都市「渡辺」であるので、現在の天神橋の北詰東側と推定できる［西本、二〇一四a］。

　ここで問題となるのが、先の大和尚伝に登場した「難波駅」との関係である。西成郡駅が東大寺寺家荘を転用した以上、明らかに「難波駅」とは別物である。奈良時代の「難波駅」は、平城京との接続に便利な場所に設けられたはずで、江南（難波堀江の南）に所在したとみるのが自然である。そこで注目されるのが、天神橋の南詰付近に所在した難波館である。難波館は外国使節の滞在施設であり、唐僧の鑑真が利用したとしてもおかしくない。大和尚伝に出てくる「難波駅」とは、具体的には難波館を指すのではないか。

　話を延暦二年に誕生した西成郡駅に戻すと、ここは三島路の起点にあたっている。殖村駅の付近で山陽道駅路に合流し、山崎を経て長岡に達することができた。西成郡駅の設置された翌年に、難波宮を解体・移築する形で長岡宮が造営されたのは、決して偶然ではあるまい。

　そこで注目すべきは、『類聚三代格』大同二年（八〇七）一〇月二五日太政官符が初見となる山埼駅である。その設置時期は、和銅四年（七一一）以降であることがわかるにすぎない。一つの考え方は、行基による山崎橋の架橋を契機に設置された、とするものである。山埼駅は嵯峨《さが》天皇が水生野《みなせの》や交野で遊猟した際に行宮とされ（『日本後紀』弘仁《こうにん》二年閏一二月甲辰条、同四年二月己亥条）、山埼離宮（『類聚国史』弘仁五年二月乙未条）や河陽《かや》宮（同一〇年二月己巳条、同一三年一〇月甲午条、『文華秀麗集』など）などとも呼ばれた。その推定地から出土する八世紀代の青谷式軒瓦（竹原井頓宮である青谷遺跡で出土する瓦と同笵であるが、笵傷が進んだもの）に着目し、これを山埼駅に当初から葺《ふ》かれていた瓦とする見方がある［上原、二〇〇七］。これは山陽道諸国の駅家が瓦葺きであったことを念頭に置いた見解である。

しかし2節で述べたように、奈良時代には外国使節は難波を経て入京し、山崎の通行は想定されていなかったはずである。また、山埼駅の南西約四キロメートルの地点には大原駅があり、山埼駅を設置する必要性に乏しい。青谷式軒瓦については、当初から山埼駅に葺かれていたのではなく、竹原井頓宮を解体して再利用したものとする見方もある［古閑、二〇〇二］。これらの点を勘案すると、山埼駅は長岡遷都を契機に設置されたとみるのが穏当ではないか。すなわち、山埼駅は西成郡駅とほぼ同時に設置され、三島路と山陽道駅路で連結されたと考える。

ともあれ、山埼駅と西成郡駅を結ぶルートは、六道駅路にあらざる駅路として整備された。また、両駅は淀川にも面しており、陸路のみならず水路でもつながっていた［中、二〇一五］。延暦五年、摂津職の言上を受けて畿内諸国の駅子の調が免除されたが（『続日本紀』同年九月丁未条）、その背景には難波と長岡を結ぶ交通量の増大があった可能性がある［高村、二〇二〇］。

三国川・淀川ルートの整備と難波

長岡遷都の翌年にあたる延暦四年（七八五）、淀川と三国川（神崎川）を直結する水路が整備された（『続日本紀』同年正月庚戌条）。これによって、淀川河口部の難波を通らず瀬戸内海へ出られるようになった。後世、淀川と三国川の分岐点にあたる江口は、三国川河口部の神崎・蟹島とともに大いに賑《にぎ》わう（『遊女記』など）。

延暦八年、東国への玄関口となる三関《さんげん》（鈴鹿関、不破《ふわ》関、愛発《あらち》関）が停廃され（『続日本紀』同年七月甲寅条）、その四ヵ月後には摂津職による公私の使の検察も停止される（同一一月壬午条）。後者は難波関が機能停止したことを物語る。延暦一二年には、難波宮の廃止を理由に、摂津国の統治機関が摂津職から摂津国司に格下げされた（『類聚三代格』同年三月九日太政官符）。そして、平安遷都から二年後の延暦一五年には、大宰府管内の奸徒《かんと》がみな難波に集まるため、摂津国司による交通検察を復活してほしいと、大宰府は申請したが、太政官はそれを却下するという一幕もあった（『類聚三代格』同年一一月二一日太政官符）。

しかし、難波はそのまま廃れたわけではない［西本、二〇一四b］。延暦二四年、摂津国府が江頭（堀江のほとり）に移されており（『日本後紀』同年一一月乙酉条）、難波津の管理が念頭にあったと考えられる。弘仁三年（八一二）、三島路にある長柄橋が再建されたが（『日本後紀』同年六月己丑条）、これは摂津国府との連絡の便宜をはかるための措置とみられる。

天長二年（八二五）と承和二年（八三五）の二度、摂津国府を河辺郡為奈野《いなの》・豊島《てしま》郡家以南へ移転する計画がもちあがるが、承和一一年に鴻臚館を国府に再利用することで決着した（『続日本後紀《しょくにほんこうき》』承和一一年一〇月戊子条など）。また、天長二年、摂津国の江南四郡（東生郡、西成郡、百済郡、住吉郡）を和泉国に移管するが（『日本紀略』同年三月癸酉条）、半年もせず摂津国に戻された（同閏七月壬辰条）。

さらに、難波が経済の中心地でもあり続けたことは、米穀が騰貴した際に山崎津とともに難波津の酒家の甕《かめ》が封じられたこと（『日本後紀』大同元年九月壬子条）、国際交易で活躍した文室《ふんやの》宮田麻呂《みやたまろ》が難波宅を所持していたこと（『続日本後紀』承和一〇年一二月丙子条）などからうかがうことができる。

以上から、延暦四年における三国川・淀川ルートの整備は、都から瀬戸内海へ出るためのルートを二つ確保する狙いがあったと理解できよう。たとえば、西国諸国からの貢進物は基本的に三国川・淀川ルートを使って運漕《うんそう》されたが、大宰府貢進物は大型船が使用されたため（『延喜式』雑式四三条）、難波津に寄港する必要があり（同主税式上一一六条）、そこで荷物を付け替えて淀川を川船で遡上したようである。

駅伝制の再編成

延暦年間には駅伝制度も再編成される。なかでも重要なのが、延暦一一年（七九二）の伝馬廃止である。もともと伝馬はすべての郡に一律五匹ずつ配備され（厩牧令一六条）、中央から地方に派遣される使者（朝使）や赴任地へ向かう新任国司などの交通手段とされた。しかし、八世紀後半以降、朝使は駅馬を利用する機会が増える。それもあって、延暦一一年に伝馬は軍団兵士とともに廃止された（『類聚三代格』延暦一一年一二月某日太政官符）。すでに山陽道諸国では神護景雲二年（七六八）に伝制が廃止されており（『続日本紀』同年三月乙巳朔条）、それが延暦一一年に全国化したものといえる。ただし、神護景雲二年時には廃止分の伝馬が駅家に振り分けられたが、延暦一一年にはそうした措置はとられず、純粋な伝馬の廃止となった。

その後、延暦二一年から同二四年までの間に伝馬は再設置されるが［大日方、一九八五］、かつての全郡設置の原則は放棄された。『延喜式』兵部式七八〜八五条によると、基本的に駅路の通る郡だけに伝馬は再設置され、常陸《ひたち》・陸奥《むつ》といった七道駅路の最遠部にある国では、国府所在地へ到るのに必要な分しか設けられなかった。その理由としては、「伝馬の設は、唯だ新任の司を送るのみにして、自外は乗用する所無し」（『日本後紀』弘仁三年五月乙丑条）とあるように、伝馬は新任国司の赴任専用とされたからである［永田、二〇〇四］。

また、『延喜式』段階では、畿内・山陽道・南海道諸国には伝馬が置かれていないが、海路による赴任が一般化していたことが大きく関係する。すなわち、法制上の海路利用者は、八世紀には六位以下の大宰府官人・西海道国司に限られていたが、大同元年には山陽道諸国の新任国司も含まれ（『類聚三代格』同年六月一一日太政官符）、最終的に山陽道諸国では備前以西の国司、南海道諸国では阿波以遠の国司、大宰府では帥・大弐以外の官人、西海道の全国司にまで拡大している（『延喜式』太政官式一七条など）。

なお、東国方面および山陰道諸国へ赴任する際には、海路を使うことは基本的にないが、途中通過する近江国や丹波国が平安京に近かったこともあり、山城国内に伝馬は置かなかったようである。

駅制に関しても、延暦年間から弘仁年間にかけて駅路が再編成された。冒頭で述べたように、都から放射状に直接延びる本線と、そこから外れる国までの支線を基本とするものに整理され（当然、駅家も整理される）、道幅も六メートル前後に縮小していった。また、1節で言及したように、大同二年（八〇七）、大宰府の「貢上雑物」が減少したことを理由に、大宰府から平安京までの駅馬数が削減される。「貢上雑物」の減少とは、貢納量そのものの減少ではなく、陸路を使った輸送の減少のことである。

大同二年の駅馬削減数をみると、播磨国から筑前国までは各駅五匹にとどまったが、山城国（山埼駅）では一〇匹、摂津国内の五駅（大原駅、殖村駅、草野駅、葦屋駅、須磨駅）では各一五匹にも及んだ。もともと畿内諸国では駅馬数が多かったとはいえ、かなり大幅な削減といってよい。こうして大同二年以後、山埼駅と摂津国内の五駅すべてにおいて、山陽道諸国の駅家と同じ二〇匹ずつ駅馬が配備されることになった。

ところが、『延喜式』兵部式七八条によると、山埼駅は二〇匹のままであったが、摂津国内の大原駅と殖村駅はすでになく、残り草野駅は一三匹、須磨駅は一二匹、葦屋駅は一三匹にまで削減されている。また、延暦二年設置の西成郡駅も廃止されている。大原駅が廃止されたのは、山埼駅に近接していたからであろう。また、殖村駅と西成郡駅の廃止は、平安京と難波を陸路で運ぶ必要性が低下したことと関係しよう。殖村駅を廃止したのは、その前後の山埼駅と草野駅の距離が約二二キロメートルにとどまり、約一六キロメートルの間隔で駅家を配置する原則と照らし合わせて、さほど無理がなかったことも考慮されたはずである。

これに対して、山埼駅が大同二年以降も二〇匹のままであったのは、当駅が山陽道駅路のみならず南海道駅路の最初の駅家となっていたためである。南海道駅路上の河内国・和泉国の各駅の駅馬数はすべて七匹であるので、山埼駅の駅馬二〇匹のうち、一三匹が山陽道駅路用、七匹が南海道駅路用となる。草野駅・葦屋駅が各一三匹、須磨駅が一二匹であるのは、このことに関わっている。

一方、播磨国以西の駅馬数は、『延喜式』兵部式八三条によれば、基本的に二〇匹のまま変わりなかった。ただし例外的に、明石駅・草神駅は各三〇匹、賀古駅は四〇匹となっているが、廃止された駅家の駅馬を前後の駅家に振り分けたことによる〔高橋、一九九五〕。

山埼駅（山陽道駅路分）・草野駅・須磨駅・葦屋駅の駅馬数が少数で済むようになったのは、摂津国内を移動する際に、淀川・三国川・瀬戸内海を使う頻度が高まった結果と考えられる。日本列島では水上交通が盛んなところ、駅伝制度は陸上交通を中心に構築された。しかし時代とともに、公的交通に占める水上交通の割合が増し、駅伝制度を変容させていったのである。

おわりに

本稿では畿内の駅家・駅路を中心に検討した。論点は多岐にわたったが、特に重要な点をまとめておこう。

①畿内は七道とは別の行政ブロックをなす一方で、都から放射状に延びる六道の駅路が通り抜けた。畿内と近国では、遷都にともなって駅路のルートがしばしば変更された。中央集権体制の構造上、都に近づくにつれ交通量が多くなるという事情もあって、少なくとも山陽道駅路をみるかぎり、畿内の駅家には通常よりも多くの駅馬が設置されていた。しかし

平安時代になると、瀬戸内海航路の使用が増加し、淀川・三国川を使う頻度が高まったこともあり、畿内の駅馬数は大幅に削減されていった。

②畿内には、平城京と難波を結ぶルート（竜田・渋河ルート）、難波と山崎を結ぶルートのように、六道駅路にあらざる駅路も存在した。このうち奈良時代の竜田・渋河ルートは、難波津・瀬戸内海を経由して、西海道諸国や東アジア世界ともつながっていた。入朝した外国使節が入京する際には、基本的に山陽道駅路をたどりながら東進し、播磨国明石駅で海路に切り替えて難波津に入った後、竜田・渋河ルートを経て平城京羅城門に到り、朱雀大路を北進することになっていた。

③畿内の駅家のなかには、王宮（岡田離宮、筒城宮、樟葉宮、弟国宮など）、屯倉（三島竹村屯倉など）の施設を継承したと覚しきものがある。日本の駅家経営は屯倉経営がモデルになったことが指摘されているが、屯倉・王宮の施設を継承した側面も評価すべきである。

本稿では主に畿内を取り上げたが、畿外の交通について考える際にも、その地域的な特性を踏まえた検討が必要になることを確認して、稿を閉じることにしたい。

参考文献

足利健亮　一九八五年『日本古代地理研究』大明堂
足利健亮　一九九六年「京都盆地の消えた古道二題」『京都府埋蔵文化財論集』三
市　大樹　二〇一七年『日本古代都鄙間交通の研究』塙書房
市　大樹　二〇二二年「外国使節の来朝と駅家」島根県古代文化センター編『山陰における古代交通の研究』

今泉隆雄　一九九三年『古代宮都の研究』吉川弘文館
上田正昭編　一九八八年『探訪　古代の道1～3』法藏館
上原真人　二〇〇七年「平安時代前期における離宮造営」小笠原好彦先生退任記念論集刊行会編『考古学論究』真陽社
大日方克己　一九八五年「律令国家の交通制度の構造」『日本史研究』二六九
上遠野浩一　二〇一一年「都亭駅について」『古代学研究』一八九
鐘江宏之　一九九三年「計会帳に見える八世紀の文書伝達」『史学雑誌』一〇二―二
岸　俊男　一九八八年『日本古代宮都の研究』岩波書店
木下　良　二〇〇九年『事典　日本古代の道と駅』吉川弘文館
木下　良　二〇一三年『日本古代道路の復原的研究』吉川弘文館
古閑正浩　二〇〇一年「畿内における青谷式軒瓦の生産と再利用」『考古学雑誌』八六―四
古代交通研究会編　二〇〇四年『日本古代道路事典』八木書店
坂江　渉　二〇一六年「古代国家と敏売崎の外交儀礼」『日本古代国家の農民規範と地域社会』思文閣出版、初出一九九八年
坂本太郎　一九八九年『坂本太郎著作集8　古代の駅と道』吉川弘文館
千田　稔　一九九六年「畿内」木下　良編『古代を考える　古代道路』吉川弘文館
高橋美久二　一九九五年『古代交通の考古地理』大明堂
高橋美久二　二〇〇七年「都と地方間の交通路政策」『国立歴史民俗博物館研究報告』一三四
高村勇士　二〇二〇年「島下郡殖村駅家を考えるために」『茨木市立文化財資料館館報』五
舘野和己　一九九八年『日本古代の交通と社会』塙書房
武部健一　二〇〇四年『完全踏査　古代の道』吉川弘文館
武部健一　二〇〇五年『完全踏査　続古代の道』吉川弘文館
塚口義信　一九九七年「茨田氏と大和川」柏原市古文化研究所編『河内古文化研究論集』和泉書院
中　大輔　二〇一五年「文献にみる古代の運河・津」鈴木靖民他編『日本古代の運河と水上交通』八木書店

永田英明　二〇〇四年『古代駅伝馬制度の研究』吉川弘文館
中山修一　一九七二年「条里の考察」藤岡謙二郎編『洛西ニュータウン地域の歴史地理学的調査』京都市
西本昌弘　二〇一四年a「改新政府と難波大郡宮・小郡宮」『日本書紀研究』三〇
西本昌弘　二〇一四年b「平安時代の難波津と難波宮」続日本紀研究会編『続日本紀と古代社会』塙書房
花谷　浩　二〇〇三年「山崎廃寺の造営と山崎院」大山崎町教育委員会編『大山崎町埋蔵文化財調査報告書』二五
菱田哲郎　二〇二〇年「山城地域の古墳時代王宮について」中尾芳治編『難波宮と古代都城』同成社
平野卓治　一九八八年「山陽道と蕃客」『国史学』一三五
藤岡謙二郎編　一九七八年『古代日本の交通路Ⅰ』大明堂
松原弘宣　二〇〇九年「令制駅家の成立過程について」『日本古代の交通と情報伝達』汲古書院、初出一九八八年
安村俊史　二〇二〇年「奈良時代の平城から難波への行幸路」中尾芳治編『難波宮と古代都城』同成社
吉川　聡　二〇〇七年「法華寺の鳥居」大和を歩く会編『シリーズ歩く大和Ⅰ　古代中世史の探究』法藏館
吉川　聡　二〇一〇年「奈良加茂道の遡及的検討」栄原永遠男他編『律令国家史論集』塙書房

5章　東大寺と国分寺

吉川真司

はじめに

奈良東大寺の南大門には「大華厳寺」の扁額《へんがく》が掲げられている。これは鎌倉時代の『三国仏法伝通縁起《さんごくぶっぽうでんずうえんぎ》』の記載によって復原されたもので、華厳宗の中心寺院であり、華厳経の教主・盧舎那《るしゃな》大仏が鎮座する東大寺にふさわしい。一方、東大寺西大門は平城京二条大路の東端に建ち、奈良時代には実質的な正門であったが、そこに掲げられた「金光明四天王護国之寺」の扁額はいまも伝存する。この寺号は全国の国分寺に共通し、東大寺が大和国分寺であったことを明示している。国分寺建立と大仏造顕は、奈良時代を代表する仏教政策であるが、東大寺はその両者を体現していたのである。

聖武天皇が国分寺建立の詔を出したのは天平一三年（七四一）の春、盧舎那大仏の造顕を命じたのは天平一五年（七四三）の冬のことであった。「鎮護国家」のための大造営事業、などと一括されがちだが、しかし二つの政策がめざすものと、それを実現するための方法は異なっていた。大仏開眼の年は、『日本書紀』にいう仏教伝来からちょうど二〇〇年後であるが、列島社会ではこの二〇〇年間に数多くの寺院が建てられ、僧尼が活動するようになった。国分寺建立と大仏造顕は、その歴史をどのように受け継ぎ、新たな歴史を拓いていったのだろうか。本章では、東大寺と主に畿内・近国の国分寺を素材とし、調査・研究の成果をまとめながら、この問題を考えてみたいと思う。

1　国分寺以前・東大寺以前

諸国均等と中央突出

国分寺建立と大仏造顕はどう違っていたか。考えてみればすぐわかることだが、国分寺政策は列島すべての国に等しく僧寺・尼寺を建てようとする、言わば「諸国均等」を特徴としていた。一方の大仏政策は、根源的な仏の姿を王宮近傍に顕現させる「中央突出」を志向したのである。かと言って、盧舎那大仏が全国の国分寺の中心にあった、などとは考えにくい。東大寺が諸国国分寺を束ねるようなことはなく、造営工事や臨時仏事で歩調を合わせることがあっただけである。中世には東大寺が「総国分寺」と呼ばれたが、古代にはそんな言葉はなかった。盧舎那大仏が鎮座し、朝廷に直結する中央国分寺――それが古代東大寺の実像であった［吉川、二〇一一a］。

このように国分寺政策と大仏政策は正反対の方向性をもち、ひとまとまりのものとは思えないのであるが、その歴史的意義を知ろうとすれば、前史の検討が欠かせない。その際には、

「仏都」「仏都圏」がキーワードになる。仏都はともかく、仏都圏とは耳なれない言葉であろうから、順を追ってその内容を説明しておきたい。

日本古代の仏都

まず「仏都」であるが、世の中では「たくさんの寺院が建つ都市」といった意味で用いられることがある。しかし私は、奈良時代までのミヤコには寺院が集中し、国家的な仏教行事や仏教教学の中心地となっており、そこで数多くの僧尼が養成されるなど、「王都」が同時に「仏都」でもあったことに注目したい。つまり仏教の根拠地となるミヤコを「仏都」と呼びたいと思うのである［吉川、二〇一一b・二〇二三］。王都と仏都の一体性は、日本の古代仏教が王権と深く関わりながら成長してきたことの現われであった。そうしたことは古代日本に限られるわけではなく、北魏の洛陽、唐の長安、さらに高句麗《こうくり》の平壌、百済の熊津《ゆうしん》・扶余《ふよ》、新羅の金城（慶州）などの王都も、寺院と僧尼の集まる仏都にほかならなかった。日本の仏都は七世紀の倭京《わきょう》（飛鳥を中心とする都）に始まり、藤原京（倭京を拡大した条坊制都城）、そして平城京に受け継がれた。長岡・平安遷都とともに、王都と仏都は切り離され、平城京は純然たる仏都として存続することになる。

もう少し詳しく「仏都としての日本古代のミヤコ」の特徴を見ておこう。第一に、仏都には「官大寺」と呼ばれる、朝廷が手厚く支援する大寺院のほか、王族・貴族たちが建てた私寺が集まっていた。天武九年（六八〇）の倭京に「京内二十四寺」、遷都から一〇年を経た養老四年（七二〇）の平城京に「都下四十八寺」があり、その後はさらに数を増したことであろう。第二に、僧尼の人口が驚くほど多かった。持統四年（六九〇）の倭京・藤原京には四〇〇〇～五〇〇〇人の僧尼がいたらしく、これは京の人口の約一～二割にあたると推定されるのである。第三に、仏教界を束ねる僧官を「僧綱《そうごう》」というが、京の寺院・僧尼は諸国と違って、僧綱に直轄されていた。宗教面での特別地域だったということである。そして第四に、壮麗な法会（仏教行事）空間があった。国家的な法会は官大寺で行なわれただけでなく、王宮の中枢である内裏や大極殿も法会の場として用いられた。

平城京には藤原京から移ってきた寺院のほか、新しい官大寺・私寺が甍《いらか》を連ねていた。天皇家は舒明朝の百済大寺《くだらおおでら》（のちの大官大寺・大安寺）、天智朝の川原寺《かわはらでら》・崇福寺《すうふくじ》、天武朝の薬師寺などの大寺院をもっていたが、そのうち大安寺と薬師寺だけが平城京に移された（実際には新造である）。こうした歴史の上に、東大寺が仏都東郊の地に誕生し、やがて大仏が鎮座する巨大伽藍《がらん》へと発展していったのである。

日本古代の仏都圏

「仏都圏」というのは、私が考案した用語である。現代では首都のまわりに首都圏があり、首都の影響を強く受けつつ、首都の活動や生活を支えているが、古代日本でも同じように、仏都の直接的影響を受けながら、仏都の社会的基盤となるエリアがあったと考えるのである［吉川、二〇二三］。それは畿内（大和・河内・和泉・摂津・山城）を中心として、「近国」と呼ばれる周辺諸国まで広がっていた。具体的には、近江・丹波・播磨・紀伊が確実に含まれ、その四周の国々（伊賀・伊勢・尾張・美濃・越前・備前・淡路・阿波・讃岐など）もやや色合いを薄くしながら、仏都圏の外周を形づくっていた。古代社会の地域的まとまりを調べてみると、「畿内」よりも「畿内・近国」のほうが社会的実態に近いことがわかるが、仏都圏もそうした実態的地域を示すものである。

それでは、仏都圏にはどのような特徴があったのだろうか。第一に、畿内・近国には飛鳥・白鳳《はくほう》寺院が濃密に分布していた。仏都に次いで古代寺院がたくさん建てられた地域ということであるが、この点はあとで詳しく述べよう。第二に、古代仏都の僧尼は自分の寺院に閉じこもるばかりでなく、各地の寺院・邸宅・山林などに出かけて法会や修行を行なった。こうした都《と》鄙《ひ》往還は『日本霊異記』などから読み取れるが〔鈴木、一九九四〕、その範囲はふつう畿内・近国にとどまっていた。第三に、「知識」と呼ばれる仏教的な作善《さぜん》グループが活動した。行基の宗教活動・社会事業は知識と不可分のものであり、『日本霊異記』にもさまざま知識が語られているが、どちらもその範囲はおおむね畿内・近国に限られる。そして第四に、仏都の大寺院は朝廷からもらった封戸《ふこ》（寺封《じふ》）と、寺田などの所領を二つの経済基盤としていた。このうち寺院の所領と荘（経営拠点）は、八世紀前半まで、ほぼ畿内・近国に立地していたのである。以上の四点は互いに関連し合う事象である。たとえば、僧尼が往還することで寺院が建てられ、所領が設定される、というふうに。このように仏教色の濃厚なエリアが「仏都圏」として把握できるわけである。

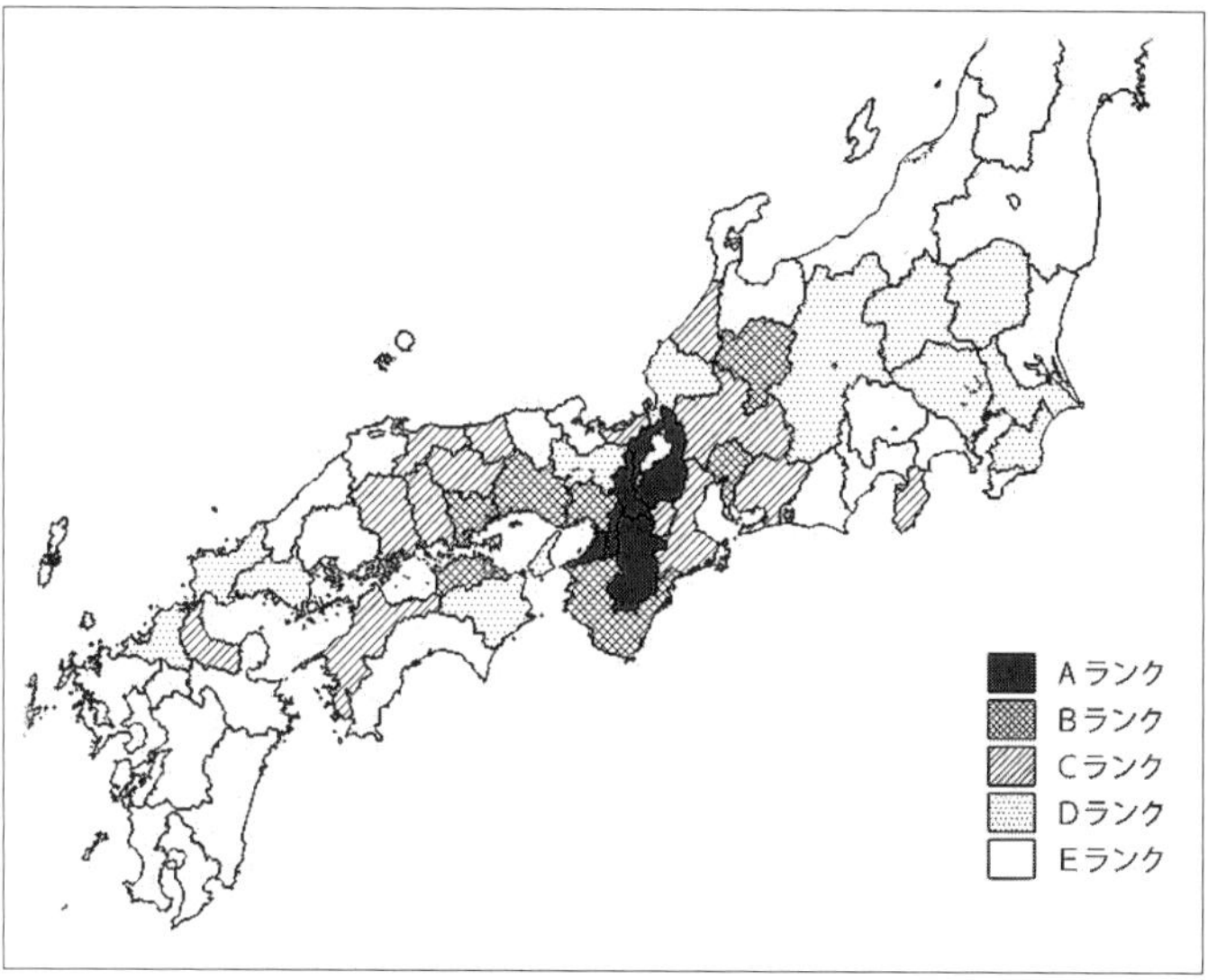

図5-1　飛鳥・白鳳寺院遺跡の国別濃度
a＝飛鳥・白鳳寺院遺跡数(『埋蔵文化財ニュース』40)／郷数(高山寺本和名抄)として、
Aランク：0.5≦a　Bランク：0.25≦a<0.5　Cランク：0.125≦a<0.25
Dランク：0.063≦a<0.125　Eランク：a<0.063

飛鳥・白鳳寺院の分布

日本古代の仏都圏の様相を、最もリアルに表現するのが飛鳥・白鳳寺院の分布である。

六世紀中葉に百済から仏教が伝えられ、約半世紀後に最初の本格的寺院・飛鳥寺が誕生してから、列島各地には次々に寺院が建てられていった。文献史料には、その総数が推古三二年（六二四）に四六寺、持統六年（六九二）に五四五寺だったとあり、前者はいわゆる飛鳥寺院の遺跡数、後者は飛鳥・白鳳寺院の遺跡総数にかなり近い［吉川、二〇一九］。それらの分布については、飛鳥寺院の遺跡の多くが大和・河内にあるのに対し、白鳳寺院の遺跡は、地域差をともないながら全国に広がっている。

飛鳥・白鳳寺院分布の地域差について、さらに詳しく検討してみよう。図5-1は、旧国ごとの寺院遺跡の濃度を示したものである。「濃度」とは「一郷（人口は約一一〇〇人）あたりの平均寺院遺跡数」のこと。これを五ランクにわけ、たとえば濃度が最も高いAランクは「一郷平均で〇・五以上の古代寺院遺跡がある国」である。数値的な根拠は別稿〔吉川、二〇二三〕で示すが、寺院遺跡数・郷数とも暫定的なもので、今後さまざまに修正が必要になろう。しかし、おそらく大枠は動かない。図を見れば一目瞭然《りょうぜん》かと思うが、寺院分布がとりわけ濃密な地域が畿内・近国、すなわち仏都圏である。

仏都圏のなかでも、大和・近江・和泉・河内・山城がAランクである（濃度の高い順）。畿内に含まれない近江が入っており、畿内でも摂津は外れている。「畿内」がいかに人為的・制度的な区分であったかが、よくわかる。ついでBランクの国は、紀伊・播磨・尾張・讃岐・摂津・備前・飛騨《ひだ》。仏都圏からやや離れた飛騨に寺院遺跡が多いのは、「飛騨匠」という建築技術者がいたためであろうが、それ以外はおおむね近国である。この外側にCランクの国々があり（伊豆《いず》・豊前が濃いのは面白い）、さらにD・Eランクの地域が広がっていく。全体を見わたせば、九州の寺院遺跡濃度の低さがまことに印象的で、逆に坂東諸国にDランクが多いことにも興味がひかれる。

このようなグラデーションを描きながら、八世紀前葉までの列島社会には仏教が広まっていた。なかでも仏都圏が突出し、「諸国均等」にはほど遠かったのである。

諸国均等の仏教政策

畿内・近国で仏教的色彩が濃く、遠方に行くに従って薄まるのは、単なる距離の問題ではなく、各地の文化力・技術力の現われであったろう。つまり社会的理由によるグラデーションと考えられるのであるが、七世紀後葉〜八世紀前葉の朝廷はこれに対し、「諸国均等」を志向する仏教政策をとった。

天武一四年（六八五）三月、天武天皇は「諸国は家ごとに仏舎を作り、仏像と経典を置き、礼拝・供養せよ」と命じた。諸国の「家」を人々の住居と解するのは非現実的で、国のヤケ（管理経営施設）、つまり国庁のことと考えるべきであろう。国庁に設けられる仏舎を「国府寺」と考え、国分寺の起源とする学説［角田、一九八五］もあるが、むしろ国庁に付属する小仏堂、または小規模な仏教施設と見るのが穏当ではなかろうか。

ともあれ、国庁付属の仏舎には仏像と経典が安置され、礼拝・供養を行なう僧尼も必要であった。持統八年（六九四）五月、『金光明経《こんこうみようきよう》』一〇〇部を諸国に送り、毎年正月に読誦《どくじゆ》するよう命じたのは、そのための具体的施策と考えられる。七三〇年代の諸国正税帳（財務報告書）を見ると、全国で『金光明経』（『最勝王経』の国もある）の読経《どきよう》がなされていたことが確認できる。その際には国内の僧侶《そうりよ》が召し出されたはずだが、彼らは国庁近くの有力寺院に寝泊まりしたと見られる［菱田、二〇一九］。

しだいに増えてきた寺院や僧尼を管理するシステムも、国ごとに設けられた。それが大宝二年（七〇二）に始まる「国師《こくし》」の制度である。仏都の有力僧が一国に一人ずつ派遣され、任期（四年または六年）の間、国庁の「国師所」に止住するのが原則であった。国庁の法会も、国師が主宰することになる。まさしく「諸国均等」の仏教政策を支える中心的存在だったと言わねばならない［柴田、一九八九］。

しかし、天平八年（七三六）の薩摩《さつま》国では、正月の読経法会をつとめた僧は一一人で、必要人数を満たしていなかった。国庁にこれだけしか集まれなかったのは、近隣に僧尼がほとんどいなかったためであろう［柴田、一九八九］。図5-1では薩摩はEランクである。寺院や僧尼の少ない国々は、こうした状況に置かれていたのである。朝廷がいくら「諸国均等」を企図しても、現実の格差はあまりに大きかった。

2 国分寺の創建

天平の疫病大流行

七三〇年代、列島社会は二度にわたる疫病大流行にみまわれた。惨禍に苦しむ人々を救済するため、国分寺政策が立案されたと考えられるが、天平一三年（七四一）二月の国分寺建立詔の発布までにはいささか曲折があった［吉川、二〇一一b・二〇二二］。

疫病は天平七年（七三五）の夏に始まった。天平四年の不作、五年の飢饉《ききん》、六年の地震と、列島社会は災難続きであったが、このたびの疫病はレベルが違った。豌豆瘡《えんどうそう》（裳瘡《もがさ》）と呼ばれる、おそらくは天然痘の流行が九州から始まり、全国に及んだ。死亡率は一〇％程度と見られ、朝廷の重鎮であった新田部《にいたべ》親王・舎人《とねり》親王も死去した。年末にはいったん終熄《しゅうそく》したが、天平九年の第二波がすさまじかった。春にやはり九州で始まり、夏から秋にわたって列島全土で猖獗《しょうけつ》をきわめたのである。死亡率は三〇％前後、全国で一〇〇万〜一五〇万人が落命したと推算され、まさに未曾有《みぞう》の大惨事となった。朝廷を領導していた藤原四卿は全滅し、太政官は弱体化した。王権を構成する聖武天皇・元正太上天皇・光明皇后は、橘諸兄を登用しつつ、機動的に対処せねばならなかった。

疫病への対策として、朝廷は医薬・物品の支給、減税、大赦、神仏祈願などを命じた。天平九年には、①国ごとに釈迦《しゃか》三尊《さんぞん》像を作り『大般若経』を写すこと（三月）、②全国で僧尼に『最勝王経』を読ませ毎月六斎日《ろくさいにち》に殺生を禁断すること（八月）、③全国で神社を修造すること（一一月）などを指令した。このうち①が、国分寺の出発点と評価されるものである。しかし経典に注目すると、①では『大般若経』を写すよう命じており、国分寺が『最勝王経』を根本経典とするのとは違っている。②で『最勝王経』を読ませているのも「国ごと」ではない。そこで朝廷の法会を見てみると、八月に宮中で『大般若経』『最勝王経』を転読したが、状況は変わらない。しかし一〇月、大極殿で大規模な法会が催され、道慈《どうじ》らが『最勝王経』を講義すると、みごとに疫病は収まっていったのである。推察するに、このような偶然があって、社会救済の効験については『最勝王経』の優越性が認められたのではないだろうか。『最勝王経』とは『金光明最勝王経』、つまり天武朝から重視されてきた『金光明経』の新訳である。この経典が改めて国分寺政策の主軸に据えられるのも、自然な流れであった。『大般若経』から『最勝王経』へ——国分寺政策はその初期において根本経典を変化させたと考えられる［吉川、二〇一一a・b］。

国分寺建立の詔

天平一〇年（七三八）、疫病はとりあえず沈静化したが、このさき第三波が来ないとも限らない。おそらく最悪の事態に備えて、阿倍《あべ》内親王が皇太子に立てられた。母の光明皇后は王権の一翼をになう意識を高め、仏教政策に大きな影響力をもち始める。天平一二年六月、④国ごとに『法華経《ほけきょう》』一〇部を写し、七重塔を建立せよと指令があり、ついで天平一三年正月、⑤かつて藤原不比等《ふひと》が封戸三〇〇〇戸を返上した事実が蒸し返され、それを「諸国国分寺」に施《せ》入《にゅう》し「丈六仏像」の製作費に充てることとされた。『法華経』は国分尼寺の根本経典であり、藤原不比等は光明皇后の父である。④⑤はともに光明の、あるいは彼女の帰依を受け、国分寺政策のブレーンとなった玄昉《げんぼう》の発案であろう。

そして天平一三年二月一四日、国分寺建立の詔が発布された。聖武天皇はこう述べる。

朕の不徳のため、近ごろは不作で、疫病がしばしば流行した。それゆえ前年に全国の神社を修造し（上記③）、去歳に全国で釈迦丈六像を造らせた（①）。すると、今年の春から秋まで風雨は順調で、実りも豊かであった。これは『最勝王経』の説くとおりである。そこで天下諸国に七重塔を建立し（④）、『最勝王経』および『法華経』（④）を書写せよ。また、それとは別に金字の『最勝王経』を製作し、七重塔ごとに安置せよ。これにより仏法が永遠に伝わり、常にその擁護を受けることを願う。

つとに指摘されているように〔萩野、一九二二〕、この文章は天平一三年春のものとしては不自然である。今秋の実りが豊かだったと述べているし、天平九年の施策①を「去歳」（去年の意）のこととするからである。おそらく詔文の多くの部分は天平一〇年の秋～冬に起草され、諸国の『最勝王経』書写も盛り込まれていたと考えられる。天平一二年の施策④、すなわち七重塔建立と『法華経』書写は、もともとの予定を部分施行したか、あとから詔文に組み入れたか、そのどちらかであろう。金字の『最勝王経』についても、初めから七重塔構想とセットだった可能性はある。

いずれにせよ、国分寺建立詔は天平一三年春に発布される運びになった。封戸という主要財源が定められたことが大きかったのだろうか（⑤）。詔文では、国ごとに僧寺・尼寺を置くことが命じられ、国分僧寺に「金光明四天王護国之寺」、尼寺に「法華滅罪之寺」の名が与えられた。両寺の組織や運営、法会・行事なども定められた。国分寺に二〇人の僧を置き、財源は封戸五〇戸と水田一〇町とする。国分尼寺には尼一〇人と水田一〇町。僧尼に欠員が出れば補充する。国司はよい場所に両寺を建て、荘厳と清浄が保たれるよう監督せよ、と。当時、朝廷は疫病からの社会復興をめざしており、国分寺建立は宗教的な救済・復興政策にほかならなかった。

国分寺の僧と尼

近江国分寺に一人の僧がいた。俗名は三津首広野《みつのおびとひろの》。天平神護二年（七六六）に生まれ（七六七年生とする説もある）、近江国滋賀郡の戸籍に登録された。そのころ近江国分寺は紫香楽《しがらき》にあり、聖武天皇が最初に盧舎那大仏を造ろうとした甲賀寺《こうがでら》が国分寺になっていた［畑中・大道、二〇一二］。宝亀一一年（七八〇）、国分寺僧の最寂が死んだので補充が必要となり、一五歳の広野が国分寺で得度《とくど》（出家）した。その際、近江国大国師の行表《ぎょうひょう》が師主（仏教の師）として、中国師・小国師とともに得度を証明した。広野は「最澄」という僧名を得て、延暦四年（七八五）に東大寺で受戒し、正式の僧侶となって「国分寺僧帳」に載せられた。ちょうどこの年、近江国分寺は全焼し、滋賀郡の国昌寺がその役割を担うようになったので（弘仁一一年に正式認可）、最澄も故郷のこの寺に止住した。ほどなく彼は比叡山《ひえいざん》に登って山林修行にはげみ、入《にっ》唐求《とうぐ》法《ほう》ののち、天台宗を開くことになる［佐伯、一九九二、薗田、二〇一六］。

若き日の最澄の経歴は、国分寺僧として一般的なものだった。建立詔の翌年、天平一四年（七四二）には仏道に励んでいる者を得度させ、国分寺僧とせよという命令が下った。これをうけた大和国司は、「国分寺の僧尼」にふさわしい人を推薦するよう、国内に指示している。その後の国分寺僧の欠員補充も、新度（新たに得度させること）が原則であった。優婆塞《うばそく》（男性の在家仏教者）を出家させて国分寺に入れるのが、一貫した方針だったのである。それは国分寺檀越《だんおつ》である天皇が、功徳を積むことにもつながった。

問題は、優婆塞がどれほどいたかである。飛鳥・白鳳寺院が多い国には僧も多く、寺院で奉仕しつつ修学する若者も少なくなかったろう。しかしそうでない国々では、最初の二〇僧を現地採用するのは難しかったのではなかろうか。仏都や仏都圏の優婆塞が得度し、各地の国分寺に入ることもあったろう。そうした場合、仏都からやってくる国師や国司が大きな役割を果たしたに相違あるまい。天平一〇年冬、全国の国師に対し、成業した弟子について毎年報告せよと命じたのは（『東大寺要録』巻八）、得度と充用をにらんだものと考えられる。しかし延暦二年には、国分寺僧の欠員補充にあたっては、「新度でない当国の僧」を登用するようになった。さらにその後、仏都平城京の僧を用いることになり、赴任希望者の名簿も作られたようだが、国分寺に赴く京僧は少なく、さまざまに工夫しながら現地で新度が確保された。

国分尼寺の尼の確保は、もっと難しかったらしい。尼についても新度が原則だったが、延暦二年の「新度でない当国の僧で欠員補充する」という方針が、国分尼寺については適用されなかった。おそらく多くの国では「当国の尼」が少なく、欠員を補充するには優婆夷《うばい》（女性の在家仏教者）を得度させるしかなかったのだろう。仏都周辺であれば、尼も尼寺も少なくなかった。推古三二年（六二四）、大和・河内を中心とする四六寺に僧が八一六人、尼が五六九人いた。それだけ尼寺も多かったのである。ところが仏都を離れた地域では、確実に尼寺であるとわかる古代寺院は珍しい。確認できないだけかもしれないが、実際に少なかった可能性は大きい。たとえば、天平五年（七三三）の『出雲国風土記』には一一寺が記されているが、このうち四寺に僧がおり（総数一〇人前後）、一寺に尼がいるだけだった（二人）［菱田、二〇一九］。図5-1では出雲国はEランクである。国分尼寺の創建により、列島各地に尼と尼寺が一気に拡散したのかもしれない。

　国分寺の僧二〇人、国分尼寺の尼一〇人（八世紀後半には一時的に二〇人）は、新造された寺院で集団生活を送った。これだけ大きな僧尼集団（僧伽《そうぎゃ》）が形成されるのは、仏都から離れた国々では初めてのことだっただろう。立派な僧房・尼房が建設され、その遺構は各地の国分寺跡・国分尼寺跡で見つかっている。上総《かずさ》国分寺・国分尼寺などでは、創建当初から僧房・尼房が建設されていたことも判明した［須田、二〇一六］。聖武天皇の勅願を果たすためには、何よりも僧尼集団の創設と維持が不可欠だったのである。

内訳（把以下四捨五入）	創始年
三宝布施180束、僧尼布施1617束	天平神護3年？
布施378束、法服料672束、灯明油料35束、供養料53束	天平神護3年
三宝布施300束、僧尼布施280束	天平宝字2年
三宝布施60束、衆僧布施352束	延暦25年
三宝布施180束、僧尼布施2172束、法服料300束、供養料1097束	天平勝宝元年
三宝布施36束、衆僧布施420束、灯油料15束、供養料122束	承和13年

国師と法会

　国分寺・国分尼寺の創建により、全国の国師は新たな任務を担うことになった。建設を督促すること、財務を監査すること、得度させる者を選ぶことなど、俗官の国司とともに国分二寺に関するさまざまな用務を行なったのである。大宝二年（七〇二）

表5-1　「摂津国正税帳案」にみえる摂津国の法会

会　日	法会名	場　所	僧尼数	内　訳	正税支出額
正月8日〜14日	転読最勝王経悔過	国分寺	34人	講師・読師各1人、聴衆僧20人・尼10人、定座沙弥・従沙弥各1人	1797束
正月8日〜14日	吉祥悔過	国庁	7人		1138束
2月・8月	転読金剛般若経	金光明寺	35人	講師・読師各1人、衆僧20人・尼10人、呪願・唄・散花各1人	580束
春秋二季	奉為崇道天皇転読金剛般若経	?	22人	講師・読師各1人、僧20人	412束
7月15日	安居講説最勝王経	金光明寺	32人	講師・読師各1人、呪願・唄・散花各1人、僧尼27人	3749束
12月19日〜21日	仏名懺悔	(国庁)	14人	僧7人、童子7人	593束

出典は『大日本史料』第3編25。数値は適宜修正を加え、正税支出額の把以下は四捨五入した。
奉為崇道天皇転読金剛般若経の支出額は2度分。安居講説最勝王経の供養料は4月8日〜7月15日分と記す。

には各国一人が原則で、それに数人の従僧・童子が奉仕していた。八世紀後半になって国師の定員が増え、大国師・小国師などの別ができたのは、国分二寺の創建によって忙しくなったためであろう。やがて、延暦一四年（七九五）には国別一人の「講《こう》師《じ》」の制に改められた。ところが「講説の師」という名前をいいことに、俗務を忌避する者が出てきたので、かつての国師と同じような用務を果たすよう命じられた。講師の補佐役の「読師」は国分寺僧から選ばれたが、九世紀半ばからは京僧が任ぜられるようになった。

国師（講師）の最も重要な役割は、国分寺・国分尼寺の僧尼を教え導き、両寺で開かれる仏教行事を主導することであった。特に初期の国分二寺では、新度の僧尼ばかりだったから、国師の教導・授戒は大きな意味をもったはずである。国分寺の法会については、建立詔で毎月八日の『最勝王経』転読、月半ばの布薩《ふさつ》（持戒の行事）が定められた。九世紀の国分寺には「布薩戒本田」と「放生田《ほうじょうでん》」があり、布薩と放生会の財源となっていた。布薩は国分寺創建以来の法会であるが、放生会も天平宝字三年（七五九）ころ恒例化したらしい。毎月八日の『最勝王経』転読も、同じように寺田の収穫を用いたものだろうか。

その他の国分寺法会については、一一世紀の「摂津国正税帳案」が注目される〔川尻、二〇一二〕。この史料は九～一〇世紀の正税帳の内容を伝えており、正税を財源とするものに限られるが、摂津国分寺の法会がよくわかる（表5-1）。柱となるのは、正月八日～一四日に催された『最勝王経』転読である。持統朝以来、正月一四日に行なわれてきた国庁行事が、七日間の国分寺法会に変わったものである。当初は吉祥悔過《きちじょうけか》とセットだったが、悔過のほうは九世紀に国庁へ移された。もう一つの柱は、七月一五日の安居《あんご》講説である。安居とは四月一五日～七月一五日に寺内で修学する行事で、最終日に経典の講義が行なわれた。国分寺での『最勝王経』、国分尼寺での『法華経』の安居講説が命じられたのは、天平勝宝元年（七四九）のことと推測される〔堀、二〇二二〕。『延喜式』の規定を見ると、国分寺法会の中心はやはり正月・七月の講説とされている。

国師（講師）はこれらの法会を取りしきった。僧尼の日常的な教導も必要だったため、国師院は国庁から国分寺へと移された。安芸国分寺跡では、伽藍北東部で「国院」「国師院」と記した八世紀半ば～後半の土器と、それに対応する掘立柱建物跡が見つかっている（図5-2）。

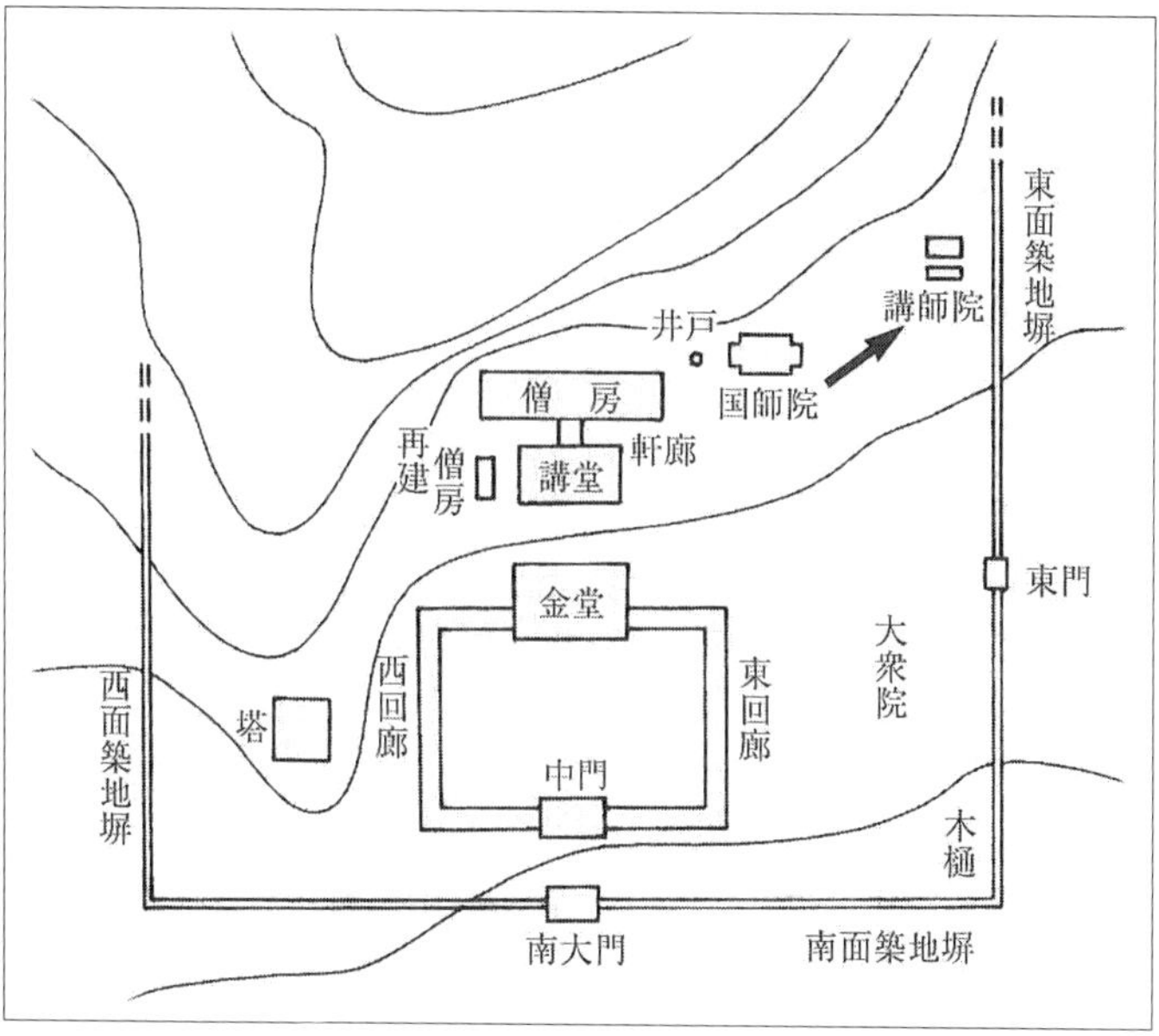

図5-2　安芸国分寺跡［山路、2011、図6］を改変、縮尺は約1/4000。

九世紀中葉にはこの建物が移動し、「講院」（講師院）と呼ばれたことも知られる。こうした国師（講師）院の遺構は上総国分寺跡でも検出され、また「講院」「読院」の墨書土器はいくつかの国分寺遺跡で見つかっている［山路、二〇一一］。

安芸国分寺跡では「安居」「斎会」と記した墨書土器、法会の舗設に関わる木簡なども出土しており、みな天平勝宝二年（七五〇）年ころのものである。創建後かなり早い時期から国師が止住し、法会が開催されたと考えてよかろう。「諸国均等」の仏教政策は、国分二寺の活動開始によって確かに拡充されたと言わねばならない。

造営と財源

国分寺建立詔が出ても、すぐに全国の僧寺・尼寺が整ったわけではない。七堂伽藍の建設には優れた技術と多大な資財・労働力、そして長い時間が必要であった。

詔から三年半が経《た》った天平一六年(七四四)の冬、諸国の国師は、国分寺の建設を急ぐため現地へ赴いて督励するよう命じられた。仏都の技術力を全国に行きわたらせるためには、やはり国司と国師の力が必要だったのである。さらに天平一九年の詔では、不便な場所で国分寺の建設を始めたり、まだ着工に至っていない国があるとして、国司・国師に加えて郡司にも責任を負わせ、三年以内に塔・金堂・僧房をすべて完成せよと命じた。無理な注文ではあったが、全国の国分寺建設が本格的に進み始めたのは、実際にこのころからだったらしい。たとえば上総国分寺では、それまでに仏堂・僧房と実務施設ができていたが、おそらく天平一九年詔を契機として設計が変更され、瓦葺《かわらぶ》きの塔・金堂・回廊などが建設された。国師院や寺院経営をになう「大衆院《だいしゅいん》」も整備されたらしい。やがて天平勝宝八歳(七五六)に聖武太上天皇がみまかると、朝廷は周忌法会に間に合わせるため技術者を派遣し、丈六仏の造顕と金堂の建立を厳命した。どちらも完成している国には、七重塔の造立を命じている。このようにして、おおむね天平勝宝年間(七四九~七五七)には諸国の国分寺が偉容を現わしていった[須田、二〇一六]。

次に国分尼寺であるが、天平一九年の督促詔までに建設を始めていたのは、上総国が確認できるくらいである。その後の進捗《しんちょく》はよくわからないが、まずは国分寺のほうに力が入れられたのだろうか。聖武の周忌法会ののち、天平宝字三年（七五九）に「国分二寺図」を全国に頒下したのは、いよいよ尼寺建設に傾注するためとも解される［須田、二〇一六］。その翌年に光明皇太后が死去した。周忌法会に向け、諸国国分尼寺で阿弥陀《あみだ》三尊像が造られたが、これも伽藍建設を促進したことだろう。そして天平神護二年（七六六）、安居講説が全国の国分寺・国分尼寺で実施され、「国分二寺の完成」が示された［堀、二〇二二］。この年には、「先度の尼」一〇人に加えて「後度の尼」一〇人を置いており（後者は死欠補充されない）、女性天皇称徳のもとで国分尼寺は順調にスタートを切ったのである。彼女の治世には、国分寺・国分尼寺の修理にも力が入れられた。

　国分寺の財源はいっそう充実していった。天平一六年、造営を推進するため、僧寺・尼寺には各二万束の出挙《すいこ》稲《とう》が施入され、称徳朝以降はそれが修理の財源に充てられた。寺田は僧寺が一〇〇町、尼寺が五〇町に増額され、主として僧尼の経常費に用いられた。法会の供養料に当国の正税稲《しょうぜいとう》が支出されたことは、すでに述べた。三善清行《みよしきよゆき》の「意見封事十二箇条」には、国分寺造営のために正税稲が半減したとあるが、本当だろうか。封戸・墾田を含めて国分二寺の財源は豊かであったし、雑徭《ぞうよう》という膨大な労働力がその建設に充てられたことも、当然考えられねばならない。安芸国分寺跡では皿や鋪設具の荷札木簡が出土しており、雑徭によって物品が調達されたものであろう［吉川、二〇二二］。ときには現地の豪族が「国分寺知識物《ちしきぶつ》」を献上し、叙位に預かることもあった。

仏都圏の国分寺

国分寺政策は「諸国均等」を旨としたが、全国の国分寺が同じように創建されたわけではない。とりわけ仏都圏中央域は特徴的で、どの国分寺も王権との関わりが深かった。大養徳《やまと》（大和）では国分僧寺に東大寺、国分尼寺に平城法華寺が充てられたが、両寺については次節で述べることとし、それ以外の国について見ておこう。

まず山背（山城）国では天平一八年（七四六）、恭仁宮の大極殿が国分寺に施入され、これを金堂として僧寺が整備された。国分尼寺については、木津川の対岸に「法花寺野《ほっけじの》」の地名が残る。そこは甕原《みかのはら》離宮の推定地で、恭仁遷都後は皇后宮に用いられたらしく、その皇后宮が山背国分尼寺に施入された可能性がある［鎌田、二〇〇八］。つまり聖武の王宮が国分僧寺、光明の皇后宮が国分尼寺に転用されたと想定されるのであって、王権と国分二寺の密着度がきわだっている。

近江国では、先述のように、聖武勅願の甲賀寺がそのまま国分寺になった。甲賀寺は甲賀宮《こうかのみや》とともに「仏都紫香楽」の主たる施設であり、山背国と似た事情がうかがわれる。なお、山背国分寺の七重塔の創建軒瓦は、近江国分寺の瓦と同笵関係にあり、近江で使われた瓦笵《がはん》が山背に移動した。別種の軒平瓦は「近江国分寺→山背国分寺→伊賀国分寺」という笵の移動が復原されている［畑中・大道、二〇一一］。伊賀国分寺は王権との直接的関係は見られないが、仏都圏中央域の動向を示すものとして興味深い。

河内国分寺は国庁の東方、大和川を見下ろす山丘斜面をわざわざ選んで建設された。いかにも異様だが、大和川対岸の青谷遺跡が竹原井頓宮《とんぐう》跡と推定されることが考察のヒントになる。竹原井頓宮は奈良時代を通じて難波行幸に用いられた離宮*で、河内国分寺はこれに対峙《たいじ》するよう、つまり離宮から南正面に見えるように建てられたのである［古閑、二〇〇二］。やはり王権の意向を反映したものであろう。

摂津国分寺は「摂津国正税帳案」から活動がうかがわれた寺院である。地名や古瓦の出土から、この寺は難波京の東南部、現在の大阪市天王寺区国分《こくぶ》町にあったと見られる。難波京中軸線をはさんだ西隣に四天王寺が、すぐ北方に百済寺（堂ケ芝廃寺）・百済尼寺が位置し、亡命百済王族の本拠・百済郡［積山、二〇一〇］の勝地にあたる。難波京が短命の王都となった天平一六年、行幸した聖武天皇を百済王氏が歓待し、八世紀後半になると彼らは河内国交野郡に移住する。この地に国分寺が建てられたのは、王権と百済王氏の関係を抜きには考えにくい。一方で、孝徳朝以来の「難波宮―四天王寺」の位置関係が意識された可能性もある。摂津国分寺もまた、王権と深く関わる存在だったのではなかろうか。

国分寺と地域社会

但馬国の国分寺・国分尼寺は、国庁にほど近い気多《けた》郡（現在の兵庫県豊岡市日高町）内に建立された。但馬国分寺跡は発掘調査が進み、伽藍東部で四五点の木簡が出土した。これらは三綱・大衆院の活動に関わるもので、八世紀後葉の国分寺の運営のさま、但馬国内からさまざまな人と物が集まってきた状況がよくわかる［市、二〇一三］。天平神護二年（七六六）より、国分寺・国分尼寺の三綱はみずから寺田を経営することになったから、その収穫米も運ばれてきたはずである。但馬国出石《いずし》郡家跡（袴狭《はかざ》遺跡〈豊岡市出石町〉）近くに「国分寺」の地名が残るのは、寺田や墾田があったためらしく、郡司の協力を得ながら、三綱が経営に赴いたことであろう。現に上総国分寺については、三綱による墾田経営が、集落出土の墨書土器によって推定されているのである［須田、二〇一六］。

国分寺の僧尼が当国内を往還するのは、寺田経営のためだけではなかった。仏都の大寺院の僧には、周辺の山々で山林修行を行なう者がいたが、同じようなことは国分寺でも見られたと考えられる。国分寺と同じ瓦が出土する山林寺院などが、その候補地となる。但馬国分寺の北東六キロメートルにある加陽大市山《かやだいちやま》遺跡で、八世紀後半に山林寺院が整備されたのも、こうした事情によるものであろう［上原、二〇一一］。列島全体を見わたしても、八世紀後葉以降に山林寺院が激増する。その多くは瓦葺きでない、簡素な寺院だったが、これを国分寺僧尼の活動と結びつけることは、有力な仮説として許されよう。

東国では、やはり八世紀後葉から九世紀にかけて、集落内に仏堂（村落寺院）が営まれるようになる。このころ仏教は、地域社会に急速に広まっていったのである。村落寺院に僧尼が常住したとは考えにくく、必要に応じて、別の伽藍寺院からやってきたのであろう。そうしたことは東国にとどまらず、全国規模で起きたことらしく、九世紀前半には平均して「一郷一寺」と言うべき状態に到達する［吉川、二〇一九］。私はその要因として、やはり国分寺僧尼の活動を想定し、その歴史的意義を高く評価するものである。

国分寺建立詔の発布からほどなくして、各国に二〇人の僧、一〇人の尼による僧伽が形づくられ、国師の統率のもと、修学・修行に励むようになった。僧尼たちは伽藍に閉じこもることなく、国内の地域社会にわけいり、仏教の浸透・土着をもたらしていく。その影響は、仏都圏から遠い国々ほど顕著であったに違いない。言わば、仏都周辺で七世紀代から見られた社会状況が、何十年ものタイムラグをともないつつ、全国に波及したことになる。「諸国均等」の仏教政策は、こうして大きな果実を結ぶことになった。

3　東大寺の創建

知識による造顕

天平一二年（七四〇）の春、聖武天皇は難波宮に行幸した。このとき河内国大県郡（現在の大阪府柏原市）の知識寺（智識寺）に立ち寄り、盧舎那仏を礼拝した彼は、いたく感じるところがあった。知識寺はその名のとおり、地域の人々の知識（仏教的作善）によって建立された寺院で、本尊仏も同様だったのであろう。若いころから『華厳経』に親しんできた聖武は、その教主である盧舎那仏の巨像を、自分も知識の力を集めて造顕したいと考えた。ちょうどその春、平城京東郊の金鍾寺《こんしゆじ》では、良弁《ろうべん》が『華厳経』の講説を始めた。また、同年末から恭仁遷都の工事が進められると、人々を知識へと導いていた行基がこれに協力した。こうして華厳学と知識結集という二つの条件が熟し、天平一五年冬、近江国紫香楽宮において、聖武天皇はついに大仏建立の詔を公布した。

仏教の力によって天下に安寧をもたらしたく、朕は菩薩《ぼさつ》の大願を発して、盧舎那仏の金銅像を造りたてまつる。人々に広く知識を呼びかけ、ともに悟りに至りたい。朕の権力・財力だけでもことは成就しようが、それでは心がこもらない。だから知識に預かる者たちよ、ぜひ至誠を発し、みずからの力に応じて、この事業に参加してほしい。

この詔には、国分寺に関する言及は一切ない。発案・公布のプロセスは国分寺政策と連動していないし、『華厳経』と知識の重視も大仏造顕だけのものである。大仏建立が進むにつれ、国分寺政策のブレーンと思《おぼ》しき玄昉が失権したのも示唆的である［吉川、二〇一一a・b］。つまり「中央突出」の大仏造顕は、国分寺建設とはもともと没交渉だったのである。ただ「疫病からの精神的復興」という点で、同じ方向性をもったにすぎない。

紫香楽で大仏製作が始まると、行基は弟子たちを率い、人々を知識にいざなった。それだけではない。大仏建立詔は太政官符という文書で伝達されたが、「大仏殿碑文」はこれを「太政官、勅を奉《うけたまわ》り、天下に普告して、知識を牽率《けんそつ》す」と表現する。実はこのフレーズは『扶桑略記《ふそうりゃっき》』が引く「太政官知識文」の一節で、太政官符そのものの文言なのかもしれない。すなわち、太政官が知識形成の核となり、聖武の発願に応《こた》える格好であった。現実には、財物・労働力の供出が人々に強制されることもあったろうが、中央官人と地方豪族とを問わず、さまざまな知

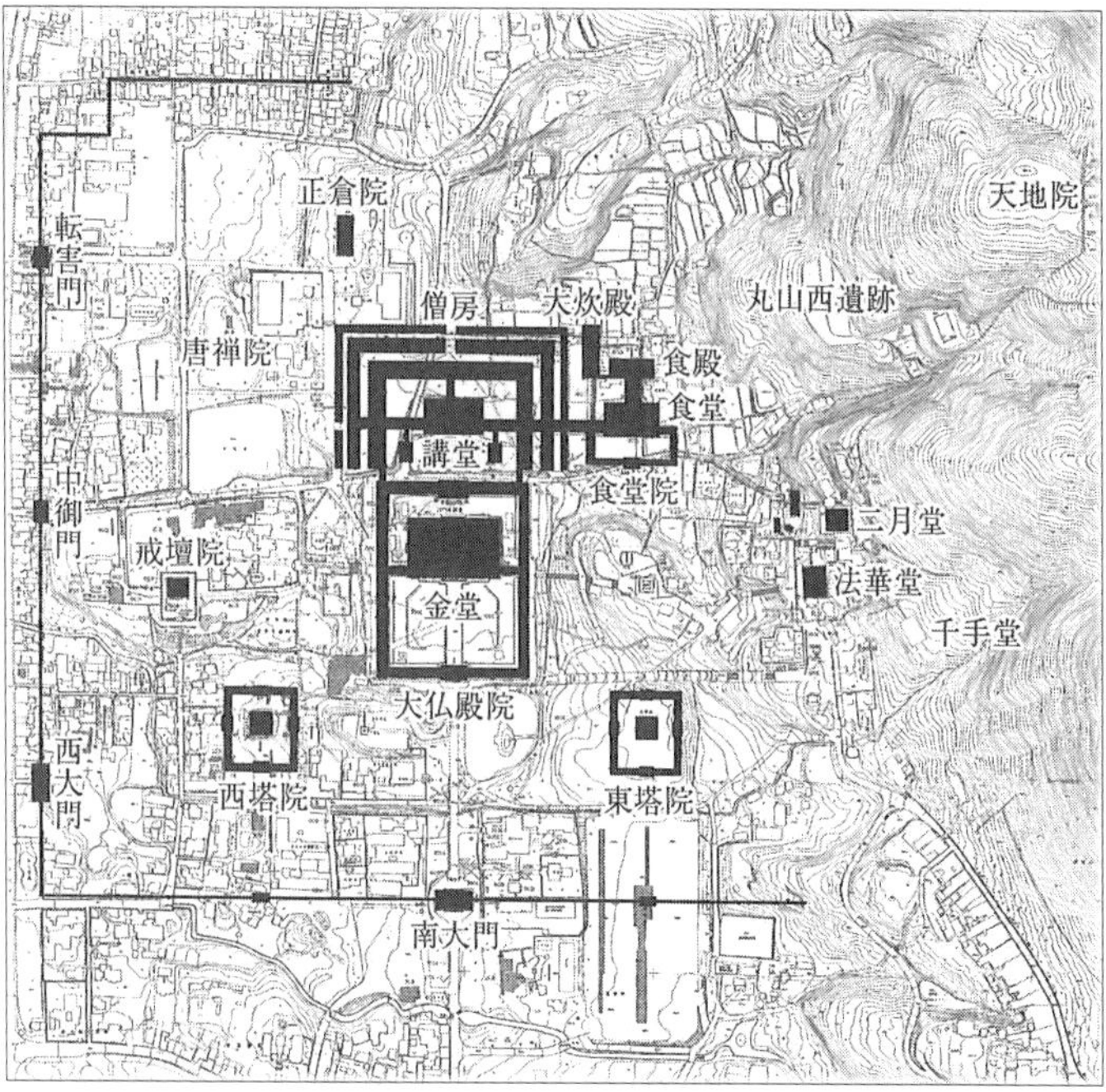

図5-3　東大寺伽藍［鶴見、2021、図３］を改変、縮尺は約1/12500。

識が行なわれたことはまぎれもない事実である。

東大寺への道

ところが、紫香楽での大仏造営はうまくいかなかった。金銅像の原型となる塑像の心柱が立てられた後、山火事と地震がうち続き、聖武は紫香楽での造顕をあきらめざるを得なかった。代わって平城京東郊の地が選ばれ、天平一七年（七四五）八月に工事が再開される。そこにはすでに大養徳（大和）国金光明寺、すなわち国分寺があったから、大仏建立によってこの寺院は根本的に改造されることとなった。

王宮の真東にあたる若草山の中腹〜山麓《さんろく》に、聖武天皇が初めて寺を建てたのは神亀五年（七二八）のことである。まだ夫人であった光明との間に生まれた皇子が夭折《ようせつ》し、その追善のため金鍾寺という山林寺院を創建したのである。その遺址《いし》は、一九九五年に発見された丸山西遺跡にあてるのが、現時点でも妥当だろうと思われる［吉川、二〇〇〇・二〇〇三、菱田、二〇一六］。東大寺二月堂・三月堂（法華堂）が立地する「上院地区」から、北に谷一つ隔てた場所である（図5-3）。さらに疫病第二波が去った天平一〇年（七三八）の春、光明皇后は福寿寺の創建を発願し、立太子したばかりの阿倍内親王の安寧を祈った。こちらは現在の上院地区に位置したらしい。つまり聖武天皇と光明皇后の願いにより、二人が授かった皇子と皇女のため、二つの山林寺院が南北に並んで建てられたのである。

金鍾寺と福寿寺は天平一四年七月、統合されて大養徳国金光明寺となった。一三年二月に国分寺建立詔を発布すると、聖武・光明は全国に先がけ、お膝元《ひざもと》で国分寺を整備しようとしたのである。しかも、大養徳国金光明寺は官大寺（王権が支援する大寺院）としても位置づけられ、その他の国分寺が国司によって運営支援されるのとは、大きな差があった。天平一五年正月〜三月、金光明寺で大規模な『最勝王経』講説が催されたが、これはオープニングセレモニーと位置づけられよう。やがて国分寺にふさわしい金銅釈迦如来像が製作され、新たな金堂（丈六堂）に安置されたらしいが、そうしたなか突然、この地で大仏を造顕することが決まり、大養徳国金光明寺は「中央国分寺＋大仏鎮座寺院」という複雑な性格をもつことになる。もともと接点のなかった国分寺政策と大仏政策は、こうして合流した。天平一九年冬、大養徳国金光明寺には「東大寺」の名が与えられた。翌々年の天平勝宝元年（七四九）には大仏の鋳造が終わり、同四年四月、ついに開眼供養が行なわれた。空前の盛儀であったという。

宇佐八幡神と神仏習合

大仏造顕の意義を考える際、見逃すことができないのは「宇佐八幡神の協力」である。聖武天皇の言によれば、天の神・地の神を率い、必ず事業を成就させましょう、と八幡神は託宣した。天平二〇年（七四八）、聖武は宇佐に使者を出して祈願したとされ、その際の託宣だったのかもしれない［和田、一九九五］。翌天平勝宝元年（七四九）冬、鋳造が終わるやいなや、八幡神は平城京に上った。王宮の南に神宮が建てられ、僧たちが悔過法会を行なった。神とともに上京した「禰宜尼《ねぎ》」は東大寺で礼拝し、褒賞に預かった。八幡神は東大寺中門の東南の地に祀《まつ》られ、鎌倉時代に手向山《たむけやま》へと遷座することになる。

宇佐八幡神は藤原広嗣《ひろつぐ》乱の鎮圧にも霊験を示したらしく、天平一三年には金字経典・得度者・封戸・三重塔などが奉られた。神社に対して仏教的な報賽《ほうさい》が行なわれた初めての例である。八幡宮には弥勒寺《みろくじ》という神宮寺があり、その草創は神亀二年（七二五）と伝えられる。渡来人による仏教信仰が盛んだった豊前国（図5-1のCランク）では、八世紀前葉から「神仏習合」が進んでいたらしい。その神が内乱・大仏鋳造によって聖武天皇との結びつきを深め、神仏習合は国家公認のイデオロギーになったと言えよう。

在来の神が仏教を護持したり、仏教による救済を願うといった考え方は、アジア各地で見られるものである［吉田編、二〇二一］。日本では霊亀元年（七一五）に気比神宮寺、養老年間（七一七〜七二四）に若狭神願寺が建てられたとする史料がある。早すぎて疑わしいという見方もあるが、仏都圏や豊前のように飛鳥・白鳳寺院が多い地域では、八世紀前葉に神仏の交渉が始まっていても不思議ではない。それは仏教が地域社会に浸透するなかで、在来の信仰との共存・調整を図ろうとした「社会的な神仏習合」と言うべきものである。しかし、大仏造顕にともなう神仏習合の宣揚は、これとはレベルが異なる。すなわち「国家的な神仏習合」が起動したのである。称徳朝（七六四〜七七〇）にはこのイデオロギーがさらに深化し、称徳天皇は「仏の御法《みのり》を護《まも》りまつり尊びまつるは、諸《もろもろ》の神たちにいましけり」と述べ、みずからの大嘗会《だいじょうえ》を僧俗混交で行なった。王権は仏法・天皇霊・神祇《じんぎ》に護られるものと位置づけられ、なかでも仏法の威力が最も期待された。

こうした動向とおそらく共振しながら、「社会的な神仏習合」もさらに発展した。各地で神宮寺の建立が一般化するのは、八世紀後半以降のことである。前節では、国分寺僧尼の活動により、八世紀後葉から山林寺院・村落寺院が激増したと考えたが、もともと神の鎮座する山に寺が建てられることも少なくなく、山林寺院は神仏習合の揺籃《ようらん》の一つであった［久保、二〇一六］。また東国の村落では、神の信仰と仏の信仰が分かちがたく結びついており［笹生、二〇〇五］、「社会的な神仏習合」の基層をなしたが、おそらくこれも全国的な動向であったろう。仏都圏など、寺院と社会の関わりが深い地域で八世紀前葉には始まっていたことが、国分寺政策以後、全国化・一般化したと考えておきたい。「国家的な神仏習合」は称徳天皇の死によって後退するが、こうした社会的基盤があったからこそ、神仏習合は平安時代以降にも続いていくのである。

東大寺伽藍の整備

盧舎那大仏の開眼は天平勝宝四年（七五二）四月に行なわれたが、このとき大仏の塗金はまだ完了していなかった。金堂（大仏殿）は竣工《しゅんこう》していた可能性が高いが、国分寺としての役割を象徴する七重塔や、僧侶集団にとって重要な講堂・食堂・三面僧房は完成していない。ここで東大寺伽藍（図5-3）の整備にも触れておこう［太田、一九七九］。

古代寺院の創建にあたっては、まず金堂を建て、次に塔を建てるのが普通である。東大寺は金鍾寺・福寿寺・金光明寺としての前史があったが、大仏鎮座寺院と決まってから伽藍の再整備が行なわれ、大仏鋳造後にまず金堂が建設された。中門も開眼供養会に間に合ったが、回廊にはさらに時間がかかり、聖武天皇の周忌法会（天平勝宝九歳五月）に向けて整備がなされた。ついで力が入れられたのは東西の七重塔である。西塔は天平勝宝五年、東塔は天平宝字八年（七六四）ころ竣工した。このうち西塔は大和国分寺の中核施設であったと言われるが、実際には国分寺としての法会は金堂・講堂・食堂などで行なわれ、東大寺全体として機能を担っていたらしい。講堂ができたのは天平宝字年間の初めころ、食堂も天平宝字年間らしく、寺僧が集団生活を送る僧房がすべて完成したのは延暦元年（七八二）ころであった。大仏開眼からすでに三〇年が過ぎ去っていた。

主要伽藍以外では、鑑真の来日にともない、天平勝宝七歳に戒壇院が建てられ、本格的な授戒の場となった。また、福寿寺以来の歴史をもつ上院地区では、天平二〇年（七四八）前後に不空羂索観音像《ふくうけんさくかんのんぞう》が製作され、その仏堂（法華堂）の建設も行なわれたと推定される［福山、一九八二］。近年、部材の年輪年代（七三〇年前後）から法華堂の創建を天平初年に求める案もあるが［鶴見、二〇二二］、古文書や仏像の知見と総合して、慎重に判断すべき問題であろう。なお、神亀五年（七二八）に創建された金鍾寺の主要堂宇は、東大寺成立後は「中山寺」と呼ばれたが、天平勝宝二年の落雷を契機として、荒廃に向かったらしい［吉川、二〇〇〇］。

大仏開眼の二箇月前、上院地区の一画で十一面悔過が行なわれた。そのための仏堂も建っていたはずで、これが二月堂修二会《しゅにえ》の始まりである。上院地区では、東大寺成立以前に遡《さかのぼ》る法会も行なわれており、その後も独自の伝統が保たれていった。一方、東大寺の主要伽藍では、平安時代には数多くの法会が勤修《ごんしゅ》されたが、正倉院文書をひもとくと、三月一四日の華厳会、四月八日の仏生会、五月二日の御斎会《ごさいえ》、六月の花会（一四日の万花会《まんげえ》か二三日の千花会）、七月一五日の盂蘭盆会《うらぼんえ》、一二月一四日の万灯会など、主要なものが天平宝字～天平神護年間（七五七～七六七）には確認できる。伽藍の整備が進むとともに、寺院としての活動が本格化し、年中法会の体系が組み立てられていったのである。

こうして奈良時代末までに、東大寺は日本最大の寺院として確立することになった。その偉容はまさしく仏教的「中央突出」の象徴であった。

平城法華寺の建立

最後に、東大寺とペアをなした平城法華寺についても述べておきたい。先述のように、大養徳（大和）国分寺は、天平一四年（七四二）七月に発足した。それとともに「国分寺僧尼」の候補者が求められ、尼として平城京の二人の優婆夷が推挙されているので、国分尼寺も早々に発足させる予定だったと考えられる。東大寺南大門の東南にあった「野田法花寺」をそれにあてる学説があり［堀池、一九八〇］、出土する瓦の年代も矛盾しないようだが、確たることは言えない。

天平一七年五月、平城京がふたたび王都になったとき、「旧皇后宮」（恭仁遷都以前の皇后宮）は「宮寺」とされた。光明皇后は、生まれ育った藤原不比等の邸宅を受け継ぎ、立后後はずっと皇后宮に用いていた（長屋王邸が皇后宮になったとする学説もあるが、京内の離宮と考えたほうがよかろう）。それを宮寺という寺院に改め、別の場所に皇后宮を営んだわけである。正倉院文書には翌天平一八年の「宮寺三綱牒《さんごうちょう》」があり、早い時期から寺院として活動していたことがわかる。その故地では恭仁遷都以前の軒瓦が少なからず出土しており［奥村、二〇一二］、皇后宮には古くから仏堂が営まれていた可能性もある。それはともかく、宮寺は天平一九年正月までに「法華寺」へと改称された。金鍾寺・福寿寺が「金光明寺」になったのから四年ほど遅れて、光明皇后と縁の深い尼寺が、大養徳（大和）国分尼寺の役割を果たすことになり、それにふさわしい寺号が与えられたのであろう。

天平勝宝元年（七四九）は法華寺にとって重要な年であった。まず寺封二五〇戸の施入を受け、安定した財源を得た。「諸国法華寺」よりずっと多額の墾田所有も認められた。大安寺・薬師寺・東大寺などの一一寺とともに、聖武天皇御願《ごがん》による大修多羅宗《だいすたらしゅう》が置かれたことも見逃せない。このころ法華寺は官大寺としても、本格的活動を始めたようである。興味深いのは、墾田に関する法令において「大倭（大和）国法華寺」と「諸国法華寺」が対置されていることである。法華寺は平城京内にありながら大和国の国分尼寺とされ、東大寺と一対をなす「中央国分尼寺」の役割を果たすことになったわけである。

その後の法華寺を考えるには、寺封の変遷が手がかりになる。すなわち、①天平宝字元年（七五七）に一〇〇戸、②天平神護二年（七六六）に二〇〇戸が施入され、総計五五〇戸となった。このうち①は、翌天平宝字二年に初めて造法華寺司が見え、同三年～四年に法華寺金堂の造営が行なわれたこと［黒田、二〇二二］と関係がありそうである。金堂がこれほど遅く建設されるのは奇妙であるが、宮寺以来の寺容を改め、中央国分尼寺にふさわしい伽藍と本尊（盧舎那仏）へのバージョンアップが図られた、と考えておきたい。この年には聖武天皇の周忌法会が終わり、次は国分尼寺だという気運が高まってきたのであろう。また②についても、前節で述べたように、天平神護二年が「国分二寺の完成」の年と見なされることから、中央国分尼寺としての威儀・機能を高めるべく、財源をさらに充実させたものと理解される。これを推進したのは光明の娘、称徳天皇であった。

天平宝字年間（七五七～七六四）には、もう一つ大きな出来事があった。四年六月に光明皇太后がみまかったのである。法華寺内の南西部にあった嶋院が阿弥陀浄土院へと改作され、追善の場として整えられた。彼女の周忌法会に向け、諸国国分尼寺で阿弥陀三尊像が製作されたことは、すでに述べたとおりである。

その後も法華寺の整備は進められ、東大寺と同じように東塔・西塔が建てられた。諸国の国分尼寺は塔をもたず、大和国法華寺はこの意味でも特別な存在であった。やがて延暦元年（七八二）に造法華寺司は廃止される。法華寺も奈良時代末までに、日本最大の尼寺としての偉容を整えていたのであろう。

おわりに

国分寺建立と大仏造顕は、それぞれ「諸国均等」「中央突出」という相反する方向性をもっていた。しかし、二つの政策は東大寺において合流し、平城法華寺がそれとペアになった。両寺は「官大寺でありつつ、中央の国分寺・国分尼寺である」という性格をもっており、現に『延喜式』によれば、東大寺の僧と大和国分寺の僧、法華寺の尼と大和国分尼寺の尼は、それぞれ寺籍が別であったらしい。しかし、東大寺の法会を見ればわかるように、官大寺と国分寺の機能は、寺内では渾然一体《こんぜんいったい》となっていたのである。

古代の東大寺は総国分寺ではないし、法華寺も総国分尼寺ではない。それはあくまで中世的な言説である。それでは、国分寺・国分尼寺はどのように束ねられていたのか。

諸国の国分寺・国分尼寺の法会は一連のものとして行なわれ、正月の『最勝王経』転読と七月の安居講説が特に重要であった。このうち安居講説は、仏都圏の諸大寺と諸国の国分寺・国分尼寺で同時に開かれたが、全体の中心となるような寺院はない。これに対し、『最勝王経』の法会については確かな中心軸があった。それは天平神護三年（七六七）に始まった大極殿御斎会である。正月の七日間、大極殿院は仮設寺院となり、「仏堂としての大極殿」に官大寺僧が集められ、『最勝王経』の講説を行なったのである。私はこの仮設寺院こそが国分寺・国分尼寺を束ねる存在だったと考える。全国の国分寺で『最勝王経』の読経がなされている間、大極殿では官大寺僧がその教説を講義し、まさしく国家的法会の末端と頂点の役割を果たしていたからである。東大寺での『最勝王経』転読についてはなお不明瞭であるが、盧舎那大仏が超越的中枢でなかったことだけは確かである。

平安時代になってもこの構造は保たれた。大極殿御斎会は、国家・社会の安穏を祈る最も重要な法会であり続けた。平城京は王都ではなくなったが、官大寺が集まる仏都であることに変わりはなく、その僧たちが国家的法会に出仕し、また講師として諸国国分寺に赴いたのである。しかし、律令《りつりょう》体制の解体とともに仏教的秩序は変容していった。全国の国分寺・国分尼寺や、その僧尼が行き来した数多くの地域寺院は、少しずつ古代的な様相を脱していく。仏都圏も地域ブロックとして新しい相貌《そうぼう》を帯び始める。疫病大流行からの復興のために生まれた東大寺と国分寺は、こうして中世寺院へと転成していった。

参考文献

市　大樹　二〇一三年「国分寺と木簡」『国分寺の創建　組織・技術編』吉川弘文館
上原真人　二〇一一年「国分寺と山林寺院」『国分寺の創建　思想・制度編』吉川弘文館
太田博太郎　一九七九年『南都七大寺の歴史と年表』岩波書店
奥村茂輝　二〇一一年「法華寺の成立過程」『南都仏教』九六
鎌田元一　二〇〇八年『律令国家史の研究』塙書房
川尻秋生　二〇一一年「国分寺・国庁の法会」『国分寺の創建　思想・制度編』吉川弘文館
久保智康　二〇一六年「山寺と神社の構成」『日本の古代山寺』高志書院
黒田洋子　二〇二二年『正倉院文書の一研究』汲古書院
古閑正浩　二〇〇一年「畿内における青谷式軒瓦の生産と再利用」『考古学雑誌』八六―四
佐伯有清　一九九二年『伝教大師伝の研究』吉川弘文館
笹生　衛　二〇〇五年『神仏と村景観の考古学』弘文堂
柴田博子　一九八九年「国師制度の展開と律令国家」『ヒストリア』一二五
鈴木景二　一九九四年「都鄙間交通と在地秩序」『日本史研究』三七九
須田　勉　二〇一六年『国分寺の誕生』吉川弘文館
積山　洋　二〇一〇年「難波京と百済王氏」『東アジアにおける難波宮と古代難波の国際的性格に関する総合研究』大阪市文化財協会
薗田香融　二〇一六年『日本古代仏教の伝来と受容』塙書房
角田文衛　一九八五年『角田文衛著作集2　国分寺と古代寺院』法藏館
鶴見泰寿　二〇二一年『東大寺の考古学』吉川弘文館
萩野由之　一九二二年「国分寺建立発願の詔勅について」『史学雑誌』三三―六
畑中英二・大道和人　二〇一一年「近江国分寺」『国分寺の創建　思想・制度編』吉川弘文館
菱田哲郎　二〇一六年「東大寺丸山西遺跡と興福寺式軒瓦」『東大寺の新研究Ⅰ　東大寺の美術と考古』法藏館
菱田哲郎　二〇一九年「遺跡からみた古代寺院の機能」『シリーズ古代史をひらく　古代寺院』岩波書店

福山敏男　一九八二年『福山敏男著作集二　寺院建築の研究　中』中央公論美術出版
堀　裕　二〇二二年「陸奥の仏教文化」『シリーズ地域の古代日本　陸奥と渡島』KADOKAWA
堀池春峰　一九八〇年『南都仏教史の研究　上　東大寺篇』法藏館
山路直充　二〇一一年「寺の空間構成と国分寺」『国分寺の創建　思想・制度編』吉川弘文館
吉川真司　二〇〇〇年「東大寺の古層」『南都仏教』七八
吉川真司　二〇〇三年「大養徳国金光明寺」『論集東大寺の歴史と教学』東大寺
吉川真司　二〇一一年a「国分寺と東大寺」『国分寺の創建　思想・制度編』吉川弘文館
吉川真司　二〇一一年b『天皇の歴史02　聖武天皇と仏都平城京』講談社
吉川真司　二〇一九年「古代寺院の数的変遷」『古代寺院史の研究』思文閣出版
吉川真司　二〇二二年『律令体制史研究』岩波書店
吉川真司　二〇二三年「日本古代の仏都と仏都圏」（近刊）
吉田一彦編　二〇二一年『神仏融合の東アジア史』名古屋大学出版会
和田　萃　一九九五年『日本古代の儀礼と祭祀・信仰　中』塙書房

6章　文字文化の拡がり

寺崎保広

はじめに

本章では、奈良時代における文字文化の拡がりといったことを、平城京跡から出土した木簡などを手がかりとして考えてみたい。

平城宮跡の東南に隣接する場所の発掘調査で、大量の木簡「長屋王家木簡*」が出土したのが一九八八年のことで、翌年にはその長屋王宅の北に隣接する場所から、それに倍する点数となる「二条大路木簡」が出土したが、それから三〇年余り経《た》ったことになる。当初は、この二大木簡群についての研究が活発になされたが、その後しだいに論文数も減ってきて近年ではやや停滞の観がある。だからというわけではないが、ここでは両木簡群の中から二、三の材料を取り上げ、都における木簡使用の実態を検討し、そこから文字による日本語表記が全国に拡がっていったであろうことを考察してみる。

1　長屋王家木簡

長屋王家木簡とは、発掘の結果判明した宰相・長屋王（六七六〜七二九）の宅地の東辺近くに掘られたゴミ捨て用の長大な土坑から出土した三万五〇〇〇点余の木簡群である。宅地は、当時の表記では平城京左京三条二坊の一・二・七・八坪を占め、面積は六万平方メートルに及ぶ（後掲図6-1）。その東門を入った右手に掘られた土坑は、南北二七メートル、幅三メートルと長大で、そこには木簡のほかにも大量の土器・木器なども廃棄されていた。木簡は長屋王家の家政機関「長屋王家令所」で使用されたものが一括して廃棄されたとみられ、木簡に記された年紀は和銅三年（七一〇）〜霊亀三年（七一七）に限られている。

木簡群全体の内容については参考文献［奈良国立文化財研究所（奈文研）、一九九五、寺崎、一九九九］にゆずり、ここで詳しくふれることはしないが、長屋王家木簡の最大の特徴は何かといえば、平城宮木簡を相対化したことだ、と考える。

表6-1　平城宮出土の年紀木簡点数

和　銅	（708〜715）	23点
霊　亀	（715〜717）	9
養　老	（717〜724）	45
神　亀	（724〜729）	49
天　平	（729〜749）	142
天平勝宝	（749〜757）	47
天平宝字	（757〜765）	50
天平神護	（765〜767）	20
神護景雲	（767〜770）	64
宝　亀	（770〜780）	20
延　暦	（782〜　）	7
合　計		476点

日本の木簡研究は、一九六一年（昭和三六）に平城宮跡で初めて四〇点の木簡が出土したことから本格化するが、それ以後、次々と出土が続き、点数・内容ともに圧倒的に豊富な平城宮木簡を主たる材料として検討が深められてきたのである。そして、平城宮跡のほかにも、奈良時代以外の木簡と各地の木簡が出土することによって研究材料の幅を広げてはきたが、それら

は点数的には平城宮木簡に比べて少なく、内容も限定的であったことは否めない。それに対して、長屋王家木簡は平城京内の一貴族の邸宅内で使われたもので、木簡点数も出土時点での平城宮木簡の総数に匹敵する膨大なものであった。さらに、木簡の内容でいえば、平城宮木簡が宮内の諸官司で用いられた公的な性格であるのに対し、貴族の家政というういわば私的な側面も併せもつという違いがあり、そうした点でも特に関心をよんだわけである。

表6-2　長屋王家木簡の年紀木簡点数

和銅三年	(710)	2点
四年	(711)	2
五年	(712)	11
六年	(713)	15
七年	(714)	35
和銅八・霊亀元年	(715)	16
霊亀二年	(716)	15
三年	(717)	1
合　計		97点

もう一つ注目したいのは、二つの木簡群の年代の違いである。平城宮木簡の年代は奈良時代の各時期に及ぶので一概には言えないが、全体の傾向を見るために奈良文化財研究所のデータベース「木簡庫」を使って、年紀をもつ五〇〇点近い木簡を年号ごとに集計してみると、表6-1のようになる。仮に和銅~神亀年間を奈良前期、天平年間を中期、天平勝宝以降を後期と区分すれば、前期が一二六点（二六・五％）、中期が一四二点（二九・八％）、後期が二〇八点（四三・七％）となる。同様に「木簡庫」によって、長屋王家木簡の既報告分の年紀木簡を年毎に集計すると表6-2のようになる。

つまり、平城宮木簡は、全体としては天平以降の奈良時代中・後期のものが約四分の三と多くを占めるのに対して、長屋王家木簡は、和銅・霊亀という奈良時代初期の木簡であるから、藤原宮木簡と平城宮木簡の間を埋めるとともに、大宝律令《たいほうりつりょう》が施行されて間もない時期の木簡が大量に出土したと言えるのである。

2　長屋王家の考課に関わる木簡

以下では、長屋王家木簡のうち、官人の考課*に関わる木簡を取り上げてみよう。まずは考課制度について簡単に説明する。

古代の官人は毎年所属する官司の長官による勤務評定（考課）を受け、その後、数年間の考課を重ねて位階の昇進（選叙）が決められた。考課を受けるためには一定以上の出勤日数（上《じょう》日《じつ》）が必須《ひっす》条件で、常勤官人（長上官）ならば年間二四〇日、非常勤官人（番上官）は一四〇日、皇族や貴族に仕えるトネリ（帳内・資人）は二〇〇日以上の出勤を要した。各官司で、全員の考課の案が定まると、「考文《こうもん》」という文書にまとめて記し、それを太政官に提出した。考課を管轄するのは式部省で、各官司から提出された「考文」などの関係文書は太政官から式部省に下され、内容について詳細なチェックがなされ、その後の手続や儀式を経て、全官人の一年間の考課が最終的に確定した。

以上のように、考課はまず各官司ごとに行なわれるが、長屋王宅の中にも「長屋王家令所」とよばれる一つの官司が置かれ、そこに家令から書吏までの主要官人と、トネリと称する雑任の官人たちが数十人所属していた。したがって、彼らも平城宮内の官司に通う官人と同様に、

写真6-1『平城宮発掘調査出土木簡概報21』より　写真提供：奈良文化財研究所

長屋王家で勤務評定を受けることとなる。長屋王家木簡にはいくつかの考課簡があるが、一例だけをあげると次の通りである。

A　□［无カ］位出雲臣安麻呂年廿九
　　山背国乙当郡
　　上日　日三百廿
　　　　　夕百八十五
　　「并五百五」
（『平城京木簡　二』二〇八五号）

これは無位であった出雲臣安麻呂というトネリのある年（他の史料から和銅六年と判明する）の考課定め用に作られた木簡で、名前の下に年齢と本貫地（山城国愛宕《おたぎ》郡のこと）を記したあと、上日として一年間の出勤日数（日勤三二〇＋夜勤一八五＝五〇五）が記されており、トネリの年間二〇〇日（日勤）以上という条件を十分に満たしている。このような考課簡を用意したうえで、長官である家令が上端部に評価を書き加え、すべての官人の木簡を集計して、「長屋王家令所考文」といった文書を作成し太政官に提出したのであろう。長官が評価を加えた木簡は長屋王家木簡には今のところ見あたらないが、平城宮の式部省跡から出土した次の木簡と同じタイプであったと推測される。

B・下等　兵部省使部従八位下□□年六十 右京 上日百□
・　□執□下　□
（『平城宮木簡 六』八六一六号）

ここではAとほぼ同じ記載であるが、冒頭に「下等」という評価が記され、裏面にその理由が天地逆に書かれている点が異なる（考課等第簡）。この木簡の対象となる官人は番上官なので三段階で評価され、彼（名前の部分は不鮮明で読めない）はこの年「下」の評価が下された。裏面には、その理由として「逋違不上、執当虧失」（逋《のが》れ違《たが》いて上《つか》えず、執当虧《か》き失う——欠勤の言い訳ばかりして、仕事上のミスが多い）という考課令第五一条の語句が記されていたはずである。

このように、平城宮内に勤める官人であれ長屋王家の官人であれ、一人ひとりについて、出勤日数の規定を満たしていることを前提とし、それぞれの勤務内容を踏まえて、官司単位で考課が定められていたことが、出土木簡から明らかとなるのである。

なお、長屋王家木簡には平城宮木簡と違い、上日として「日」のほかに「夕」も記されることが多いが、これはトネリという職が夜の勤務もあったことを示すもので、考課を受ける条件としては「日」の数により、「夕」の数は勤務内容の評価に加味されたのであろう。

長屋王家木簡にはAのタイプの考課簡とは別に、官人の上日に関するこれまで未見のタイプの木簡もいくつか含まれていた。その一つが次のような木簡である。

C・木上司等十一月日数進 新田部形見 日廿七 夕廿一　秦広嶋 日卅 夕廿七
　　　　　　　　　　　　忍海安万呂 日卅 夕廿六
・　十一月卅日

（『平城宮発掘調査出土木簡概報 二一』）

冒頭の「木上司《きのえのつかさ》」とは、長屋王家令所の下部組織で、木上という長屋王が所有する土地に置かれた出先機関のことである。木簡はそこから長屋王家令所あてに送られたもので、木上司で働く三人のトネリのある年十一月の出勤日数報告なのである（上日報告簡）。つまり、長屋王家令所の管轄下にある各部局ごとに、こうした木簡を使って所属官人の出勤日を一ヵ月単位で報告していたことがわかる。

次に、上日に関連する別のタイプの木簡もある。

D・許知祖麻呂 二月日卅夕三　三月日廿八夕二　四月日廿九夕三　五月日廿九夕一　六月日廿二　七月日廿 ＝
＝八月日廿七夕廿四　九月日廿九夕廿
・小治田御立 二月日廿四夕十八　三月日□夕十九　四月日廿夕十三　五月□
□日□夕三　八月夕四

（『平城京木簡 二』二〇八四号）

Dでは、木簡の表裏の冒頭にトネリである官人の名前（許知祖麻呂《こちのおやまろ》と小治田御立《おはりだのみたつ》）を書き、以下に各人の二月から始まる月別の出勤日数を「日」と「夕」に分けて集計した木簡（上日集計簡）と言える。現状では、表の面が九月まで、裏面は八月までの記述であるが、木簡の下部は欠損している。当時の会計年度は二月に始まり翌年正月に終わるから、原形は正月までの一年間の記述をもつ長大な木簡だったと推測されるのである。

以上のような考課に関わるA～Dのタイプの木簡を参考にして、官司の中において官人の考課が決まるまでの流れをまとめると、次のようになるであろう。

まず各官人の所属部署で上日が数えられ、それを月単位で官司の中枢部に報告し（C）、それをもとにして官人ごとに月別の上日数を一年分集計した木簡（D）を作り、さらに、Dタイプをもとに各官人の考課簡（A）を用意し、それに長官によって評価が下された（B）のであろう。そして、官司全員の考課定めが終わると、その結果を紙の文書である「考文」にまとめて記入し、それを太政官へ提出したはずである。

長屋王家木簡の出土によって、平城宮式部省跡と同じような考課簡が見出《みいだ》され、貴族の家政機関でも同様の考課がなされていたことを確認できたが、それだけではなく、新たにC・Dといった上日数を集計する前段階にあたるタイプの木簡が複数種類も作られていたことは、私には驚きであった。つまり、一年間の考課において上日数を前提とする、という考課令の規定が実施されていただけではなく、その上日をカウントするためにこれほど厳密な報告と集計が木簡を使ってなされていたのである。さらに言えば、事例として判明したのは長屋王家木簡だけであるが、おそらく同様の作業は長屋王家だけではなく、他の貴族の家政機関でも、さらには平城宮内の各官司においても行なわれていたと考えるべきではなかろうか。

3　上日制の始まりと上日帳

「上日」という語句の史料上の初見は『日本書紀』持統四年（六九〇）四月庚申条で、次のように出てくる。

詔して曰く。「百官人及び畿内の人の位有る者は、六年を限れ。位無き者は七年を限れ。其の上日を以て九等に選び定めよ。四等以上は、考仕令《こうしりょう》に依り、其の善・最・功・能・氏姓の大小を以て、量《はか》りて冠位を授けむ。……」

この詔は前年に施行された飛鳥浄御原令の考仕令の一部を改定したもので、それまで、毎年の考課が毎年の叙位と結びついていた方式を改め、大宝令以降に受け継がれる複数年の考課を重ねて（ここでは六年ないし七年）叙位する選限方式に改めたものと考えられる［野村、一九六七］。そして、上日数によって九等（上上〜下下）を決め、四等（中上）以上の上日が叙位を受ける条件となり、それが大宝令では毎年の考課を受けるための最低条件（長上官は二四〇日以上）となって定着してゆくのである。

また、上日は考課だけでなく、禄《ろく》の支給を受ける時の条件ともなっており、飛鳥浄御原令には大宝令と同様の季禄制度が規定されていた可能性が高い［山下、二〇一八］。官人の上日を数えること自体は、浄御原令以前まで遡《さかのぼ》ることも考えられるが、考課や禄支給と結びついた制度としては飛鳥浄御原令から始まると見るべきであろう。

持統八年一二月に遷都した藤原宮は、初めて宮の外側に広大な京（藤原京）を伴う画期的な都城であった。それは下級官人を含めれば一万人近い官人たちが、原則として毎日、宮の中にある官司に出勤することを前提とし、そのために宮の近くに住居を構えることを必須とする段階に至ったことに対応するものであった。天武朝以降に整えられていった官人制度の基本的な要件として、上日制の始まりもこれと連動するものと言ってよかろう。

長屋王家木簡は、飛鳥浄御原令から二〇年余、大宝令施行からはわずかに一〇年後にすぎないが、前述のように詳細な上日管理が行なわれていたことを示したのである。

長屋王家木簡以外では、少し年代が下って正倉院文書に上日に関わる文書が多く残されており、すでに検討が加えられている［山田、一九六二、栄原、一九九四］。以下では、栄原永遠男氏の説によって簡単に紹介する。

正倉院*に残る上日関係文書は天平二〇年（七四八）～天平宝字二年（七五八）のもので、それらは五種類に分類できるという。A類は、官人の出向先からその所属官司への上日報告で、造東大寺司やその管下の写経所から他の官司に官人の上日を報告したものの案。B類は、下級官司（写経所）から上級官司（造東大寺司）への上日報告で、月単位の報告が多い。C類が「上日帳」と称されるもので、八月から翌年七月までの一年間の上日を個人ごとにまとめたもの。D類は、上日報告以外の目的のために作成した文書・帳簿に上日の資料を使用したもので、翌月分の粮《かて》を請求するために今月分の仕丁の上日を報告する類。E類は、その他の上日に関するメモなど。

右の分類を踏まえて栄原氏は、C類の上日帳は写経所が把握する上日を一覧するために作成された控で、写経所は、上日を送付する旨を記した文書に清書した上日帳を副《そ》えて造東大寺司に報告したこと、造東大寺司は、各所から集まってくる各所それぞれが把握する上日の報告を総合・整理して各人ごとの上日の実態を把握したことを述べている。

以上のように、長屋王家木簡と正倉院文書に見える官人の上日管理の方法は、奈良時代初期と中期以降という年代の違いや、木簡と紙との違いはあるものの、一ヵ月ごとの報告、官人ごとおよび年間の集計といった点でいえば、基本的には同様であったと見られる。そうすると、他の官司においても同じようにして上日が把握されていたであろうとした先の推定を裏付けることになり、また、長屋王家木簡の年代からみて、そうした方式は遅くとも大宝令制定当初には始まっていたであろうことも想定されるのである。

4　二条大路木簡と「国解文例」習書削屑

長屋王家木簡の発見に続き一連の発掘調査で、さらに多量の木簡が出土したのが二条大路木簡である［奈文研、一九九五］。出土した遺構は長屋王宅の北を東西に走る二条大路の北と南の端に道路と平行して掘られた溝状の土坑である。南の溝状土坑は、長屋王宅の北門を出たところから東へ一二〇メートルの長さをもち幅は約三メートル、北の溝状土坑は、長屋王宅の東北に隣接する宅地（藤原麻呂宅か）の南門前で途切れ、東半は幅約二・五メートル、長さ五六メートルの全長を確認し、西半は四メートルほど発掘したのみであるが西に延びている（図6-1）。

木簡の年代は、長屋王家木簡よりも二〇年ほど下り、天平七年（七三五）と八年に集中する。年代のみならず、内容の面でも共通する点が多く、溝状土坑から出土したものを一括して「二条大路木簡」として扱われている。ただし、木簡に記す年紀の下限からみて、北の溝状土坑は天平九年初め頃、南の溝状土坑は同一二年頃に埋められたようである。

木簡の点数は、合計七万四〇〇〇点にのぼり、それらは内容から大別して二つのグループに分かれる。一つは聖武天皇の皇后であった光明皇后（七〇一～七六〇）のために置かれた「皇后宮職」関係の木簡群、もう一つは藤原不比等の四男である藤原麻呂（六九五～七三七）の家政機関に関わる木簡群である。二条大路の南にあった長屋王宅は、天平元年（七二九）の長屋王の変で没官地となり、そこが同年に立后した光明皇后の宮となった。そして、その中に設置

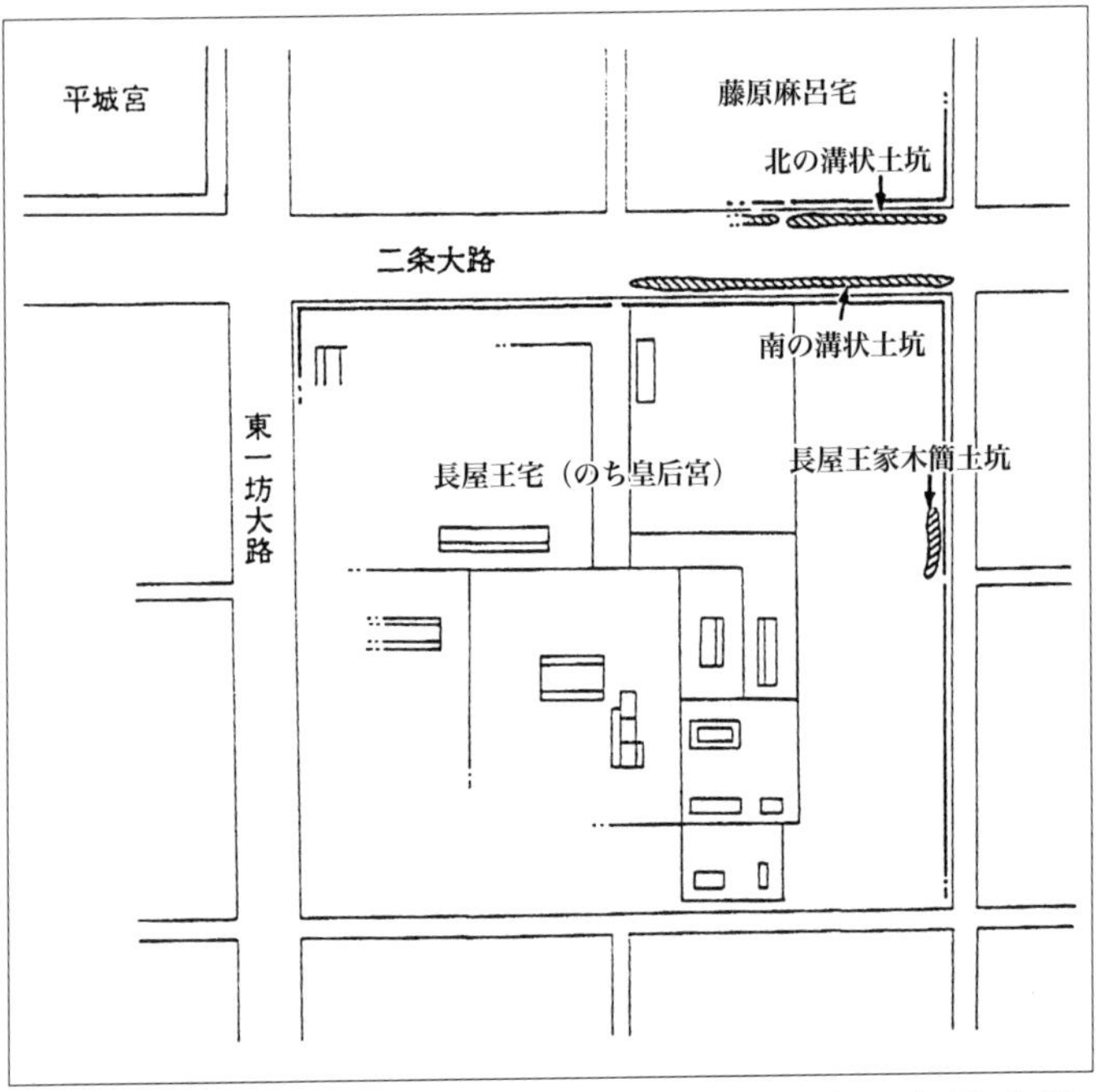

図6-1　寺崎保広『古代日本の都城と木簡』(吉川弘文館、2006年)249頁の図に加筆

された皇后宮職から廃棄されたのが前者の木簡群であり、後者は二条大路の北にあった藤原麻呂宅から捨てられたものであろう〔渡辺、二〇〇二〕。特に皇后宮職の木簡群は長屋王家木簡とは対照的に公的色彩が強く平城宮木簡とほとんど違いがない。

　さて、以下で取り上げるのは、二条大路木簡のうち、一つの木簡から削り取られた次のような削屑《けずりくず》である。

E　ム国司解申副物欠少事　右去年陽旱
　□〔来カ〕此間輸　　　□

F　□「税税」調使位姓□
　旱五穀不登老小□□□〔飢饉四カ〕　食此□〔往カ〕彼□
　□□顕注如件仍具事状便付調使位姓

G　□〔数カ〕陽旱
　小々之数顕注如件仍具□
　下野国司解□副□〔申　物カ〕欠小

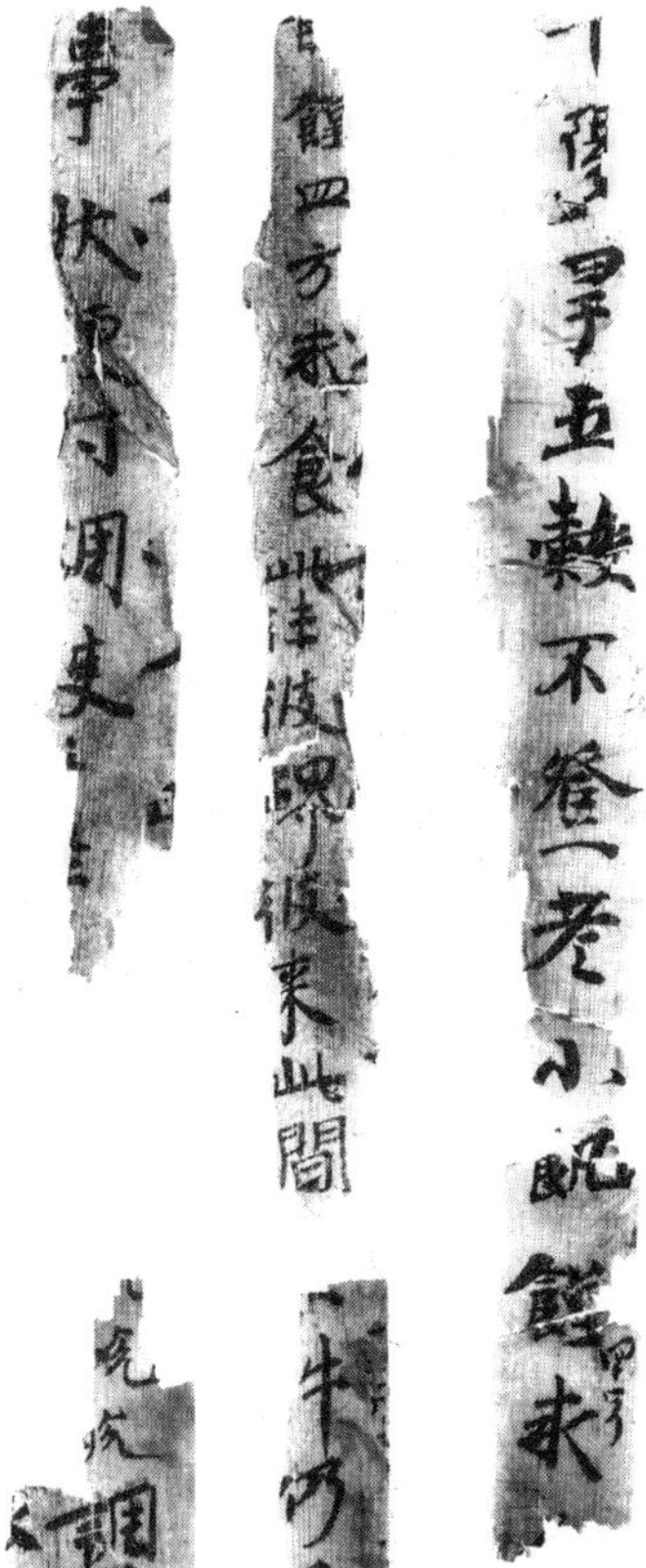

写真6-2『平城宮発掘調査出土木簡概報24』より　写真提供：奈良文化財研究所

写真6-2は『平城宮発掘調査出土木簡概報 二四』と『同 三〇』に掲載された合計二九片にのぼる削屑群の一部であるが、いずれも北の溝状土坑の東端に近い同一の場所から出土している。文章中の語句と筆跡の共通性からみて、これらは元来一つの木簡に同じ文章を何度も繰り返し書いた習書木簡であり、それから削り取られた削屑群と判断される。木簡概報に掲載されたほかにも小片の削屑が出土しているであろうが、既報告の削屑群によって元の文章を復元し、返点・句読点を付けて示せば次のようになる〔奈文研、一九九五〕。

H　ム国司解申副物欠少事
右、去年陽旱、五穀不レ登、老小飢饉、四方求レ食、此往二彼堺一、彼来二此間一、輸丁□…物、欠々小々之数、顕注如レ件、仍具二事状一、便付二調使位姓名一申送、謹解。
（某国司解《げ》し申す、副物《そわつもの》欠少の事
右、去年陽旱にして五穀登《みの》らず、老小飢饉にて四方に食を求め、此れより彼の堺に往き、彼より此の間に来たり、丁□……を輸すに……物、欠々小々の数、顕注すること件《くだん》の如し。仍《よ》って事状を具《つぶさ》にし、便《たより》に調使位姓名に付して、申送す。謹んで解す。）

これは国司から中央への報告文（国司解《こくしげ》）であるが、「ム国司」や「調使位姓名」と固有名が記されないので、実際に報告した文章ではなく、報告用の文例があって、それを見ながら習書した木簡だったと考えられる。内容は、昨年に日照りがあり飢饉《ききん》におちいったので、その状況を報告し今年の税（副物）の減免を願うものらしい。何故こうした国司が書くべき文例の習書木簡が都から出土するのかといえば、都に住むトネリなどの下級官人が、やがて国司の史生《ししょう》などに昇進した時のために国司文書の文例を練習したのであろうと推測されている［鈴木、一九九二、鐘江、二〇〇七］。

習書木簡が書かれたのは、まさに旱害《かんがい》や飢饉が頻発していた時期であった。『続日本紀』には、天平二年（七三〇）～八年の間、豊作だった天平三年を除けば、毎年、被害の記事が見える。「この頃、亢陽《こうよう》、稍《よう》く盛なり。思量《おもいはか》るに年穀登《みの》らず……」（天平二年閏《うるう》六月庚戌）、「是の夏、雨少くして秋稼稔らず……」（天平四年八月）、「是の年、左右京と諸国と、飢え疫する者衆《おお》し……」（天平五年是年条）、「天平四年の亢旱より以来、百姓貧乏し……」（天平六年五月戊子）、「是歳、年頗《すこぶ》る稔らず……」（天平七年是年条）、「詔して、京・四畿内と二監の国の今年の田租を免ず。秋稼、頗る損せるを以てなり」（天平八年一一月甲午）、といった状況である。そしてこの間、頻繁に見える各国の被害状況、たとえば『続日本紀』に「遠江・淡路飢えぬ。これに賑恤《しんじゅつ》す」（天平五年三月癸丑）と記される場合、実際に遠江や淡路の国司から出された被害状況報告の「解」の文章は、おそらく復元した文例（H）に類似するものだったに違いない。

『類聚三代格』をひもとけば、そこに掲載される太政官符には、国司の解による提起に応《こた》えて出された案件が数多く見出される。その国司解の書き方は、国や年代を超えて共通する表現が多いように思われる。もちろん解の書式は養老令（公式令）に規定されているが、問題は文書の形式ではなく、どのように自分たちの主張を論理的に展開し説得力をもたせるかであり、そのための手本となる文章が各種の「文例集」として各国府に蓄積され、あるいは官人たちの間に流布していたのではなかろうか。

先の復元文例に戻れば、冒頭に「ム国司解申副物欠少事」とあって、ここでは「副物」の減免に関わる例となっているが、これは養老元年（七一七）に廃止された「調副物」にあたると見られるので、それ以前に上申された文書を下敷きにしている可能性が高い。そうした点から、鈴木景二氏は「この削屑は、地方行政に関わる公文書の具体的な文例集が、奈良時代の早いころにすでに成立していたことを物語る興味深い史料なのである」と述べているが、妥当な見解であろう。

5　木簡の盛衰

現在までに全国の遺跡から出土した木簡の総点数は、正確にはわからないが四〇万点前後ではないかと思われ、そのうち平安時代以前の古代の木簡が九割近くを占めると推定される。古代の木簡は、寺院跡・地方官衙《かんが》跡・集落跡などからの出土もあるが、点数でいえば都城遺跡から出土しているものが圧倒的に多い。そこで都城の遺跡ごとに木簡出土量を集計し概数で示すと、表6-3のようになる。

これを簡単に言えば、飛鳥浄御原宮跡およびそれに関連する石神遺跡から合わせて六〇〇〇点ほど、藤原宮・京跡から計三万点、平城宮・京跡から合計二七万点近く、長岡宮・京跡から計一万点、平安京跡からは四〇〇点となる。このことは、各時代における木簡使用量をおよそ反映していると考えてよかろう。平城宮跡で初めて木簡が出土してから六〇年が経つが、今後それぞれの遺跡から木簡が出土し続けても、右の傾向を大きく覆すような新発見はないであろうと予想する。

したがって、木簡の使用は、藤原宮期以降に加速度的に増大し、奈良時代に最盛期をむかえ、

表6-3　都城遺跡出土木簡点数（概数）

年代	遺跡	出土点数	備考
藤原宮以前	飛鳥京跡	2,000点	飛鳥浄御原宮に該当
	石神遺跡	4,000点	
藤原宮期	藤原宮跡	16,000点	
	藤原京跡	14,000点	左京七条一坊西南坪跡を含む
奈良時代	平城宮跡	152,000点	東院土坑を10万点と仮定して
	平城京跡	116,000点	長屋王家・二条大路木簡を含む
	宮町遺跡	7,000点	紫香楽宮に該当
長岡宮期	長岡宮跡	1,000点	
	長岡京跡	9,000点	
平安宮期	平安京跡	400点	

その後急速に減少に転じ、平安宮期には特殊なものを除けば消滅したのであり、まさに八世紀は「木簡の世紀」と言ってよかろう。それでは、このような木簡の「盛衰」をどのように解すべきであろうか。筆者はこれを文書行政の成立とその変化によって説明できるのではないかと考えた［寺崎、二〇一七］。

官人による政務は、古くは口頭での伝達によってなされたが、律令制が導入されると紙の文書による伝達こそが正式なものとなったのであり、そうした「文書行政」は飛鳥浄御原令から始まり、大宝令制定によって制度的に確立したと考える。官司と官司の管轄関係が明確になり、その官司間の文書様式が「解・符・移」といった形で定められ、年号が制定されてその使用が義務づけられた。つまり、養老令（公式令）に見られる文書様式の体系は、基本的に大宝令で成立したのである。ただし、文書行政は紙の文書だけで行なわれるわけではなく、多くの木簡が併用され、さらに口頭での伝達もその一端を担っていたのであろう。

本稿の前半で取り上げたのは、材料に恵まれた官人の上日管理の例であるが、注目すべきは、紙の文書（考文）作成の前段階として個別のデータ集積のために、複数の種類の木簡が相互に関連して使われていたという点である。木簡の使用は、官人考課以外の場面においても同様に紙の文書と併用されていたが、それをここで詳論する余裕がない。しかし、それらも含めて、文書行政というものが実効性をもつためには膨大な量の木簡が必要だったと推測される。あるいは、木簡は正規の紙文書作成の基礎データとして使用されることが多く、それは「実態に即した文書行政」を実施するためには不可欠なものであったと言い換えてもよい。七世紀末から奈良時代には、そうしたことが徹底して行なわれたために膨大な量の木簡が使われ、それが出土木簡の急増と奈良時代のピークとなって現れたのだと考える。

一方、長岡宮期以降の木簡の急激な減少はどのような要因によるものであろうか。かつては、「古代の日本においては紙が貴重だったから、その代用として木簡を用いたが、平安時代になって紙が普及するにしたがって、木簡は漸減したのだ」といった説明がなされた。しかし、その後の研究では、紙と木簡の併用のあり方が多様であったことが判明し、単純に「木簡は紙の代用」とする点は再考すべきこととなった。しかも、平安時代の木簡数は漸減ではなく激減もしくは消滅するのであるから、「紙の普及」以外の理由がなければならない。

木簡の激増を文書行政の成立によるとするのであれば、その消滅についてもそれとの関連で説明する必要があろう。この点は詳しい論証を要し、未《いま》だ検討が十分ではないが、基本的には文書行政の質的な変化によると考えている。前稿［寺崎、二〇一七］では、それを示す材料として次のような点をあげた。

一つは官人の考課における評価（等第）の変化である。奈良時代前期には個々人の評価にバラツキが見られ、時に厳しい評価を下されることもあったが、中期以後になるとそれがしだいに甘くなり、平安時代に入ると、よほどの過失でもなければ「中上」に固定していったと見られるのである。二つ目は、国司の報告する文書などに見える「去年との増減、若干」という語句が頻出するようになることである。税を負担する課丁の数、あるいは調庸といった税の量などを記述した後に、前年度と比べてどれほど増減があったかを記すようになり、それがたんなる前年度比から、やがて国司による行政の是非を判断する材料に変わってゆくのである。最後に国司史生の定員減少があげられる。国府の中で文書作成の中心的役割を果たしたのが史生であったが、九世紀に入ると国司側の要請によってその定員が徐々に減少し、かわりに国博士・弩師《どし》・陰陽師《おんみょうじ》といった他のポストに振りかえられていることである。

こうした点から以下のような推論を導いた。大宝律令以降、「実態に即した文書行政」が強力に推し進められ、そのために膨大な量の木簡が使われたが、時代の推移とともにそれが変化し、実態を反映しているか否かというよりも、前年度文書との比較が重要視されるようになり、前年よりも減っていなければ良しとするように、文書行政の形式化が進行していったのであろう。そうなると、紙文書のデータとしての木簡使用は激減することになったのではないか。平安時代における文書作成の量がそれ以前に比べて減るわけではないが、それは、実態とはしだいに乖離《かいり》したものへと変わっていったのではあるまいか。その延長線上に、平安時代後期には、調庸負担のない女性の比率が極端に高い戸籍も作られるようになる。

　このように見てくると、八世紀というのは、文書による支配を細部まで徹底させなければならないと真面目に考えていた特異な時代だったとも言えよう。

おわりに

　かつて青木和夫氏は、『古事記』『日本書紀』『万葉集』などの書物にしても、正倉院文書や木簡などの文書にしても、七世紀以前のものがきわめて少なく、八世紀に入ると激増するのはなぜか、という問題をたて、それは律令制に最大の要因があったと結論づけ、「いままで口頭で伝えた行政上の命令も報告も、律令制はすべて文書によれと強制した。文字を覚えることが必要な時代となっていたのである」と述べている〔青木、一九六五〕。

　この見解は、長屋王家木簡などの発見よりはるかに前で、平城宮木簡が出土しはじめた頃に示されたものではあるが、今でも説得力をもつものと言えよう。

　古代の識字率といったことを考えるための直接的な手がかりはないが、庶民はともかくとして、何らかの形で役所に出仕した人々は、程度の差はあれ文字の読み書きはできたのではなかろうか。都で位階をもつ官人は一万人ほど、そのほかに「無位」のまま役所で働く者がその倍はいたであろうし、地方では、国府・郡家に勤める雑任以上、さらに五〇戸に一つの割合で置かれた里（郷）の長あたりまではその中に入ってくるであろう。

六八九年の飛鳥浄御原令、そして七〇一年の大宝律令を契機として、文字によって命令を受け、文字によって報告するという方式が急速に拡がり、それを通して日本語を漢字を使って表記する文化が全国に及んでいった。その一端を、長屋王家の考課関係木簡や二条大路木簡の「国解文例」習書が示しているもの、と考えるのである。

参考文献

青木和夫　一九六五年『奈良の都』中央公論社（のち中公文庫）
鐘江宏之　二〇〇七年『地下から出土した文字』山川出版社
栄原永遠男　一九九四年「上日帳について」井上満郎・杉橋隆夫編『古代・中世の政治と文化』思文閣出版
鈴木景二　一九九二年「下級国司の任用と交通—二条大路木簡を手がかりに—」『木簡研究』一四号
寺崎保広　一九九九年『長屋王』吉川弘文館
寺崎保広　二〇一七年「木簡と文書の世紀—木簡はなぜ無くなるのか?—」『萬葉』二二三号
奈良国立文化財研究所（奈文研）一九九五年『平城京左京二条二坊・三条二坊発掘調査報告』
野村忠夫　一九六七年「天武・持統朝の官人法」『律令官人制の研究』吉川弘文館（初出一九六五年）
山下信一郎　二〇一八年「官人と禄—律令国家成立期の食封と季禄—」古瀬奈津子編『律令国家の理想と現実』竹林舎
山田英雄　一九八七年「奈良時代における上日と禄」『日本古代史攷』岩波書店（初出一九六二年）
渡辺晃宏　二〇〇一年『平城京と木簡の世紀』講談社（のち講談社学術文庫）
渡辺晃宏　二〇一〇年『平城京一三〇〇年「全検証」—奈良の都を木簡からよみ解く—』柏書房

ESSAY

宮滝で笠金村の歌に思いを馳せる

上野　誠

滝のほとりの　三船《みふね》の山に
生々とした枝を広げて　隙間なく生《お》い茂っている
とがの木ではないけれど　いやつぎつぎに
万代《よろずよ》に　このようにお出ましなさるであろう
み吉野の　秋津《あきづ》の宮は……
神の神たるそのままに　かくも貴いのであろう
国柄か　かくも見続けていたい
それは山川も　清くさやけく美しいから
だからだから神代《かみよ》より　この地を宮と定められたのだ……

（巻六の九〇七、笠金村歌、新拙訳）

「歴史は勝者のものである」――。たしかに、そうだ。ならば、「文学」はどうか。私は、常に敗者と弱者の側に立つものだと考える。中国文学でいえば、魏の文帝は栄華を極めた人だと思うが、それでも哀《かな》しい詩で自らの心情を吐露する。

『万葉集』でいえば、柿本人麻呂ですら、『日本書紀』『続日本紀』にその名を留《とど》めない。微官

宮滝遺跡（奈良時代）イメージ図　早川和子画、吉野町役場提供

だったからだ。しかし、人麻呂は、『古今集』の仮名序において、同じ微官の山部赤人とともにその名を称され、かつ「歌のひじり」とまでいわれているのだ。歴史に名を留めぬ人麻呂も、文学では英雄になれるのである。

一方、山部赤人とともに聖武朝を生きた官人に、笠金村《かさのかなむら》がいるが、今日、この歌人についての知名度は、人麻呂、赤人に比べれば、悲しいほどに低い。が、しかし。奈良時代において、山部赤人よりも、笠金村のほうが評価が高かったことは間違いない。

私は今、フィリップ・アリエス（一九一四～一九八四）やアラン・コルバン（一九三六～）の著作に接し、有名人の歴史ではなく、史書に名を留め得ない人びとの声を、どう歴史のなかに組み入れるか、ということに思いを馳《は》せている。

じつは、笠金村は、『万葉集』巻六の巻頭を飾る文学の英雄なのだ。よし、このエッセイは、「笠金村讃」にしよう。養老七年（七二三）の夏五月、元正天皇の行幸につき従った金村は、歌う。冒頭は、格調高く訳した新拙訳である。書き下し文は、次の通りである。

滝の上《うへ》の　三船の山に
みづ枝《え》さし　しじに生ひたる
とがの木の　いや継ぎ継ぎに
万代に　かくし知らさむ
み吉野の　秋津の宮は
神《かむ》からか　貴《たふと》くあるらむ
国からか　見《み》が欲しからむ
山川を　清《きよ》みさやけみ
うべし神代《かみよ》ゆ　定めけらしも

（巻六の九〇七）

この歌を捉《とら》えて、柿本人麻呂の吉野讃歌《さんか》（巻一の三六～三九）の模倣と評する人がいる。たしかに、模倣である。しかし、金村のために弁護したい。『万葉集』の吉野を歌った長歌はすべて人麻呂長歌の模倣なのだ。いや、違う。人麻呂の歌を踏まえて、重ね絵のように表現を造型するのが、当時の文学のあり方なのだ。

その笠金村が歌った吉野離宮の主要な建物の構造が、吉野町教育委員会と奈良県立橿原考古学研究所の発掘によって、ほぼ明らかになった（奈良県吉野町の宮滝遺跡）。

中心軸を持ち、門があって、左右対称に大型の建物が並んでいるのである。ということは、吉野の宮は、平城宮や長岡宮のような天皇が日常的に政治を行なう宮と同じ構造を持っていることになる。吉野の宮は、都から遠く離れた景勝の地にある宮であるから、現在でいうコテージ風の建物群だと考えられていたが、それは誤りであったのだ。

私は、川べりの発掘地に立って、人麻呂、赤人よりマイナーな笠金村に思いを馳せた。と同時に、平城京からやって来たであろう無名の従駕《じゅうが》の人びとにも思いを馳せた。

京都に来る人は多いが、奈良まで来る人は少ない。奈良までやって来ても、吉野にまで足を延ばす人はさらに少ない。本書が、古代への旅、その旅のしおりになることを願って、擱筆《かくひつ》の言とする。

金村の吉野も、いいですよぉ！

もっと知りたい人のための参考文献

『新版［古代の日本］』（角川書店・一九九一〜九三）は、『第1巻　古代史総論』から『第10巻　古代資料研究の方法』まで全一〇巻シリーズ。畿内・近国に関連するのは、山中一郎・狩野久編集『第5巻　近畿Ⅰ』と町田章・鬼頭清明編集『第6巻　近畿Ⅱ』。古代史の到達点と今後の展望を探る。

『講座　畿内の古代学』（雄山閣、全六巻）は、『第Ⅰ巻　畿内制』（二〇一八）、『第Ⅱ巻　古墳時代の畿内』（二〇一八）、『第Ⅲ巻　王宮と王都』（二〇二〇）、『第Ⅳ巻　軍事と対外交渉』（二〇二二）を刊行中。古墳時代から律令制国家期の畿内を通観する、初めての本格的なシリーズ。広瀬和雄・山中章・吉川真司編。

シリーズ「遺跡を学ぶ」（新泉社）は、二〇〇四年から一五〇冊以上も刊行されている人気シリーズ。藤田三郎『唐古・鍵遺跡』、石野博信『纒向遺跡』、清水眞一『箸墓古墳』、河上邦彦『馬見古墳群』、今尾文昭『佐紀古墳群』、一瀬和夫『仁徳陵古墳』、中村浩『陶邑遺跡群』、積山洋『難波宮』、鶴見泰寿『飛鳥宮』、箱崎和久『山田寺』、渡辺晃宏『平城宮』、小笠原好彦『紫香楽宮』、駒田利治『斎宮跡』、平井美典『近江国府』などがある。「遺跡には感動がある！」がキャッチフレーズで、豊富な図版と分かりやすい解説に定評がある。

『日本の遺跡』（同成社）は、二〇〇五年から五〇冊以上刊行されている。森田克行『今城塚と三島古墳群』、植木久『難波宮跡』、新田剛『伊勢国府・国分寺跡』、泉雄二『伊勢斎宮跡』などがあり、やや詳しい説明がある。

『飛鳥史跡事典』（吉川弘文館、二〇一六）は、飛鳥・藤原の歴史探訪にも役立つ飛鳥事典である。エリアごとに、現地をよく知る研究者が史跡を簡潔に説明している。その数、約一七〇項目。木下正史編。

『藤原から平城へ　平城遷都の謎を解く』（二〇一九）、『奈良の都、平城宮の謎を探る』（二〇二〇）、『特別史跡　山田寺跡』（二〇二二）は、研究所の人たちが図版やカラー写真をふんだんに使って、平城宮・平城京と山田寺を解き明かす。講演を基にしているので、たいへんわかりやすい。奈良文化財研究所編。

『歴史散歩』（山川出版社・二〇〇五～一四）。史跡・文化財を訪ね歩く都道府県別のガイドブック。本文は2～4色刷で携帯に便利。地域や史跡の見どころが一目でわかるキャッチフレーズなど、役立つ情報を数多く収録する。

『県史』（山川出版社・二〇〇〇～一五）。新版のシリーズで、各都道府県の原始・古代～近現代までを網羅。巻末には詳細な年表・遺跡のリストのほか、各地の行事や民謡など民俗的資料も豊富である。近畿地方は二四〜三〇巻。

『列島の古代史　ひと・もの・こと』（岩波書店・二〇〇五〜六）は、『1　古代史の舞台』『2　暮らしと生業』など全8巻のシリーズ。特に地域を対象とした巻はないが、歴史学・考古学の研究成果を踏まえ、列島の古代史の多彩な姿を描き出す。上原真人・白石太一郎・吉川真司・吉村武彦編。

「シリーズ　日本古代史」（岩波新書・二〇一〇〜一一）は『農耕社会の成立』『ヤマト王権』『飛鳥の都』『平城京の時代』『平安京遷都』『摂関政治』の全6巻。古代史のスタンダードを知りたい人向けの新書内シリーズ。中国・朝鮮半島との関係性がより密になる現在、最前線の研究者が描きだす、新鮮な古代史像は刺激に満ちている。

「日本古代の歴史」（吉川弘文館・二〇一三〜一九）。佐藤信・佐々木恵介企画の全6巻シリーズ。『倭国のなりたち』『飛鳥と古代国家』『奈良の都と天平文化』『平安京の時代』『摂関政治と地方社会』『列島の古代』。地方・庶民の姿や各地域間の交流に注目。中国・朝鮮半島との関係もふまえた歴史像を描いている。

「シリーズ　古代史をひらく」（岩波書店・二〇一九〜二一）。吉村武彦・吉川真司・川尻秋生編。『前方後円墳』『古代の都』『古代寺院』『渡来系移住民』『文字とことば』『国風文化』の全6巻シリーズ。第一線の研究者の座談会は、読み応えがある。

『新版　古代史の基礎知識』（角川選書・二〇二〇）は、古代史の理解に必要な重要事項を配置。新聞紙上をにぎわしたトピックをはじめ、歴史学界で話題となっている論争も積極的に取り上げて平易に解説している。吉村武彦編。

『万葉集の基礎知識』（角川選書・二〇二一）は、これまでの万葉集の入門書とはひと味違った、最新のガイドブック。コラムなども充実し、多様な読者の関心に分かりやすく応えてくれる。上野誠・鉄野昌弘・村田右富実編。

『古代史講義』（ちくま新書・二〇一八）は、邪馬台国から平安時代までの概説である。その後、「戦乱篇」（二〇一九）、「宮都篇」（二〇二〇）、「氏族篇」（二〇二一）のテーマ篇が刊行され、古代社会の諸相をやさしく解説する。佐藤信編。

「自治体史」　京都府・大阪府・兵庫県・奈良県・滋賀県・和歌山県・三重県や大阪市・奈良市・大津市などの各府県と市町などが編纂した自治体史は、それぞれの地域の歴史を知るのに便利。各自治体の図書館・博物館などに所蔵されている。

宮では、「造離宮司」が設置されていた。しかし、既存建物を行宮として利用することもあり、河内・知識寺の行幸では茨田宿禰弓東女の宅、交野への行幸時には、右大臣藤原継縄の別業を行宮とした。

（吉村武彦）

市古墳群は大和川が大阪平野に入り、石川と合流する地域に存在する。仲ツ山古墳・誉田御廟山古墳（応神陵）などが存在する。一方の百舌鳥古墳群は、大阪湾の東南岸にあたる、後の和泉国地域に築造される。上石津ミサンザイ古墳（履中陵）・大仙陵古墳（大山古墳とも、仁徳陵）など、ヤマト王権の盟主墓が存在する。「馬見古墳群・佐紀古墳群」も参照のこと。

物部氏と大伴氏　もののべしとおおともし

物部氏は、部民の物部を統率する伴造氏で、「連《むらじ》」のカバネである。物部の「物」は、精霊・霊魂などを意味する物（魂）と考えられており、武器などの物品を貢納（タテマツルコト）し、管理する。したがって、軍事・警察・検察や刑罰、そして神事をつかさどることになる。物部麁鹿火・尾輿・守屋らが著名。一方の大伴氏は、部民の大伴を統率する、連のカバネの伴造氏である。トモ（伴）は、中央に出仕してヤマト王権に「ツカヘマツル（仕え奉る）」ことが主務である。大伴金村・大伴家持らがいる。両者とも、王に仕奉する職掌を氏の名に負うという、「名負いの氏」である。物部氏と大伴氏は、その最高執政官である大連であった。なお、一方の「臣」のカバネは、平群・巨勢・蘇我氏らのように、地域名を氏名とする臣系の氏族である。その臣系の氏族のうち最高執政官が大臣であるが、蘇我氏らが担った。

離宮・行宮　りきゅう・あんぐう

天皇が日常的に居住して統治する場所を宮・都というが、一時的に滞在する場を「御在所」といっている。これに対し、行幸する場所が「行在所」である。施設の名称としては、「行宮」「頓宮」や「離宮」の用語が多く用いられる。従来の研究では、一時的な仮の宮を「行宮」「頓宮」と呼び、天皇や皇族の別荘を「離宮」としている。『続日本紀』などではこうした記載が多いが、河内国の竹原井離宮の場合、竹原井頓宮とも竹原井行宮とも記されており、必ずしも厳密に使われていない。離宮の名称としては、吉野離宮が多くみられるが、それ以外にも大和国の二槻離宮・倉橋離宮・春日離宮、山背国では岡田離宮・甕原離宮などがある。河内国（後に和泉国）の和泉離宮の場合、智努（茅渟）離宮とも称された。行宮の建設にあたっては、造行宮司などが設置されるが、郡司に建設を割り当てる造行宮郡司も存在した。当初は離宮であった紫香楽村を中心とする地域である。現在は、桜井市にある三輪山の北西部になる。『日本書紀』では、垂仁天皇の纒向の珠城宮、景行天皇の纒向の日代宮が所在した。『古事記』では景行の纒向日代宮だけである。弥生時代後期から古墳時代前期における、集落跡や古墳があり、初期ヤマト王権の重要な政治地域である。纒向石塚古墳、ホケノ山古墳などの弥生墳丘墓（纒向型前方後円墳ともいう）をはじめとする墳墓や、日本最古級の定型的な企画で築造された前方後円墳である箸墓古墳がある。また、辻地区には大型の掘立柱建物があり、邪馬台国時代の遺跡として重要である。また、メクリ地区からは木製仮面、東田地区からは弧文石など興味深い遺物が出土しており、古墳時代の初期前後の列島社会を考えるうえで重要な遺跡である。

万葉集　まんようしゅう

奈良時代の末期に編纂されたと思われる、現存している最古の歌集。20巻構成で、約4500首（国歌大観では4516首とする）の歌詞が載せられている。大伴家持が最終的な編纂に関係したとされるが、巻1の前半部と後半部とで記載の差があるなど、巻によって編纂時期と編纂者が異なっている。歌集全体としては、巻1〜巻16、巻17〜巻20が歌集のまとめ方として違うといわれるが、編纂者や編纂時期についてはまだ十分に解明されていない。

歌詞の内容によって、雑歌・相聞・挽歌に分類されている（三大部立という）。雑歌は朝廷行事や宴会における歌が多く、相聞は恋愛に関する歌、挽歌は人の死に関係する歌とされる。名称としては、相聞・挽歌以外が雑歌（くさぐさの歌）にあたるといわれる。歌詞の表記は万葉仮名（音仮名と訓仮名がある）だけの歌詞もあるが、訓字を使った漢字仮名交じり文のような歌詞まで含まれる。作者は、天皇・皇后・皇親をはじめ、大臣などの群臣・官人から百姓までを含む。著名な歌人として、柿本人麻呂・山上憶良・大伴旅人・山部赤人・大伴家持らがいる。

百舌鳥古墳群・古市古墳群　もずこふんぐん・ふるいちこふんぐん

特定地域に群集して存在する古墳を、古墳群といっている。古墳は単独に造られることもあるが、多くは古墳群として存在している。

４世紀の第４四半期になると、河内の古市古墳群（大阪府羽曳野市・藤井寺市）と百舌鳥古墳群（大阪府堺市）とが超大型古墳群の首座となり、古墳時代中期の特徴となる。古した、7万4千点に及ぶという二条大路木簡とは、時期も性格も異なっている。

難波津　なにわづ

大化前代から存在する難波の津。旧摂津国（現在の大阪府西部と兵庫県南東部に位置）に所在し、上町台地北部で難波堀江（大川沿い）に設けられた津である。瀬戸内海航路の東辺の拠点港で、いくつかの比定地があるが、遺構はみつかっていない。『日本書紀』によれば、仁徳天皇期に難波高津宮、欽明天皇期に難波祝津宮が置かれたという。また、応神天皇の仮宮として難波大隅宮があった。いずれも難波津の近くに営まれたと思われる。

孝徳天皇期に難波長柄豊碕宮が営まれたが、これが前期難波宮の遺跡である（大阪市中央区法円坂）。古く難波大郡・小郡などの外交・国内施設が設置されていた。律令制国家では、津国（後に摂津国）を管掌するため摂津職が置かれ、難波津を管理した。「難波津に咲くやこの花冬こもり今は春べと咲くやこの花」という難波津を讃える手習い歌が『古今和歌集』に載せられている。また、難波津の歌を記した木簡が、各地から出土している。

部民　べのたみ（ぶみん）

５世紀には、ヤマト王権のもとで、杖刀人・典曹人・典馬人などの職能集団である人制《ひとせい》が社会的分業組織として機能していた。５世紀末から６世紀前半に、朝鮮半島の百済・高句麗の部制の影響を受けて、日本列島で部という民の制度が展開した。確かな「部」の史料は、島根県松江市の岡田山一号墳から出土した鉄剣の銘文「額田部臣」である。６世紀前半の欽明朝の時期には、部とカバネ（姓）は成立していたであろう。

部民は、(1) 王や王族に仕え、その生活を支える「名代・子代」（白髪部・穴穂部・小長谷部等）、(2) 王権を維持するための社会的分業を担う「職業部」（物部・大伴・忌部等）、(3) 豪族が所有する「部曲」（蘇我部・中臣部・巨勢部等）の三種類に分類することができる。中央の伴造が、在地首長である地方の伴造を介して、設定された部（べ）を統率するというかたちである。部民制での表記は、「鳥を養（飼）う部」（鳥養部）、「馬を飼う部」（馬飼部）というように、日本語順の表記である。

纒向　まきむく

「巻向」とも記す。奈良盆地の東南部にあたり、旧大和国磯城郡纒向品が多数存在する。また、正倉院文書には、造東大寺司と写経所関係の文書のほか、8世紀の戸籍・計帳をはじめ正税帳などが含まれている。造東大寺司に払い下げられた反故紙の裏面が、役所の事務用に利用された。東京大学史料編纂所編『大日本古文書（編年文書）』(25冊）に収録されている。

東大寺　とうだいじ

元は夭逝した聖武天皇の子某（基）王のために建立された金鐘寺と、阿倍内親王の安寧のために光明皇后が建立した福寿寺が起源である。その後、大和の金光明寺（国分寺）として統合され、天平20年（748）前後に東大寺と称せられるようになる。造東大寺司が設置されて、建造を担当した。写経所が設けられ、その事務処理の書類に、民部省から反故紙として払下げられた文書・帳簿が利用された（後の正倉院文書)。

天平15年に大仏（毘盧遮那仏）建立の詔が出された。当初は紫香楽宮で計画されたが、天平17年に都を平城に戻した後は、東大寺で建造されるようになった。天平勝宝4年（752）に、菩提僊那を導師とし、聖武太上天皇・光明皇后らが参列して開眼供養した。その開眼供養会の物品や聖武の遺品などが、東大寺の正倉院におさめられている（今日の正倉院宝物)。現在では、華厳宗の中心寺院の大本山であり、大仏殿・二月堂・法華堂（三月堂)・戒壇堂・鐘楼などがある。

長屋王家木簡　ながやおうけもっかん

平城京左京三条二坊一・二・七・八坪に所在した長屋王の邸宅から出土した、長屋王関係の木簡群のこと。厳密にいえば、八坪にあるＳＤ4750から出土した木簡群で、3万5千点を数えるという。8世紀初頭における、人物が特定できるまれな邸宅跡である。長屋王は天武天皇の孫で、高市皇子の嫡子。妃は草壁皇子の娘吉備内親王で、長屋王の妻子が居住していた。長屋王は正二位・左大臣を勤めたが、神亀6年（729）2月に「陰謀」の疑いをかけられた密告により、妻子ともども自殺に追い込まれた。

木簡は、長屋王および王の家政機関の実状を提示しており、歴史学・日本語学などにとって、きわめて貴重な史料群である。「長屋親王」などという、律令とは違った言葉遣いがあるが、長屋王家の家政全体を見渡すことが可能な史料群ということができる。なお、長屋王邸の八坪北辺の塀の外側の溝状の遺構から出土

という、定められた年数によって評定が行なわれた（成選という）。慶雲3年（706）には、年数がそれぞれ4年・6年・8年・10年と短縮された。以上のように、制度的には官人の勤務実績によって、考課が行われる制度であった。

畿内　きない

畿内の語が初めて制度的に定まったのは、大化2年（646）の大化改新詔であろう。改新詔の畿内は、東西南北の四至で畿内を決めるもので、律令制下の畿内とは異なっている。『日本書紀』によると、その境界は東は名墾の横河、南は紀伊の兄山、西は赤石の櫛淵、北は近江の狭狭波の合坂山である。紀伊・近江など8世紀の令制国の名称が含まれており、当時の詔そのものではない。

これに対し、律令制下の畿内は国単位で決まるものであり、当初は大和・河内・摂津・山背の四畿内であった。天智朝には令制国ができるので、四畿内が成立する条件はあるが、四畿内の初見は持統6年（692）である。また、河内国から和泉国が分置されると（天平宝字元年〈757〉）、五畿内と称されるようになった。

京の住民（京戸）を含めて、畿内では力役は軽役である。賦役令調絹絁条では、「京及び畿内」は、調布が一丈三尺で、一般公民の布「二丈六尺」の半分である。また、歳役条では、歳役の庸を徴収していない。畿内のなかでも京に居住する人々には、天皇との関係から優遇したのである。

正倉院　しょうそういん

古代では、中央・地方の官衙や寺院に建てられた倉を「正倉」といい、その区画施設を正倉院という。今日まで存続するのは、聖武太上天皇没後、天平勝宝8年（756）前後に東大寺に建てられた正倉院だけである。今日では、この正倉院を指す。3倉で一棟を構成し、内部は北倉・中倉・南倉に分かれている。1875年に国の管轄となり、内務省・農商務省・宮内省を経て、現在では宮内庁が管理している。

東大寺正倉院に保管されてきた宝物を、正倉院宝物という。宝物の内容は、第一に聖武太上天皇の遺愛の品、第二に東大寺の大仏開眼会関係の物品や東大寺法会の諸物品、第三に造東大寺司関係の書類（正倉院文書）などである。唐や新羅からの将来品が含まれ、今日まで伝世した、約9千点に達する宝物群である。白瑠璃碗（ガラス器）・花氈（花柄の毛氈）など、国際色豊かな美術工芸これらの古墳群の移動は、ヤマト王権による政治的理由ないし王権を構成する氏族集団の事情によって立地が変化するとみる説と、古墳群が地域の政治勢力の本貫地に構築されたとみて盟主権の移動と捉える説とがある。ただし、古墳の立地については、確かな造墓理由が明らかではなく、今後の課題である。なお、小規模の古墳が群集する「群集墳」も古墳群として捉えられる。

駅伝制　えきでんせい

大宝令で定まった、古代の中央と地方間を結ぶ交通・通信制度。中央の太政官符・省符などの文書送付とともに緊急時の連絡に使用された駅馬制と、地方の連絡網である伝馬制とがあり、駅伝制と呼ばれた。五畿内と七道諸国（五畿七道）の駅路には、30里（約16km）ごとに駅家が設置され、駅長の管理のもとに規模に応じた駅馬や乗具が備えられた。駅家には、駅戸が所属し、駅田（駅起田）・駅稲（駅起稲）などが財源にあてられた。10世紀初頭に作成された『延喜式』では、全国の駅数は402駅を数える。駅馬を利用するには駅鈴が必要で、位階に応じて利用できた。駅路は山陽道を大路、東海・東山道が中路、その他が小路とされた。駅路は直線道のかたちで造成され、道幅は9～12mである。各道の駅家には、原則として大路20匹・中路10匹・小路5匹の馬が設けられた。各郡家の伝馬は、5匹であった。中央からの文書送付は、リレー式に各国衙間をつないでいく逓送のほか、目的地まで本人が運んでいく専使の二方式があった。

官人の考課　かんじんのこうか

古代官司に勤める役人（官人）が、勤務評定（考課）によって昇進する制度。日本古代では、位階に応じた官職に就くという官位相当制があった。その一覧表を提示しているのが、令の最初の官位令である。

律令には考課の基準として、官人の一般的な評価基準の「徳義・清慎・公平・恪勤」という「善」がある。また、各官司ごとの評価基準の「最」があり、両者の組み合わせによって、位階昇進の評価が行なわれるシステムであった。そこには、中央・地方の勤務の形態と出勤日数によって、長上の官人（年間240日以上勤務）と、交替で勤務する分番（年間140日以上勤務）とに分かれていた。中央諸官司・大宰府・諸国司の内長上は6年、中央・地方の史生・伴部などの内分番は8年、郡司の四等官などの外長上は10年、地方で勤務する散位の外散位は12年

キーワード解説

飛鳥　あすか

「明日香」とも記す。奈良盆地の東南部で、旧大和国高市郡飛鳥村を中心とする地域（現在は、高市郡明日香村に含まれる）。古代では、橘寺の北から飛鳥寺を北限とする地域といわれ、主に飛鳥川の東岸であるが、西岸の飛鳥川原宮（現在の川原寺付近）が所在した地域も含まれる。河内にも「飛鳥」という地名があるので（近つ飛鳥）、「遠つ飛鳥」とも呼ばれる。

飛鳥に都が営まれたのは、舒明天皇の飛鳥岡本宮からで、皇極天皇の飛鳥板蓋宮、斉明天皇（皇極重祚）の飛鳥川原宮・後飛鳥岡本宮、天智天皇の後飛鳥岡本宮（後に近江大津宮）、天武・持統天皇の飛鳥浄御原宮がある。推古天皇の時期から、飛鳥時代とされることが多いが、推古の豊浦宮・小墾田（小治田）宮は、厳密にいえば飛鳥の地域ではない。その後、藤原宮・藤原京が造られ、碁盤目を持った条坊制の都城が建設された。

馬見古墳群・佐紀古墳群　うまみこふんぐん・さきこふんぐん

特定地域に群集して存在する古墳を、古墳群といっている。古墳は単独に造られることもあるが、多くは古墳群として存在している。ただし、古墳群における群れの系列・配列については、評価が分かれる場合がある。奈良盆地では、初期ヤマト王権との関係が想定される古墳群が、3世紀前半から奈良盆地東南部に構築される。大和古墳群・柳本古墳群・箸中古墳群である。最近では、これら3古墳群をオオヤマト古墳群（奈良県桜井市・天理市）と捉え、従来の古墳群を支群とする説が有力になっている。こうした超大型古墳群の巨大な前方後円墳は「天皇陵」の可能性があるが、被葬者の比定は墓誌・墓碑が存在しないので慎重にすべきであろう。巨大な前方後円墳に、箸墓古墳、行燈山古墳（崇神陵）、渋谷向山古墳（景行陵）がある。

4世紀になると、馬見古墳群（奈良県広陵町・河合町・大和高田市）と盆地北部の佐紀古墳群（奈良市）に、巨大な前方後円墳が築造される。佐紀古墳群では、五社神古墳・宝来山古墳（垂仁陵）・陵山古墳が巨大である。馬見古墳群は、いくつかの支群に分かれるが、ヤマト王権の盟主墓はみられないという。

◇桜井市立埋蔵文化財センター
奈良県桜井市芝 58-2
TEL：0744-42-6005

【和歌山県】
◇片男波公園　万葉館
和歌山県和歌山市和歌浦南 3-1700
TEL：073-446-5553

◇和歌山県立博物館
和歌山県和歌山市吹上 1-4-14
TEL：073-436-8670

◇和歌山県立紀伊風土記の丘
和歌山県和歌山市岩橋 1411
TEL：073-471-6123

◇和歌山市立博物館
和歌山県和歌山市湊本町 3-2
TEL：073-423-0003

◇高野山霊宝館
和歌山県伊都郡高野町高野山 306
TEL：0736-56-2029

◇神戸市埋蔵文化財センター
兵庫県神戸市西区糀台 6-1　西神中央公園内
TEL：078-992-0656

【奈良県】
◇奈良国立博物館
奈良県奈良市登大路町 50
TEL：050-5542-8600

◇興福寺　国宝館
奈良県奈良市登大路町 48
TEL：0742-22-5370

◇飛鳥資料館
奈良県高市郡明日香村奥山 601
TEL：0744-54-3561

◇奈良文化財研究所　平城宮跡資料館
奈良県奈良市佐紀町
TEL：0742-30-6753

◇奈良大学博物館
奈良県奈良市山陵町 1500
TEL：0742-44-1251

◇唐古・鍵考古学ミュージアム
奈良県磯城郡田原本町阪手 233-1　田原本青垣生涯学習センター 2 階
TEL：0744-34-7100

◇唐招提寺　新宝蔵
奈良県奈良市五条町 13-46
TEL：0742-33-7900

◇奈良県立橿原考古学研究所附属博物館
奈良県橿原市畝傍町 50-2
TEL：0744-24-1185

◇法隆寺　大宝蔵院
奈良県生駒郡斑鳩町法隆寺山内 1-1
TEL：0745-75-2555

◇天理市立黒塚古墳展示館
奈良県天理市柳本町 1117-1
TEL：0743-67-3210

◇奈良市埋蔵文化財調査センター
奈良県奈良市大安寺西 2-281
TEL：0742-33-1821（代）

◇奈良県立万葉文化館
奈良県高市郡明日香村飛鳥 10
TEL：0744-54-1850

◇高松塚壁画館
奈良県高市郡明日香村平田 439
TEL：0744-54-3340

◇天理大学附属天理参考館
奈良県天理市守目堂町 250
TEL：0743-63-8414

◇京都府立山城郷土資料館（ふるさとミュージアム山城）
京都府木津川市山城町上狛千両岩
TEL：0774-86-5199

【大阪府】
◇大阪歴史博物館
大阪府大阪市中央区大手前 4-1-32
TEL：06-6946-5728

◇大阪府立狭山池博物館
大阪府大阪狭山市池尻中 2 丁目
TEL：072-367-8891

◇高槻市立今城塚古代歴史館（いましろ大王の杜）
大阪府高槻市郡家新町 48-8
TEL：072-682-0820

◇四天王寺宝物館
大阪府大阪市天王寺区四天王寺
1-11-18
TEL：06-6771-0066

◇堺市博物館
大阪府堺市堺区百舌鳥夕雲町 2 丁
大仙公園内
TEL：072-245-6201

◇大阪府立近つ飛鳥博物館
大阪府南河内郡河南町東山 299
TEL：0721-93-8321

◇和泉市いずみの国歴史館
大阪府和泉市まなび野 2-4（宮ノ上公園内 まなびのプラザ）
TEL：0725-53-0802

◇大阪府立弥生文化博物館
大阪府和泉市池上町 4-8-27
TEL：0725-46-2162

【兵庫県】
◇兵庫県立歴史博物館
兵庫県姫路市本町 68
TEL：079-288-9011

◇兵庫県立考古博物館
兵庫県加古郡播磨町大中 1-1-1
TEL：079-437-5589

◇兵庫県立考古博物館加西分館　古代鏡展示館
兵庫県加西市豊倉町飯森 1282-1
（兵庫県立フラワーセンター内）
TEL：0790-47-2212

◇神戸市立博物館
兵庫県神戸市中央区京町 24
TEL：078-391-0035

◇豊岡市立歴史博物館―但馬国府・国分寺館―
兵庫県豊岡市日高町祢布 808
TEL：0796-42-6111

畿内・近国の古代史関係施設（2022年11月末現在）

【三重県】

◇斎宮歴史博物館
三重県多気郡明和町竹川503
TEL：0596-52-3800（代）

◇鈴鹿市考古博物館
三重県鈴鹿市国分町224
TEL：059-374-1994

【滋賀県】

◇滋賀県埋蔵文化財センター
滋賀県大津市瀬田南大萱町1732-2
TEL：077-548-9681

◇滋賀県立安土城考古博物館
滋賀県近江八幡市安土町下豊浦6678
TEL：0748-46-2424

◇大津市歴史博物館
滋賀県大津市御陵町2-2
TEL：077-521-2100

◇大津市埋蔵文化財調査センター
滋賀県大津市滋賀里1-17-23
TEL：077-527-1170

◇比叡山延暦寺国宝殿
滋賀県大津市坂本本町4220
TEL：077-578-0001（代）

【京都府】

◇京都国立博物館
京都府京都市東山区茶屋町527
TEL：075-525-2473

◇京都市考古資料館
京都府京都市上京区元伊佐町265-1
TEL：075-432-3245（代）

◇宇治市源氏物語ミュージアム
京都府宇治市宇治東内45-26
TEL：0774-39-9300（代）

◇京都大学総合博物館
京都府京都市左京区吉田本町
TEL：075-753-3272

◇龍谷ミュージアム
京都府京都市下京区堀川通正面下る（西本願寺前）
TEL：075-351-2500

◇京都府立　京都学・歴彩館
京都府京都市左京区下鴨半木町1-29
TEL：075-723-4831

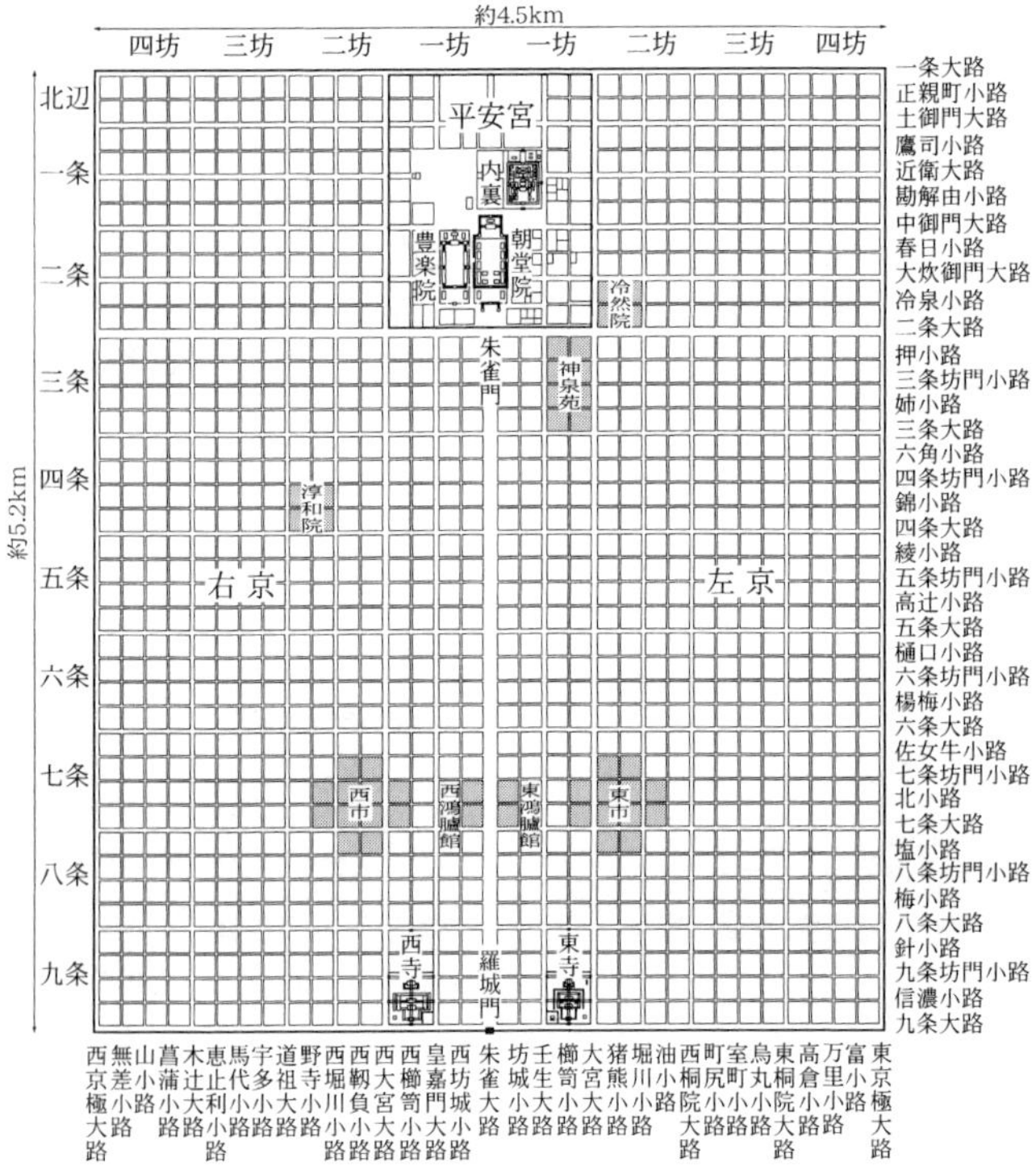

平安京図
(網 伸也『平安京造営と古代律令国家』塙書房、2011年)

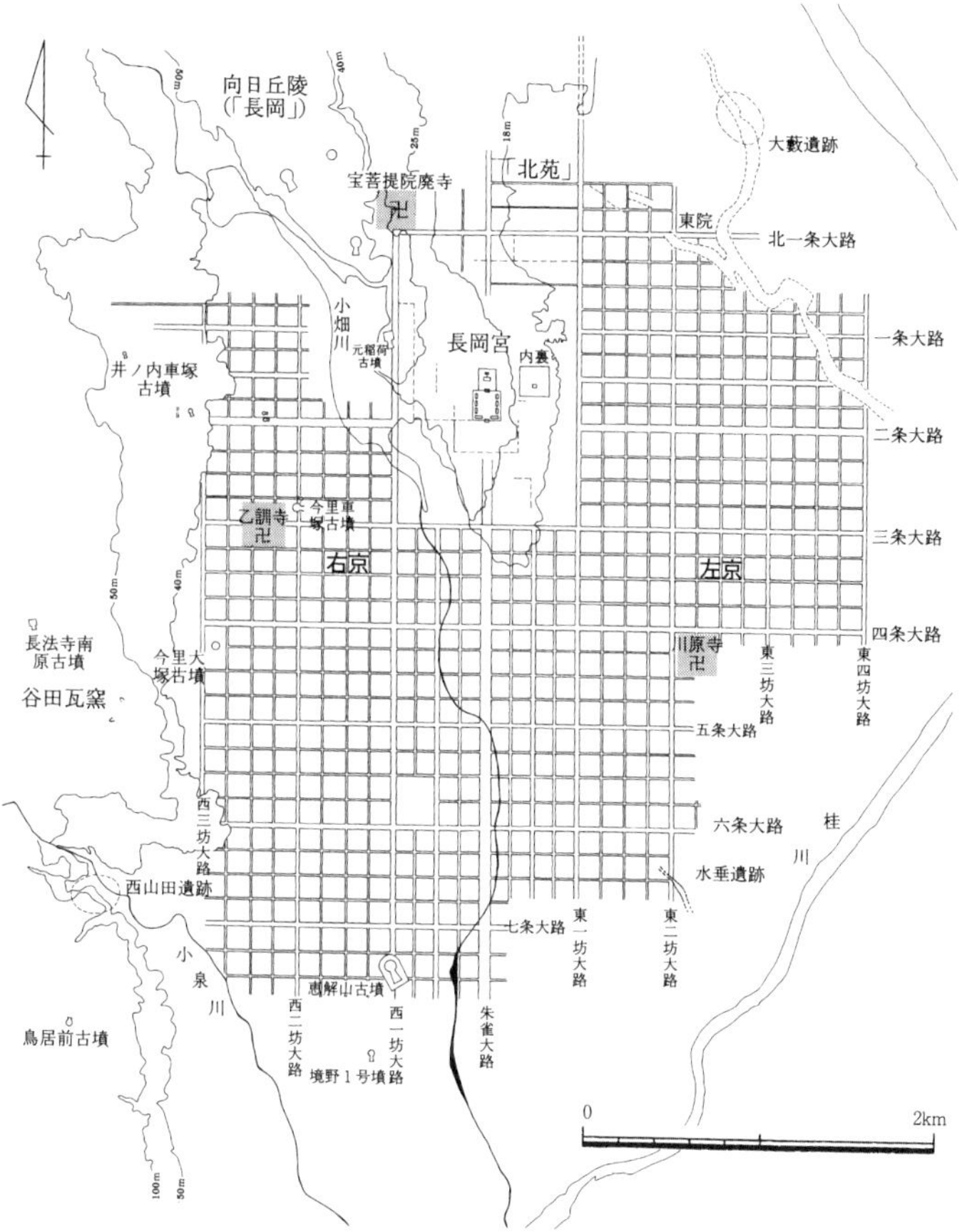

長岡京図
(國下多美樹『長岡京の歴史考古学研究』吉川弘文館、2013年)

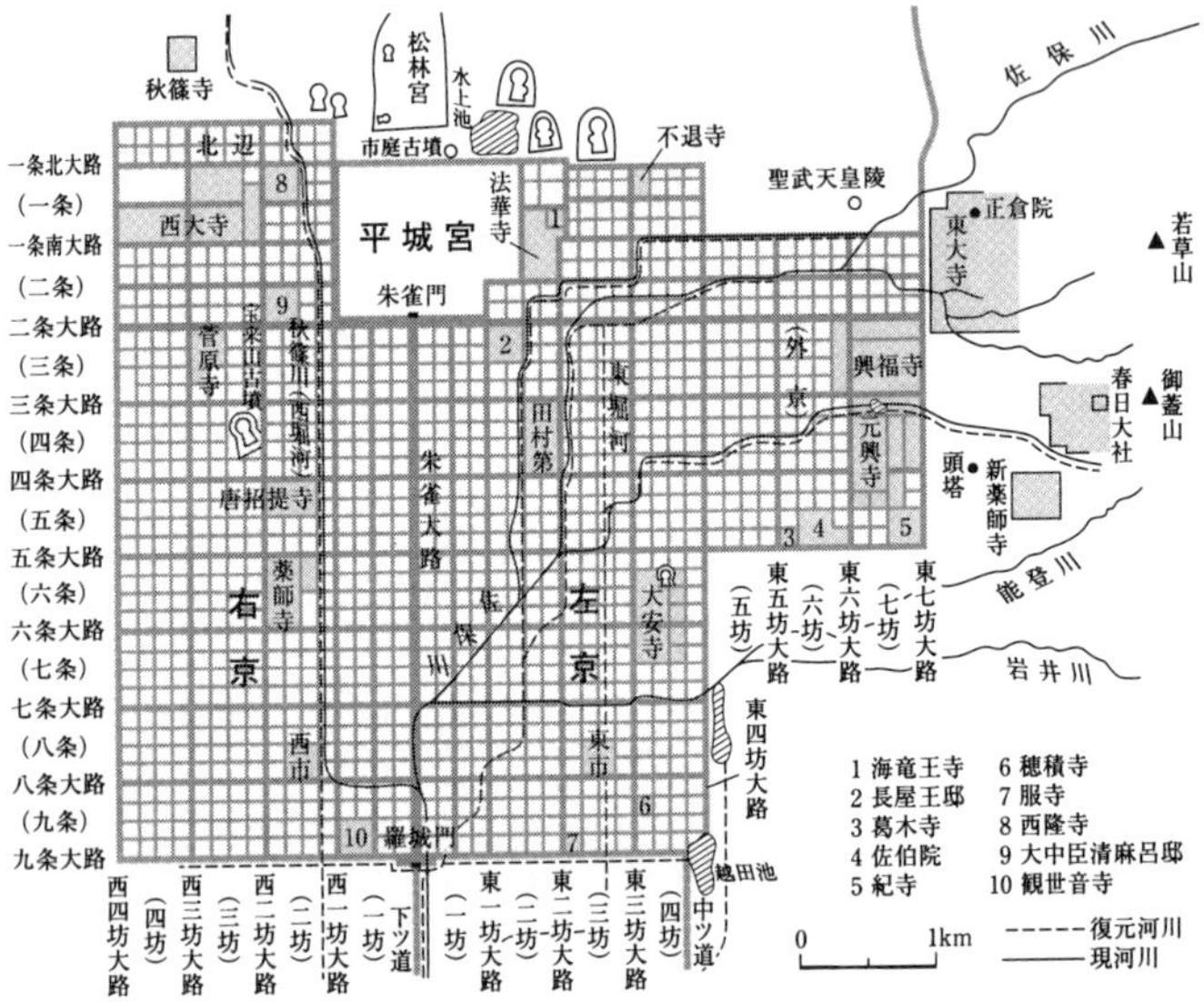

平城京図
（舘野和己『古代都市平城京の世界』山川出版社、2001年）

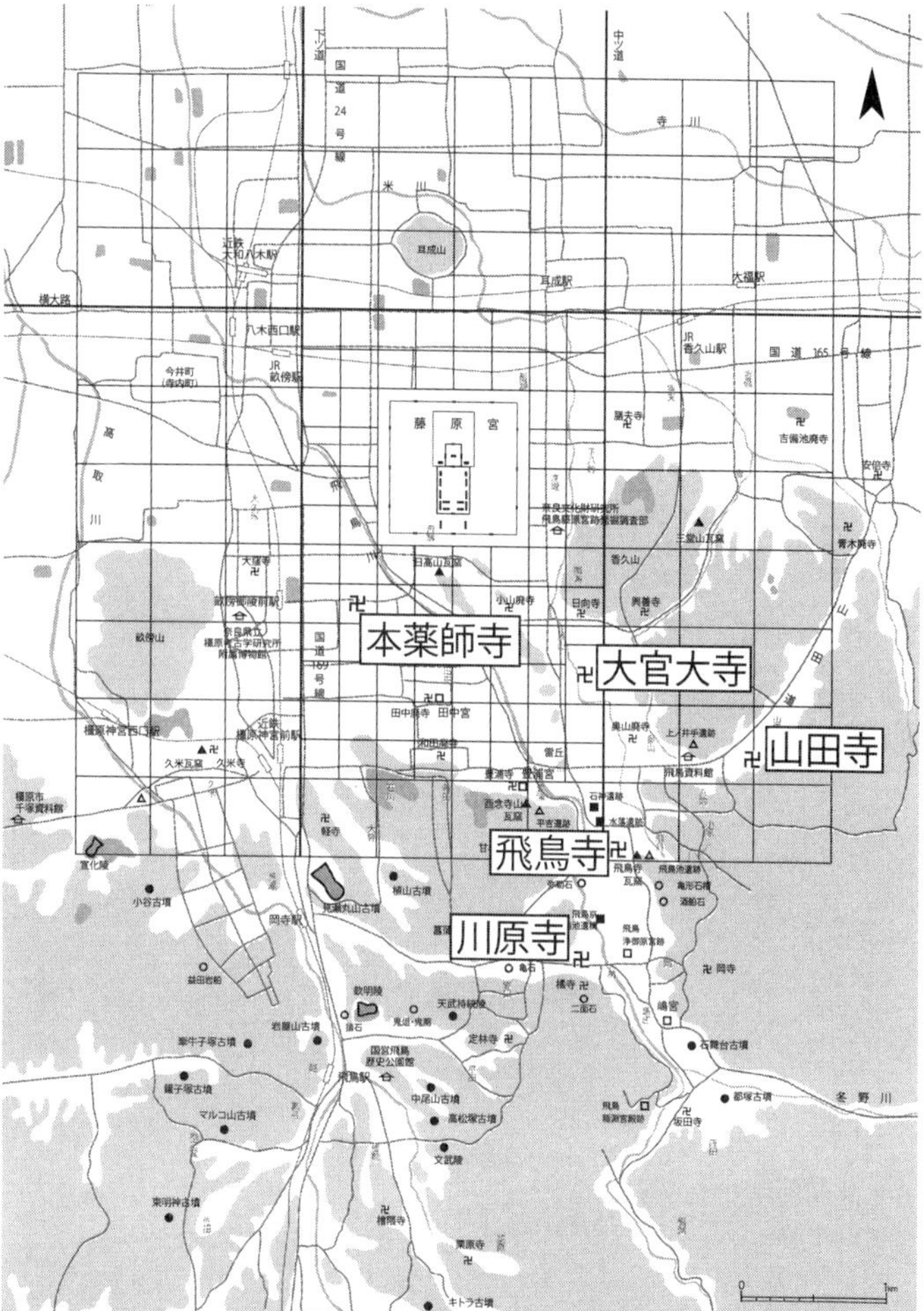

飛鳥・藤原京図
（奈良文化財研究所編集・発行『特別史跡　山田寺跡　史跡指定100年』2022年、一部加筆）

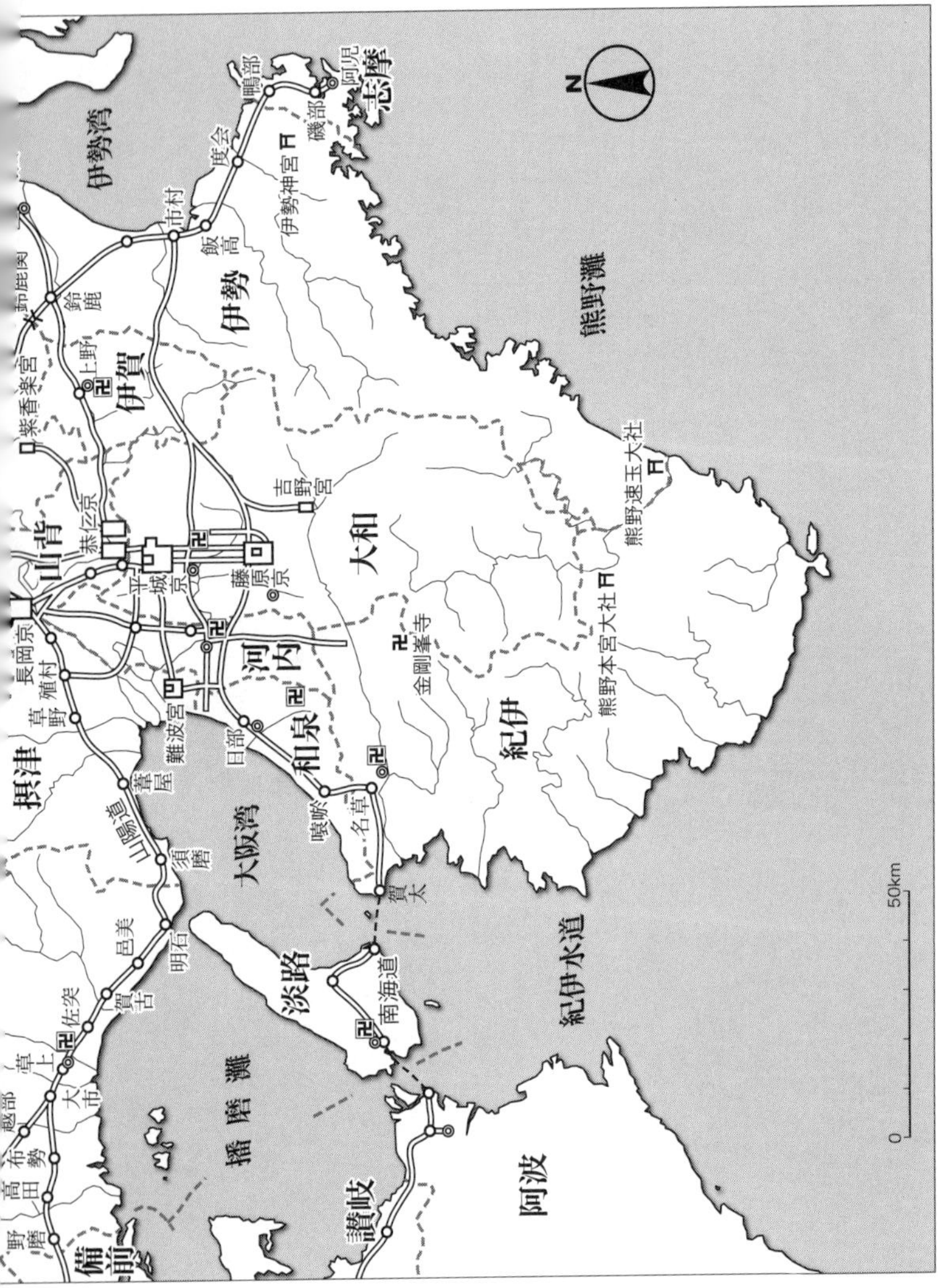
伊勢湾
熊野灘
志摩
阿児
磯部
伊勢神宮
度会
市村
飯高
伊勢
鈴鹿
伊賀
上野
紫香楽宮
山背
恭仁京
平城京
藤原京
吉野宮
大和
長岡京
殖村
草野
摂津
河内
難波宮
和泉
日部
葦屋
山陽道
須磨
大阪湾
名草
賀太
金剛峯寺
紀伊
熊野本宮大社
熊野速玉大社
明石
淡路
南海道
紀伊水道
播磨灘
讃岐
阿波
備前
N
0
50km

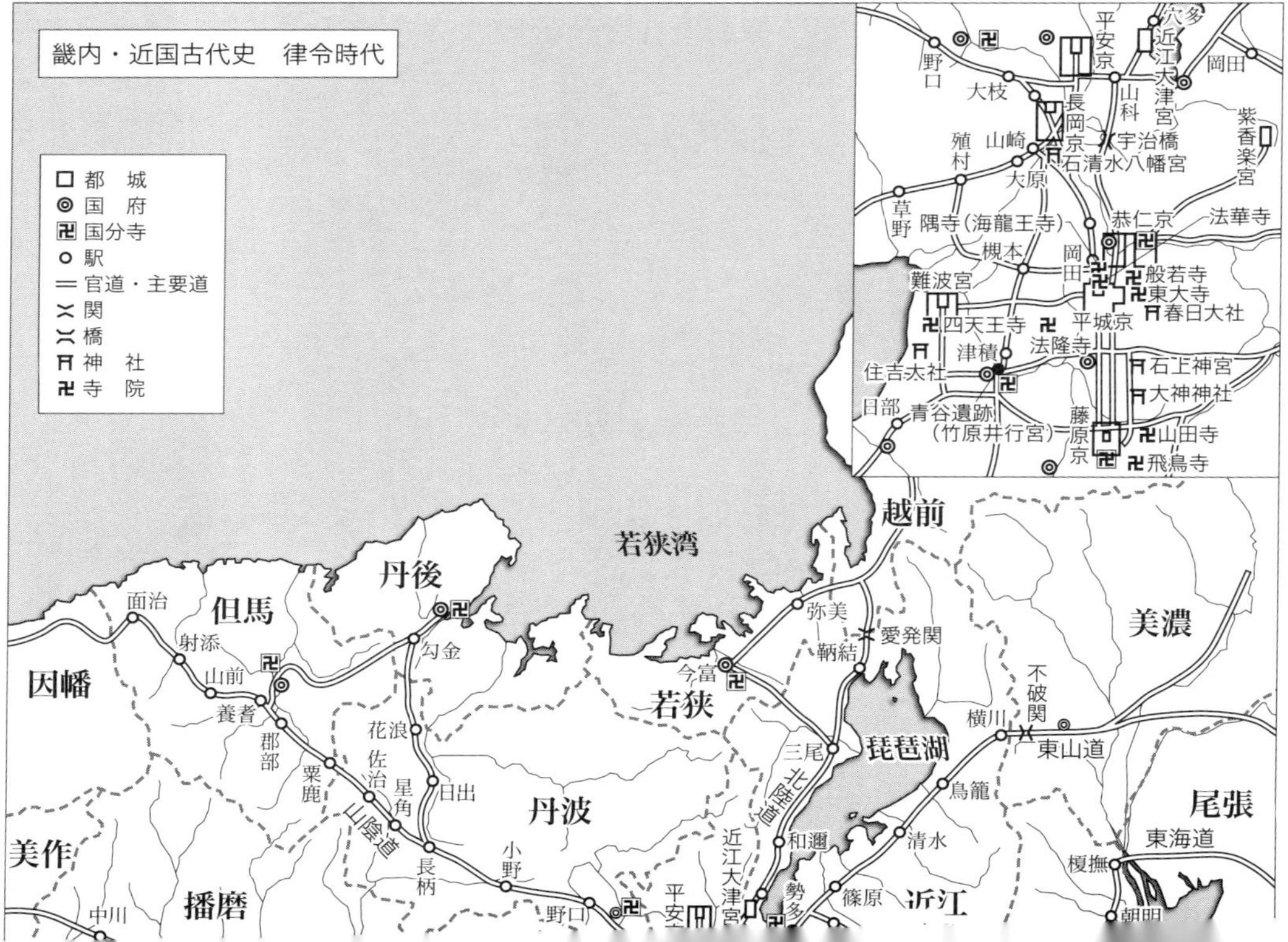
畿内・近国古代史　律令時代
都　城
国　府
国分寺
駅
官道・主要道
関
橋
神　社
寺　院
若狭湾
越前
美濃
尾張
近江
若狭
丹後
丹波
但馬
因幡
美作
播磨
琵琶湖
東山道
東海道
北陸道
山陰道
不破関
愛発関
面治
射添
山前
養耆
郡部
粟鹿
佐治
星角
花浪
日出
勾金
長柄
小野
野口
中川
今富
弥美
鞆結
三尾
和邇
勢多
近江大津宮
平安京
横川
鳥籠
清水
篠原
榎撫
朝明
平安京
野口
大枝
長岡京
山科
近江大津宮
六多
岡田
宇治橋
紫香楽宮
殖村
山崎
石清水八幡宮
大原
草野
隅寺（海龍王寺）
恭仁京
法華寺
槻本
岡田
般若寺
東大寺
春日大社
難波宮
四天王寺
平城京
法隆寺
津積
住吉大社
石上神宮
大神神社
日部
青谷遺跡
（竹原井行宮）
藤原京
山田寺
飛鳥寺

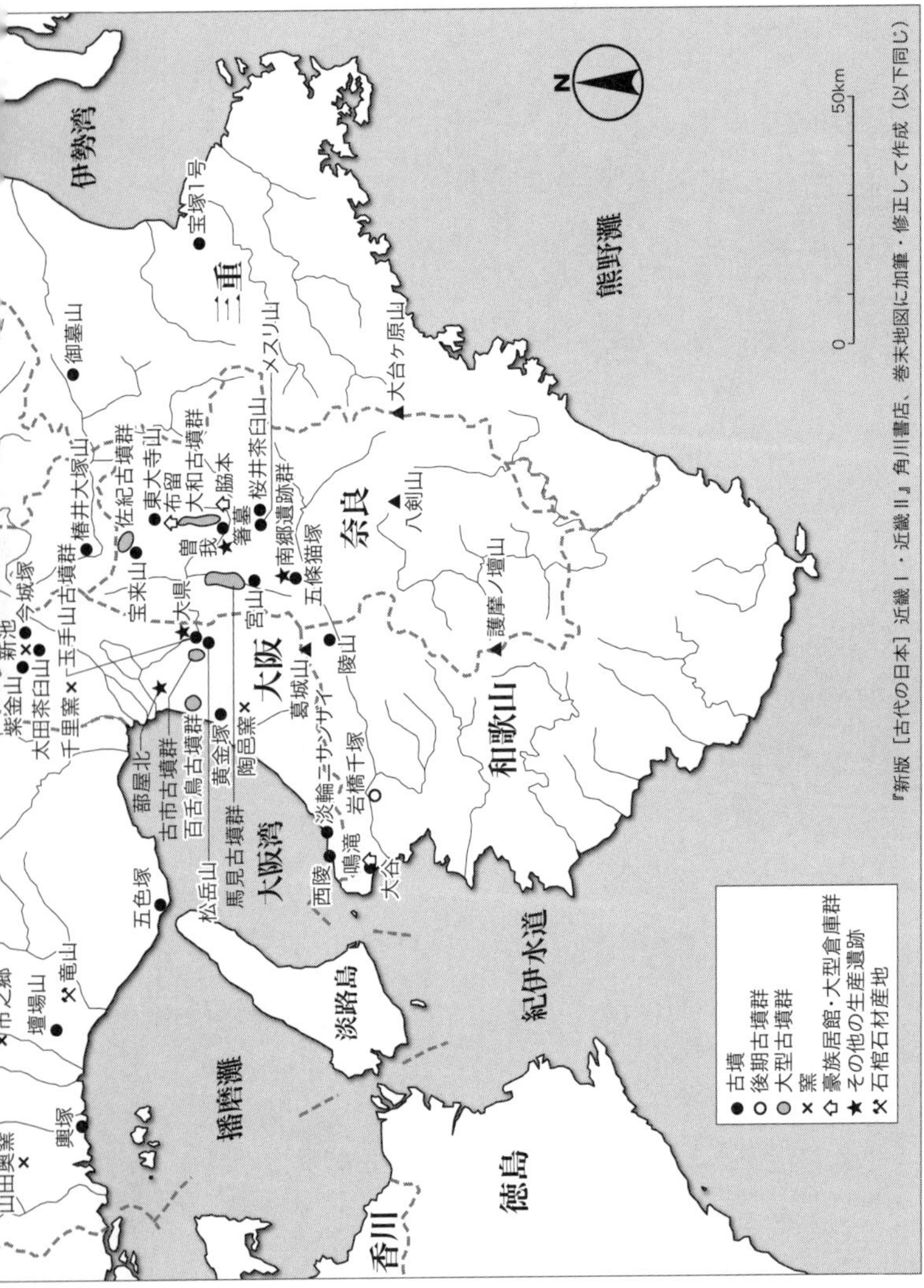

『新版［古代の日本］近畿Ⅰ・近畿Ⅱ』角川書店、巻末地図に加筆・修正して作成（以下同じ）

畿内・近国古代史図　古墳時代
大型古墳群を構成する主な古墳
●大和古墳群
馬口山　波多子塚　下池山　西山塚　燈籠山　西殿塚　東殿塚　中山大塚　黒塚　石名塚　柳本大塚　行燈山　天神山　櫛山　渋谷向山
●佐紀盾列古墳群
五社神　佐紀石塚山　佐紀高塚　佐紀陵山　市庭　ヒシアゲ　コナベ　ウワナベ
●古市古墳群
津堂城山　島泉丸山　河内大塚山　市野山　仲津山　古室山　大鳥塚　誉田御廟山　墓山　はざみ山　野中宮山　岡ミサンザイ　ボケ山　峯ヶ塚　軽里大塚　白髪山　高屋城山
●百舌鳥古墳群
乳の岡　田出井山　大仙陵　石津丘　大塚山　御廟山　いたすけ　ニサンザイ
富山
石川
秋常山
六呂瀬山
福井
岐阜
愛知
若狭湾
神明山
網野銚子山
蛭子山
琵琶湖
山津照神社
伊吹山
滋賀
安土瓢箪山
雪野山
御在所山
膳所茶臼山
京都
雲部車塚
鳥取
箕谷
池田
三室山
岡山
峰相山
兵庫

西暦	和　暦	記　事
749	天平勝宝 1	「天平感宝」に改元。聖武、阿倍皇太子に譲位（孝謙天皇）。「天平勝宝」に改元。紫微中台を設置
752	4	大仏開眼会
756	8	聖武太上天皇没。道祖王が立太子
757	天平宝字 1	道祖王が廃太子。大炊王が立太子。和泉国が分立する。橘奈良麻呂の乱。「天平宝字」に改元
758	2	孝謙譲位し、大炊王即位（淳仁天皇）。藤原仲麻呂を太保（右大臣）に任命
760	4	藤原仲麻呂を太師（太政大臣）に任命
762	6	淳仁と孝謙太上天皇の不和。国家大事は孝謙、小事は淳仁が行う
764	8	藤原仲麻呂の乱。道鏡が大臣禅師。淳仁を廃帝し淡路に配流。孝謙太上天皇が重祚し、称徳天皇となる
765	天平神護 1	「天平神護」に改元。道鏡を太政大臣禅師に任命
766	2	道鏡、法王となる
767	神護景雲 1	「神護景雲」に改元
769	3	宇佐八幡神託事件
770	宝亀 1	称徳没。道鏡を下野に追放。白壁王即位（光仁天皇）。「宝亀」に改元。井上内親王立后
772	3	井上皇后を廃后。山部親王立太子
781	天応 1	「天応」に改元。光仁天皇が病気で譲位し、山部親王即位（桓武天皇）
784	延暦 3	長岡宮に遷都
794	13	平安宮に遷都

西暦	和　暦	記　事
686	朱鳥 1	天武没。鸕野皇后が称制（持統天皇）。大津皇子、自害させられる
689	持統 3	草壁皇子没。浄御原令を頒布
690	4	鸕野皇后、即位儀式（持統天皇）。戸令により、庚寅年籍を作成
694	8	藤原宮に遷都
697	文武 1	持統が譲位し、軽皇子即位（文武天皇）。不比等の子・宮子が入内
701	大宝 1	「大宝」に改元。律が完成し（翌年施行）、律令が揃う
707	慶雲 4	文武没。母の阿閇皇女即位（元明天皇）。授刀舎人寮を設置
708	和銅 1	「和銅」に改元。平城遷都の詔。和同開珎を発行
710	3	平城遷都
712	5	『古事記』撰上される
715	霊亀 1	元明が譲位し、氷高内親王即位（元正天皇）。「霊亀」に改元
718	養老 2	首皇子と光明子に阿倍皇女誕生。養老律令を撰定（757年施行）
720	4	『日本書紀』撰上される。藤原不比等没
723	7	三世一身法の施行
724	神亀 1	元正天皇が譲位し、首皇子即位（聖武天皇）。「神亀」に改元
727	4	光明子、皇子を出産。皇子が立太子（翌年没）。渤海使が入京
729	天平 1	長屋王が「謀反」の疑いで自尽。「天平」に改元。光明子立后
737	9	藤原 4 兄弟、天然痘で没
738	10	阿倍内親王、立太子
740	12	藤原広嗣の乱。恭仁宮に移る
741	13	国分寺建立の詔を発布
742	14	紫香楽宮を造る
743	15	墾田永年私財法。盧舎那大仏造立の発願
744	16	難波宮を皇都とする
745	17	平城宮に戻る

西暦	和 暦	記 事
630	2	宝皇女立后。犬上御田鍬らを第1次遣唐使として派遣。飛鳥岡本宮に遷宮
639	11	百済宮・百済大寺の建設開始
642	皇極 1	宝皇女即位（皇極天皇）。大臣蝦夷の子入鹿、自ら国政を執るという
643	2	飛鳥板蓋宮に遷宮。蘇我入鹿、山背大兄を襲撃し自尽に追い込む
645	大化 1	乙巳の変。入鹿暗殺、蝦夷自尽。皇極が譲位し、軽皇子即位（孝徳天皇）。古人大兄、殺害される。難波遷都
646	2	改新の詔を発布。薄葬令ほか、愚俗の改廃の詔。大化薄葬令。品部の廃止
648	4	古冠（冠位十二階制）をやめ、七色十三階の新冠制施行
649	5	冠位十九階制定。蘇我倉山田石川麻呂、「謀反」の疑いで自尽
652	白雉 3	難波長柄豊碕宮が完成する
653	4	中大兄、天皇と不和となり、皇后らを率いて飛鳥に戻る
655	斉明 1	皇極天皇重祚、即位（斉明天皇）
656	2	後飛鳥岡本宮に遷宮。斉明、「狂心の渠」など土木工事を推進
660	6	中大兄、漏刻を造る。百済、滅亡を伝える
661	7	斉明、百済救援のため、筑紫の朝倉宮に移る。斉明、朝倉宮で没
663	天智 2	倭・百済連合軍、白村江の戦いで、新羅・唐軍に大敗
667	6	近江大津宮に遷都。大和高安城・讃岐屋島城・対馬金田城を築く
668	7	中大兄、正式に即位（天智天皇）。倭姫立后
670	9	全国的戸籍の庚午年籍をつくる
672	天武 1	壬申の乱。近江軍大敗し、大友皇子自尽
673	2	大海人皇子、飛鳥浄御原宮で即位（天武天皇）。鸕野皇女立后
681	10	律令の編纂開始。草壁皇子、立太子
683	12	大津皇子が朝政に参画。軽皇子誕生
684	13	八色の姓制定

西暦	和　暦	記　事
539	4	宣化没。欽明天皇即位。大連大伴金村・物部麁鹿火、大臣蘇我稲目が再任
540	欽明 1	大伴金村、任那問題で失脚する
552	13	百済から仏教が伝わる（仏教公伝、『日本書紀』）。蘇我稲目、仏教受容の意志を表明し、百済・聖明王から贈られた釈迦仏金銅像を受けとる
555	16	蘇我稲目らを遣わし、吉備に白猪屯倉を設置する
571	32	欽明没
572	敏達 1	敏達天皇即位。物部守屋を大連に再任し、蘇我馬子を大臣に任じる
576	5	額田部皇女立后
585	14	敏達没。用明天皇即位。敏達への誄で、蘇我馬子と物部守屋の対立公然化
586	用明 1	穴穂部皇子、物部守屋に三輪逆を斬殺させる
587	2	用明、仏教受容の審議を群臣に求める。用明没。蘇我馬子、物部守屋を滅ぼし、物部本宗家滅亡。泊瀬部皇子即位（崇峻天皇）
588	崇峻 1	飛鳥寺（法興寺）の建設開始
589	2	・隋が中国を統一
592	5	蘇我馬子、崇峻を暗殺。額田部皇女が豊浦宮で即位（推古天皇）
593	推古 1	廐戸皇子（聖徳太子）が立太子
600	8	第 1 次遣隋使
603	11	小墾田宮に遷都。冠位十二階制を制定（翌年施行）
604	12	廐戸皇子、憲法十七条を作る
605	13	廐戸皇子、斑鳩宮に移住。この頃、斑鳩寺（法隆寺）着工か
613	21	大和に池を造る。難波より大和に至る大道を造る
618	26	高句麗が、隋の滅亡を伝える
620	28	廐戸皇子・蘇我馬子が、天皇記・国記を記す
626	34	蘇我馬子没。子の蝦夷、大臣に任命されたか（『扶桑略記』）
628	36	推古没。蘇我蝦夷が一族の境部摩理勢を殺害 ・唐が中国を統一
629	舒明 1	田村皇子即位（舒明天皇）

畿内と近国　古代史年表

西暦	記　事
57	倭の奴国王、後漢に朝貢（『後漢書』）。「漢委奴国王印」を授与される
107	倭国王の帥升ら、生口160人等を後漢に献じる
146	桓帝（146-167）霊帝（168-189）の間、倭国大乱という
184	中平□年銘大刀（奈良県東大寺山古墳出土）
239	倭の女王卑弥呼、魏に遣使して「親魏倭王」とされる
248	この頃、卑弥呼没。壱与（台与）が即位する
369	泰□四年銘という七支刀（石上神宮）
382	（葛城）襲津彦（沙至比跪）、新羅征討のため半島に派遣されるという（「百済記」）
391	倭が百済・新羅を破り、臣民にするという（広開土王碑）
421	倭讃、宋に入貢し、安東将軍・倭国王（倭の五王の時代）
438	宋、珍を安東将軍・倭国王に任命。また倭隋ら13人に平西将軍号他を認める
443	済、宋に朝貢し、安東将軍・倭国王に任命される
462	宋、興を安東将軍・倭国王に任命
471	「辛亥年」「獲加多支鹵」の銘をもつ埼玉県稲荷山古墳出土の金錯銘鉄剣
478	武が宋に上表し、「使持節、都督倭・新羅・任那・加羅・秦韓・慕韓六国諸軍事、安東大将軍、倭王」に任命される
503	「癸未年」の銘をもつ隅田八幡神社所蔵人物画像鏡

西暦	和　暦	記　事
507	継体 1	継体天皇、越から来て、河内で即位（さらに山背筒城、弟国に遷都）
526	20	継体、大和の磐余に遷都（別伝に7年）
527	21	筑紫君磐井の反乱
531	25	継体没（『書紀』、「百済本記」）
534	安閑 1	武蔵国造の地位をめぐる争いが起きる
535	2	安閑天皇没。檜隈高田皇子即位（宣化天皇）
536	宣化 1	大伴金村・物部麁鹿火が大連に再任。蘇我稲目、大臣就任
538	3	百済から仏教が伝わる（仏教公伝、「上宮聖徳法王帝説」等）

図版・口絵作成＝山下武夫（クラップス）
図版作成＝村松明夫

■執筆者一覧　掲載順、＊は編者

吉村武彦（よしむら・たけひこ）＊

執筆者紹介は奥付参照。

中久保辰夫（なかくぼ・たつお）

1983年生。京都橘大学文学部准教授。考古学。『日本古代国家の形成過程と対外交流』（大阪大学出版会）、『野中古墳と「倭の五王」の時代』（共編著、大阪大学出版会）など。

下垣仁志（しもがき・ひとし）

1975年生。京都大学大学院文学研究科教授。考古学。『古墳時代の王権構造』『古墳時代の国家形成』（吉川弘文館）など。

市 大樹（いち・ひろき）

1971年生。大阪大学大学院人文学研究科教授。日本古代史。『飛鳥藤原木簡の研究』『日本古代都鄙間交通の研究』（塙書房）など。

吉川真司（よしかわ・しんじ）

1960年生。京都大学大学院文学研究科教授。日本古代史。『飛鳥の都』（岩波新書）、『聖武天皇と仏都平城京』（講談社学術文庫）など。

寺崎保広（てらさき・やすひろ）

1955年生。奈良大学名誉教授。日本古代史。『古代日本の都城と木簡』『長屋王』（吉川弘文館）など。

上野 誠（うえの・まこと）

1960年生。國學院大學文学部教授（特別専任）。万葉文化論。『万葉集の基礎知識』『万葉考古学』（編著、角川選書）など。

吉村武彦（よしむら・たけひこ）
1945年生。明治大学名誉教授。日本古代史。『日本古代の社会と国家』（岩波書店）、『新版 古代天皇の誕生』（角川ソフィア文庫）など。

川尻秋生（かわじり・あきお）
1961年生。早稲田大学文学学術院教授。日本古代史。『古代東国史の基礎的研究』（塙書房）、『日本古代の格《きゃく》と資財帳』（吉川弘文館）など。

松木武彦（まつぎ・たけひこ）
1961年生。国立歴史民俗博物館教授・総合研究大学院大学教授。日本考古学。『古墳とはなにか——認知考古学からみる古代』（角川選書）、『人はなぜ戦うのか——考古学からみた戦争』（中公文庫）など。

角川選書 658

シリーズ 地域《ちいき》の古代《こだい》日本《にほん》
畿内《きない》と近国《きんごく》
令和5年1月25日　初版発行

編　者　吉村武彦《よしむらたけひこ》・川尻秋生《かわじりあきお》・松木武彦《まつぎたけひこ》
発行者　山下直久
発　行　株式会社 KADOKAWA
東京都千代田区富士見2-13-3　〒102-8177
電話 0570-002-301（ナビダイヤル）
装　丁　片岡忠彦　　帯デザイン　Zapp!
印刷所　横山印刷株式会社　　製本所　本間製本株式会社

ISBN978-4-04-703697-0 C0321

この書物を愛する人たちに

詩人科学者寺田寅彦は、銀座通りに林立する高層建築をたとえて「銀座アルプス」と呼んだ。
戦後日本の経済力は、どの都市にも「銀座アルプス」を造成した。
アルプスのなかに書店を求めて、立ち寄ると、高山植物が美しく花ひらくように、
書物が飾られている。

印刷技術の発達もあって、書物は美しく化粧され、通りすがりの人々の眼をひきつけている。
しかし、流行を追っての刊行物は、どれも類型的で、個性がない。
歴史という時間の厚みのなかで、流動する時代のすがたや、不易な生命をみつめてきた先輩たちの発言がある。
また静かに明日を語ろうとする現代人の科白がある。これらも、
銀座アルプスのお花畑のなかでは、雑草のようにまぎれ、人知れず開花するしかないのだろうか。
マス・セールの呼び声で、多量に売り出される書物群のなかにあって、
選ばれた時代の英知の書は、ささやかな「座」を占めることは不可能なのだろうか。
マス・セールの時勢に逆行する少数な刊行物であっても、この書物は耳を傾ける人々には、
飽くことなく語りつづけてくれるだろう。私はそういう書物をつぎつぎと発刊したい。
真に書物を愛する読者や、書店の人々の手で、こうした書物はどのように成育し、開花することだろうか。
私のひそかな祈りである。「一粒の麦もし死なずば」という言葉のように、
こうした書物を、銀座アルプスのお花畑のなかで、一雑草であらしめたくない。

一九六八年九月一日

角川源義